ENTRE DEUSES E CÉSARES

SECULARIZAÇÃO, LAICIDADE E RELIGIÃO CIVIL

Uma perspectiva histórica

FERNANDO CATROGA

ENTRE DEUSES E CÉSARES

SECULARIZAÇÃO, LAICIDADE E RELIGIÃO CIVIL
Uma perspectiva histórica

Prefácio de Anselmo Borges

2.ª Edição

ALMEDINA

ENTRE DEUSES E CÉSARES

AUTOR
FERNANDO CATROGA

EDITOR
EDIÇÕES ALMEDINA, SA
Av. Fernão Magalhães, n.° 584, 5.° Andar
3000-174 Coimbra
Tel.: 239 851 904
Fax: 239 851 901
www.almedina.net
editora@almedina.net

PRÉ-IMPRESSÃO | IMPRESSÃO | ACABAMENTO
G.C. – GRÁFICA DE COIMBRA, LDA.
Palheira – Assafarge
3001-453 Coimbra
producao@graficadecoimbra.pt

Setembro, 2010

DEPÓSITO LEGAL
314316/10

Biblioteca Nacional de Portugal – Catalogação na Publicação

CATROGA, Fernando, 1945-

Entre deuses e Césares : secularização,
laicidade e religião civil : uma perspectiva
histórica. – 2ª ed. (O tempo e a norma)
ISBN 978-972-40-4317-3

CDU 322
323
272-67

PREFÁCIO

Um prefácio tem sempre algo de paradoxal. Como diz o étimo (do latim, *praefor*, *praefatum*, *praefatio*, dizer antes, discurso preliminar), o prefácio aparece antes do que já está feito, que é o texto, mas, de facto, ele é escrito após a leitura da obra já realizada. Precede o texto propriamente dito, mas já depois de ele estar terminado. Assim, embora não seja uma conclusão, um prefácio é na realidade sempre um posfácio. Ele só é prefácio para o leitor. Deveria, portanto, ser lido no fim, estimulando a releitura aprofundada da obra.

Um prefácio pode ter essencialmente duas funções. Uma seria a de um propósito encomiástico. No caso vertente, essa intenção laudatória não se justifica, pois é bem conhecido o rigor que Fernando Catroga imprime nos seus textos, concretamente numa problemática que há tanto tempo é objecto da sua investigação, como é reconhecido a nível nacional e internacional e o leitor poderá constatar por si próprio.

O outro propósito será o de servir de introdução à obra apresentada. Diga-se, desde já, que essa introdução é magnificamente sintetizada no título feliz: *Entre Deuses e Césares. Secularização, Laicidade e Religião Civil.* É efectivamente do confronto – encontros e desencontros – entre Deus(es) e César(es) que se trata, numa história infindável de cruzamentos multiformes: teocracias e césaro-papismos, guerras e intolerâncias, fundamentalismos multicolores, Deus e os seus representantes que se apoderam da política, a política que se serve de Deus, messianismos quiliásticos e quiliasmos messiânicos celestes e terrestres, a religião à conquista dos poderes, os poderes dominando a religião na procura de legitimação.

E, ao longo desta história, muitas vezes penosa, o que é que já se aprendeu?

Talvez se possa discutir se os debates e os pontos de chegada de que se ocupa esta obra, em última análise, são exclusivos do Ocidente com a sua raiz judeo-cristã. Mas o que é inegável é que o judeo-cristianismo e, mais concretamente, o cristianismo, foram determinantes na problemática da secularização. De facto, foi com o cristianismo que a religião apareceu separada, coisa à parte. "Dai a César o que é de César e a Deus o que é de Deus", foi programaticamente declarado por Jesus Cristo. Esta separação não tinha sentido na Grécia, que não separava o cívico e o cultual, nem para o judaísmo, que unificava nação e religião. Como escreveu Régis Debray, em Jerusalém, Atenas e Roma, "o ritual cívico é religioso, e o ritual religioso é cívico". Para as três culturas que estão na base da nossa, alguém que estivesse fora da religião estava fora da Cidade.

A Bíblia é essencialmente dessacralizadora da natureza, da história e da política. Pela sua própria autocompreensão, o cristianismo exige a secularização, no sentido da autonomia das realidades temporais. O acto de criação livre por Deus transcendente e pessoal põe na existência criaturas autónomas. O caso de Galileu foi um equívoco e a constantinização da Igreja foi uma traição à mensagem essencial de Jesus. A ciência, a política, a filosofia, a economia, a própria moral regem-se pelo princípio da autonomia e não vão buscar as suas leis à religião.

Apesar da constantinização e suas consequências – o reconhecimento do cristianismo como religião oficial do Império e, depois, os equívocos próprios da Cristandade –, a fé cristã requer a separação da religião e da política, da Igreja e do Estado. Essa exigência não deriva apenas da necessidade do estabelecimento da paz política e civil, mas da própria natureza do cristianismo. Os cristãos recusaram prestar culto aos deuses e a César e foram considerados ateus. Um Estado confessional seria idólatra, já que punha em causa a transcendência divina. Por outro lado, imporia politicamente o que só pode ser objecto de opção livre. Ninguém nasce cristão, mas as pessoas podem livremente escolher o cristianismo. Só homens e mulheres verdadeiramente livres podem dar a sua adesão à fé religiosa e a Deus. Jesus recusou a tentação de ser um Messias político, embora tenha sido condenado à morte como blasfemo e subversivo social e político, pois a sua mensagem, que não se confunde com a política, tem consequências sócio-políticas.

De qualquer forma, a única tentação é a do poder total e a história das relações das Igrejas cristãs entre si e com os Estados não é particularmente edificante neste domínio. A liberdade religiosa no sentido moderno só foi oficialmente reconhecida pela Igreja católica no Concílio Vaticano II, com a Declaração conciliar *Dignitatis Humanae*, em 1965.

Há múltiplos sentidos de secularização. Situandonos sobretudo no domínio das ciências sociais, é possível apresentar cinco significados fundamentais: eclipse do sagrado, autonomia do profano, privatização da religião, retrocesso das crenças e práticas religiosas, mundanização das próprias Igrejas.

Como ficou dito, historicamente, o segundo sentido será o que tem mais relevância, precisamente porque se refere à autonomia das coisas seculares. É importante, porém, prevenir que a secularização se deve distinguir de secularismo, termo criado pela Londoner Secular Society, fundada por G. J. Holyoake em Londres em 1846, cujo programa resumido nesse termo consistia em "interpretar e regular a vida prescindindo tanto de Deus como da religião". De facto, a secularização não elimina o Mistério – a finitude não é secularizável – e o crente maior de idade pressupõe e quer uma razão e um mundo adultos. Por outro lado, a separação das

Igrejas e do Estado, que constitui um avanço civilizacional fundamental, não implica a proibição do reconhecimento do papel público das religiões nem impede formas várias de colaboração entre o Estado e as Igrejas. No respeito pelas autonomias dos indivíduos e pelo pluralismo democrático, as religiões podem dar contributos positivos significativos com os seus recursos simbólicos e a sua capacidade superior de "articular a nossa sensibilidade moral" (Jürgen Habermas).

Há um outro sentido, igualmente importante, de secularização: a transferência de categorias teológico-religiosas do universo da transcendência para o mundo da imanência histórico-política. É neste horizonte que se situa uma problemática fundamental e raramente tratada com profundidade e clareza entre nós: a da religião civil, que surge como projecto de sacralização de uma realidade secular – o contrato social, a Nação, a Pátria –, invocando, no entanto, quase sempre, um Ente Supremo abstracto e deísta como fundamento, no quadro de um pluralismo tolerante. Essa metamorfose do sagrado, apesar da invocação do respeito pela liberdade religiosa e da separação das Igrejas e do Estado, pode reivindicar a assunção de missões e atributos messiânicos, com o perigo do fundamentalismo à espreita.

É em conexão com a religião cívica que talvez se possa compreender melhor o debate à volta da laicidade, que não se identifica com a secularização pura e simplesmente. De facto, secularização e laicidade não são, ao contrário do tratamento habitual, realidades totalmente coincidentes, pois, se a laicidade é sempre uma secularização, esta não é sempre uma laicidade. A diferença é anunciada logo na própria etimologia: enquanto secularização provém de *saeculum* (mundo, sobretudo em sentido negativo na sua relação com a salvação), laicidade tem a sua raiz em *laós* (povo), donde vem leigo e laico, em contraposição a clérigo, no quadro da hierarquização da Igreja e da tentação do controlo total das ideias e valores que deveriam reger o mundo.

Se a secularização está concretamente em conexão com a liberdade religiosa garantida por um Estado indiferente e neutro do ponto de vista confessional, o projecto da laicização é muito mais vasto, pois não se contenta com funções negativas por parte do Estado. Vai mais além, exigindo um programa positivo. Esse programa tem o seu ponto nevrálgico no ensino e, de modo mais abrangente, no domínio do espiritual e do simbólico. Combatendo a hegemonia das Igrejas, nomeadamente da Igreja católica, que se opôs tantas vezes à modernização, o Estado reivindicou para si uma Escola que tinha no horizonte uma vocação mediadora de transmissão de uma mundividência total do mundo e da vida e da própria morte, com a finalidade de fazer cidadãos morais, patriotas e racionais. O combate pela imposição deste programa a executar pelo Estado--pedagogo foi travado sobretudo em países católicos e, por vezes, em lutas duras, ao clericalismo contrapôs-se o anticlericalismo e a laicidade desembocou em laicismo.

As profecias do fim da religião tantas vezes anunciado não se confirmaram de modo nenhum. Mas o chamado regresso do religioso obriga a interpretações, não se podendo cair na facilidade de pensar que ele significa maior afeição pelas Igrejas oficiais. O embate entre os diferentes poderes e as suas relações reconfigura-se constantemente, mas é interminável. A "dispersão" religiosa, o fim das unanimidades confessionais, o multiculturalismo religioso, o encontro multiforme e nem sempre pacífico de religiões, o crescimento de novos movimentos religiosos e de seitas, a eventual entrada da Turquia na União Europeia, mundividências religiosas várias e seus diferentes enquadramentos jurídicos, a negociação de identidades múltiplas, a procura de fundamentação nas sociedades liberais democráticas – tudo questões que vão exigir continuidade e aprofundamento na reflexão e no diálogo, para que os encontros inevitáveis entre deuses e césares sejam pacíficos e enriquecedores.

Pelo seu rigor, abrangência, poder de análise dos conceitos e de síntese, esta obra de Fernando Catroga fica como marco. Sobre a problemática tão complexa como urgente da secularização, religião civil, laicidade, é mesmo o melhor que se publicou em língua portuguesa.

Anselmo Borges

PRIMEIRA PARTE

SECULARIZAÇÃO E TOLERÂNCIA CIVIL

CAPÍTULO I
As Teorias da Secularização

Depois da década de 1960 – momento em que as incidências da secularização ganharam uma maior visibilidade nos países mais industrializados –, surgiram várias teorias que visavam explicar o fenómeno. Elas foram formuladas (a partir de premissas lançadas por pensadores como Durkheim, Troeltsch e Weber) não só por teólogos e filósofos, mas também por sociólogos e historiadores. Daí nasceu um conjunto de teses – umas distintas, outras convergentes – hoje designadas por teorias clássicas da secularização. E se se quiser ser sintético, poder-se-á sustentar que quase todas relacionavam este conceito com a afirmação da Modernidade nos países ocidentais cristianizados, e que, entre os múltiplos condicionantes invocados para o justificarem, se destacavam – com ênfases diferentes, é certo – o peso da influência da religião judaico-cristã, o desenvolvimento da racionalidade capitalista, assim como o crescimento de uma civilização urbana com efeitos desestruturadores nas formas tradicionais de sociabilidade e respectivos modos de entender o mundo e a vida.

Bem vistas as coisas, tais interpretações podem ser resumidas a duas *posições-tipo* (na acepção weberiana), embora ambas consintam misturas e compatibilizações[1]. Uma definiu a secularização como a saída de sectores da sociedade e da cultura do domínio do religioso (Peter Berger)[2], ou melhor, como o processo "by which religious institutions, actions and consciousness lose their social significance"[3], em consequência da irradiação de princípios enformadores da mundividência moderna, nomeadamente o crescimento da consciência do eu, correlato de uma nova experiência do tempo e da certeza de que os homens seriam capazes, cada vez mais, de "fazer" a história. E é este horizonte que levou Danièle Hervieu-Léger a caracterizá-la como "l'impact de la modernité – à ces différents niveaux: économique, politique, intellectuel, symbolique, etc. – sur la religion, ou, plus exactement, sur la configuration traditionnelle des rapports entre la religion et la société"[4].

---

[1] Cf. Jean-Claude Monod, *La Querelle de la sécularisation de Hegel à Blumenberg*, Paris, J. Vrin, 2002, pp. 29 e 46, nota 4.

[2] Cf. Peter Berger, *The Social reality of religion*, Middlesex, Penguin Books, 1973, p. 113.

[3] Brian R. Wilson, *Religion in sociological perspective*, Oxford, Oxford University Press, 1982, p. 119.

[4] Danièle Hervieu-Léger, *Vers un nouveau christianisme? Introduction à la sociologie du christianisme occidental*, Paris, Le Cerf, 1986, p. 216.

E é nesta acepção que alguns autores falam de "secularização qualitativa" (ou dessacralização), para a distinguir da "secularização quantitativa", perspectiva que tende a privilegiar as tendências de decréscimo das percentagens de pertença ou participação dos indivíduos na vida religiosa. Ambas, porém, podem não ter uma relação mecânica e proporcional entre si.

A outra tipificação equaciona-a como uma *transferência* do conteúdo, dos esquemas e dos modelos elaborados no campo religioso, para o campo profano, o que acaba por relativizar a novidade radical dos tempos modernos, assim reduzidos à condição de herdeiros, não obstante todas as suas ilusões de auto-fundação.

Na sua radicalidade, estas caracterizações são excessivamente dicotómicas, pois os condicionantes assinalados reciprocamente se exigem[5]. Com efeito, a análise de algumas das principais concepções (filosóficas, históricas, sociológicas, teológicas) que, nas últimas décadas do século XX, foram avançadas para compreender e explicar o processo, e o confronto e a comparação com os seus presumíveis antecedentes, sugerem esta hipótese de trabalho: se parece claro que, situando-o na longa duração, se lhe pode atribuir uma matriz greco-romana e, sobretudo, judaico-cristã, esta filiação não pode significar, porém, a existência de uma mera con-

---

5 Sobre a problemática em apreço, veja-se David Martin, *A General theory of secularization*, Oxford, Blackwell Oxford, 1978.

tinuidade, ou de uma simples inversão de planos em relação a tais matrizes, pois algo invertido mantém-se idêntico a si mesmo. Por sua vez, sabe-se que, nas transformações desencadeadas pelo aparecimento de novas realidades, o novo integra e transforma o antigo. E, embora este o potencie, não o pode prever, porque aquele será sempre obra do futuro.

A inversão da ideia judaico-cristã

A reivindicação da origem judaico-cristã da secularização encontra-se bem representada na hermenêutica de pensadores como M. Buber e Karl Löwith, na chamada teologia liberal protestante (Dietrich Bonhöfer, E. Troeltsch[6], Gogarten[7], Harvey Cox[8]), na teologia da secularização de origem católica (ex.: J. B. Metz)[9], nas teologias da esperança e da libertação, em historiadores de mitos como Mircea Eliade[10], e, à sua maneira,

---

[6] Cf. Peter Berger, *La Religion dans la conscience moderne*, Paris, Centurion, 1971, pp. 92, 136.

[7] Cf. F. Gogarten, *Destin et espoir au monde moderne*, Paris, Casterman, 1970.

[8] Cf. Harvey Cox, *La Cité séculière*, Paris, Casterman, 1968, p. 47 ss..

[9] Cf. J.B. Metz, *Théologie du monde*, Paris, Le Cerf, 1971.

[10] Cf. Mircea Eliade, *O Mito do eterno retorno*, Lisboa, Ed. 70, 1981, p. 117 ss.

em sociólogos da religião como o primeiro Peter Berger[11]. Mas também não se pode esquecer que, no interior das Igrejas, existem posições resistentes a este tipo de interpretações. Mais especificamente, alguns teólogos ligados ao Vaticano (o cardeal Ratzinger – hoje Bento XVI – e a Congregação para a Doutrina da Fé) têm qualificado a secularização como um "fenómeno patológico do cristianismo"[12].

Aqui, não se irá pormenorizar todo este debate[13], pois, para o propósito de agora, basta mencionar o núcleo forte dos argumentos que a entendem como uma apropriação legítima do legado judaico-cristão. Nesta corrente, enfatiza-se o facto de a criação *ex nihilo*, distinta das cosmogonias míticas e filosóficas clássicas (geração, processamento), ter provocado uma diferença essencial entre Deus e o mundo, mudança que, ironicamente, irá potenciar a dessacralização do cosmos. Este, criado por um acto único e irreversível, e não se confundindo com o Criador, passou a ter – ao contrário do que acontecia nas cosmogonias greco-romanas –

---

[11] Cf. Peter Berger, *ob. cit.*, p. 186 ss.

[12] Uma crítica a esta leitura encontra-se em Juan José Tamayo, *Fundamentalismo y diálogo entre religiones*, Madrid, Editorial Trotta, 2004, p. 38 ss.

[13] Para um resumo das teses que valorizam a secularização no renovamento da vivência cristã e no seu apelo ao compromisso com o mundo, leia-se Miguel Baptista Pereira, "Iluminismo e secularização", *Revista de História das Ideias*, vol. 4, t.° II, 1982, p. 492 ss.

uma onticidade espaço-temporal autónoma e não eterna[14]. Por sua vez, a encarnação em Cristo humanizou a revelação divina, acto que situou o homem, feito à imagem e semelhança de Deus, perante a sua liberdade responsável, doando à história um sentido diacrónico que aponta, não para o regresso paradigmático a uma eternidade originária, mas para a consumação e julgamento do destino humano no final dos tempos[15].

A historicização hierofânica e teofânica, num tempo sem regresso, convidava, assim, à aceitação de uma expectativa messiânica e escatológica, tendência que, por razões sócio-culturais várias (que o conceito de secularização exprime), se foi plasmando em sonhos de liberdade, gradualmente situados num horizonte terreno. E é esta última característica que leva a que se pergunte – como o fez Jean-Paul Resweber a Marcel Gauchet – se, "plutôt que du dispositif christique, n'est-ce pas d'abord du dispositif escathologique de l'Esprit (en tant qu'il institue une conception de l'altérité transcendante des catégories d'alternance, d'altérité et d'extériorité) que dérive la fonction d'interprétation d'une

---

14 Cf. Anselmo Borges, "Secularização e tolerância", *Revista de História das Ideias*, vol. 25, 2004, p. 135 ss.

15 Sobre os fundamentos filosóficos do cristianismo, consulte-se, entre outros, Claude Tresmontant, *La Métaphysique du christianisme et la naissance de la philosophie chrétienne*..., Paris, Seuil, 1961.

histoire politique de la religion et d'un mouvement vers une société hors religion?"[16].

O protestantismo, com o relevo dado à predestinação e à graça, depreciou ainda mais o mundo secular, reforçando os pressupostos para se imanenticizar os imperativos da economia da salvação. E, como se sabe, não foi por acaso que Max Weber elegeu esta atitude – em particular na sua tendência calvinista – como um factor forte no condicionamento da génese da racionalidade capitalista.

Neste horizonte, a secularização deve ser entendida como uma paulatina distinção entre o século e as objectivações dogmáticas e institucionais do religioso como Igreja. Esta hermenêutica releva a circunstância de os textos sagrados conterem asserções que a sugerem e potenciam, em particular no que respeita à "historicidade" da revelação do sagrado, à desdivinização do universo (que possibilitou a ciência moderna), e à "dessacralização da política", com a cesura entre o Império e o reino espiritual, sintetizada no preceito: "Dai a César o que é de César e a Deus o que é de Deus". Como prova suplementar, mobiliza-se, ainda, o facto de ter sido nas regiões cristianizadas (e não nas do Islão, nem nas de influência hindu ou budista) que ocorreram as experiências históricas que tornarão as

---

16 In Marcel Gauchet, *Un Monde désenchanté?*, Paris, Les Éditions l'Atélier/Éditions Ouvrières, 2004, p. 28.

sociedades ocidentais mais seculares. Todavia, esta verificação não impede que se indague por que é que ela não aconteceu aquando da hegemonia do pensamento greco-romano (onde predominava uma concepção cíclica do tempo e o poder político – fosse o da *polis*, ou o do Império – estava sacralizado), ou em outras civilizações, em particular nas de análogo cariz monoteísta.

Sublinhe-se que o judaísmo não só assenta na ideia de "povo eleito", como continua a encarar o futuro em termos de um messianismo que ainda espera a sua irrupção na história (por isso, na ausência do acontecimento central, a sua datação é de tipo cosmogónico). É certo que, tal como no cristianismo, para o Islão o profeta já chegou. Contudo, ao invés do que aconteceu com Cristo, Maomé não pretendeu fundar somente uma religião, pois o islamismo, desde os seus primórdios, teve sempre uma dimensão social, política e até militar, característica em parte explicável pelo contexto em que nasceu: a existência de um certo vazio político devido à fraqueza dos impérios seus contemporâneos (o bizantino e o persa). O Profeta encarregou-se da organização social e política da comunidade dos fiéis, assegurando a sua vida, a sua defesa e a sua expansão. Este elo entre o político e o religioso manter-se-á no mundo muçulmano, levando a que, pelo menos a partir dos meados do século VII, o primeiro dominasse e utilizasse o segundo. Por isso, "la forme classique selon laquelle l'islam est à la fois, 'religion et gouvernement' (*din wa dawla*, en árabe), exprime sa nature réelle: elle rappelle qu'il ne sépare pas le religieux et le politique, même s'il sait les distinguer"[17]. E, como é lógico, tal herança será tanto maior quanto mais a leitura do Alcorão for feita em sentido literal. Diferentes seriam as coisas se existissem condições para o desenvolvimento da perspectiva hermenêutica, até agora secundária, que aplica um princípio de permanente interpretação (*ijtihad*) do Alcorão e da Suna[18].

O cristianismo prometia a salvação num outro mundo, rejeitando, portanto, a confusão, típica da sociedade greco-romana, do religioso com o político – por isso, os romanos chamavam "ateus" aos novos cristãos –, e pregava, nos seus primórdios, a *indiferença* em relação aos governos. Como o seu reino nunca será deste mundo, e perante a força do Império, importava devolver a César o que é de César e a Deus o que é de Deus, pelo que, como lembrou Santo Agostinho (século V), o cristão não podia confundir as duas Cidades, devendo obedecer – de acordo com Pedro e Paulo – às autoridades estabelecidas. Porém, o Império Romano, ao tornar-se oficialmente cristão no século IV (com Constantino e, sobretudo, com o édito de Teodósio, em 380), deu origem a uma longa promiscuidade entre o reli-

---

[17] Maurice Barbier, "Laïcité: questions à propos d'une loi centenaire", *Le Débat*, n.º 127, novembre-décembre, 2003, p. 166.

[18] Cf. Anselmo Borges, *art. cit.*, pp. 142-143.

gioso e o temporal, quer sob a forma cesaropapista, quer hierocrática. Situação que o período bizantino acentuará, mas que nunca conduziu a qualquer fusão de planos – regra geral a Igreja manter-se-á, mesmo quando a subordinou, ou a ela se aliou, distinta e independente da organização política – e, por conseguinte, à diluição do dualismo entre o espiritual e o século.

Consequentemente, a autonomização do político, para se desenvolver e existir por si mesma, teve de se subtrair à influência da Igreja, considerando-a, na esmagadora maioria das experiências históricas, intrusa e incoerente em relação aos seus próprios princípios, e obrigando-a a cingir-se à sua vocação espiritual primitiva. Se esta, na essência da sua promessa, cultivava a distinção com o poder temporal, os construtores da Modernidade relembrá-lo-ão, lutando, numa significativa inversão de planos, para que "César" fosse *indiferente*, *neutro*, ou *separado* do poder religioso.

As razões apresentadas para situar uma das causas da secularização na herança judaico-cristã podem ser resumidas a três: em primeiro lugar, a afirmação da transcendência de Deus implicou a autonomia do mundo natural e político; em segundo lugar, Javé foi definido como um "Deus móvel", que intervém na história através de acções específicas, e a sua aliança com o povo eleito também é histórica, ficando assim rompida a lógica circular do cosmos e insinuada a *historicização* – que a Encarnação reforçou – das relações do homem com Deus, bem como a abertura de um campo de possibilidades para a assunção do indivíduo como ser livre e responsável no tempo; em terceiro lugar, a normatividade moisaica e a esperança escatológica no Juízo Final definiram o novo Deus como um Deus ético, fonte que incitou as consciências cristianizadas a racionalizarem os ditames da moral e a desenharem horizontes de expectativas que serão projectados no imanentismo histórico. Daí que, cristianizada, a Europa tenha sido palco de uma prematura e relativa separação das ordens cósmica, cultural e social, processo atravessado, porém, por uma permanente tensão entre a transcendência e o mundo[19].

As sementes bíblicas e evangélicas de tudo isto só a pouco e pouco foram explicitadas na riqueza das suas potencialidades. O peso da mentalidade mítica – sobretudo ao nível dos comportamentos populares – e a mediação neoplatónica e aristotélica na interpretação do Livro bloquearam a apreensão filosófica e teológica da novidade judaica e cristológica. Mas, ao contrário do que defendeu Blumenberg[20], a mundanização precoce da Igreja como instituição (após Constantino) não impediu que a escatologia cristã tivesse favorecido a

---

[19] Cf. Samuel Eisenstadt, *Approche comparative de la civilisation européenne. Étude de la relation entre culture et structure sociale*, Paris, PUF, 1994, p. 95.

[20] Cf. H. Blumenberg, *La Légitimé des temps modernes*, Paris, Gallimard, 1999, pp. 11-136.

abertura de brechas, por onde foi entrando uma ideia imanente de futuro, em particular através da sua vertente apocalíptica e messiânica (embora Roma sempre a tenha condenado como heresia). Pelo que tais interpretações se desenvolveram, em boa parte, em conflito com as leituras dogmáticas e eclesiais do Novo e do Velho Testamento.

Por outro lado, as confissões protestantes objectivarão, ainda mais, as sementes secularizadoras do núcleo cristão, ao fazerem refluir a presença do sagrado na realidade, e ao instalarem uma distância intransponível entre Deus, transcendente absoluto, e o homem, ente predestinado e entregue a si mesmo num mundo dessacralizado. Com tudo isso, empolou-se a vivência mais subjectiva do religioso e provocou-se o despovoamento do céu, espaço infinito cada vez mais descrito na linguagem matemática e fria de astrónomos e cientistas.

Para alguns, este posicionamento do homem como ser racional entronca na dimensão horizontal da razão teórica e prática (intrínseca à natureza humana) já esboçado pela doutrina do intelecto agente de S. Tomás e de Alberto Magno – fundamento da separação entre a filosofia e a teologia –, via que, passando por Descartes, abriu o caminho para o transcendentalismo de Kant[21] e para o sonho da emancipação humana, promessa maior do Iluminismo. Reconhece-se, em síntese, que,

---

[21] Miguel Baptista Pereira, *art. cit.*, p. 488 ss.

com o filósofo alemão, se deram passos decisivos para se dessacralizar a natureza – indo-se mais longe do que no panteísmo de Giordano Bruno e de Espinosa –, se secularizar a razão teórica e prática, e para se entender Deus como um postulado racionalmente inverificável. No fundo, "salvar os fenómenos do conhecimento vulgar e científico, privilegiar o mundo da práxis e da esperança humana, declarar a impossibilidade do universo metafísico tradicional", foi o contributo da filosofia kantiana para a secularização[22]. Ganha assim sentido a sua definição de *Aufklärung* como a passagem de uma atitude de heteronomia e de menoridade (*Unmündigkeit*), para a maioridade autónoma do homem, assumida como liberdade de pensamento e exercida como razão pública.

Na verdade, com a suposição do homem como ser racional e livre, apto para inteligir, através da razão (filosófica e científica), a legalidade imanente do cosmos, ter-se-ão secularizado os fundamentos da sociabilidade e as condições epistemológicas e tecnológicas que servirão de impulso ao avanço científico-industrial do século XIX[23]. Este novo optimismo – logo aplicado aos fenómenos sociais – veio também a materializar-se

---

[22] *Idem, ibidem*, p. 490.

[23] Cf. O. Chadwick, *The Secularization of the European mind in the nineteenth century*, Cambridge, Cambridge University Press, 1975; Steve Bruce (ed.), *Religion and modernization. Sociologists and historians debate the secularization thesis*, Oxford, Clarendon Press, 1992.

num ideal terreno e irreversível de história, centrado na nova crença segundo a qual o *fieri* do devir era ditado pela capacidade demiúrgica da humanidade. As apologias acerca da natureza perfectível do ser humano (Rousseau, Turgot), as teses contratualistas sobre a origem da sociedade e do poder político, as fundamentações filosófico-progressivas do tempo histórico (Condorcet, Hegel) e, mais tarde, os esforços, mesmo ilusórios, para se cientificar a sociedade (Comte, Proudhon, Spencer, Marx), foram projectos que emanaram do mesmo centro secular, perspectiva que fez da apoteose da razão, da ciência e do ideal emancipatório uma das características mais fortes da Modernidade.

Efeito não menor destas mudanças foi, de facto, o crescimento da soberania do Estado e da consequente tendência para este subordinar, aos imperativos da sua "razão", todos os negócios dos súbditos (ou dos cidadãos), incluindo os religiosos. E se, principalmente nos países católicos, esta vocação teve, num primeiro registo, uma aura explicitamente transcendente ("direito divino"), o certo é que outras ideias, de cariz mais imanente, lançarão as bases para que o poder político venha a submeter e/ou a diferenciar-se do religioso propriamente dito, arrogando-se o direito de executar tarefas de pastoreio de almas e de governabilidade, em nome de um secularizado ideal de bem comum. Assim sendo, nas experiências históricas em que o novo interesse geral, reivindicado pelo Estado, entrou em atrito com a vocação totalizadora das Igrejas (e, em particular, da Igreja católica), o choque entre ambas as instituições foi igualmente global.

Este modo de ver também arrastou consigo a historicização (e a relativização) da análise do fenómeno religioso, pois convidava a equacioná-lo como uma representação sujeita a mediações sociais e cujo papel seria apreensível pela razão, conforme o teriam demonstrado as filosofias do devir, a antropologia filosófica e a leitura dos textos sagrados feita de acordo com as regras do método histórico-filológico.

Simultaneamente, o legado judaico-cristão também se repercutiu na consolidação de uma ideia de tempo histórico crítica das visões cíclicas e providencialistas. E quando estas últimas entraram em crise, foi ganhando maior crédito o antropocentrismo, com o seu incentivo à conquista, na terra, da felicidade plena, atitude que teve como consequência maior o anúncio da "morte de Deus" (Nietzsche). Sabe-se como este desejo se incorporou nas filosofias do progresso e da perfectibilidade humana, como o demonstrou Karl Löwith, principalmente em *Meaning in history* (1940)[24]. E foi devido à influência desta obra que, segundo Blumenberg, o equacionamento das filosofias modernas da história como

---

[24] Cf. Jeffrey Andrew Barash, "Karl Löwith et la politique de la sécularisation", *Politique de l'histoire. L'historicisme comme promesse et comme mythe*, Paris, PUF, 2004, pp. 167-186.

formas secularizadas da história da salvação quase se transformou num dogma. Para ele, o próprio conceito de "secularização" seria desadequado, propondo, como alternativa, o de "Legimität", porque aquele exprimia, tão-só, uma "derivação" e uma "heterodeterminação" da Modernidade. No entanto, convém lembrar que Löwith, ao salientar aquela herança, não escamoteou o facto de o efeito – o historicismo – ter dado origem a uma realidade (ideológica) nova em relação à sua fonte. Isto é, não se tratou de uma simples "transformação" ou transposição de "teleologuemas", mas de uma autêntica e revolucionária "dissolução", acompanhada por uma paradigmática auto-afirmação da absoluta liberdade e autonomia do homem como sujeito. Quer isto dizer que a herança não só foi deslocada e absorvida, como desencadeou uma realidade nova.

Em suma: após propostas acerca do sentido do tempo como as de Karl Löwith, Oscar Cullmann (*Christus und die Zeit*, 1946) e Rudolph Bultmann (*Offenbarung und Heilsgeschechen*, 1941), vários foram os autores que viram nas novas filosofias da história, principalmente a partir de Voltaire e de Turgot, uma nem sempre assumida racionalização e imanenticização do velho providencialismo (Bossuet), agora posto ao serviço de uma ideia de esperança (alicerçada na perfectibilidade e no progresso indefinido), na qual o futuro, distinto do passado, passou a ser experienciado como um ideal optimista de concretização terreal da escatologia bíblica.

Nesta mesma linha se situam os que filiam as ideias utópicas nos sonhos milenaristas inferidos das leituras (heterodoxas) da Bíblia. Como se verá, este horizonte não deixou de pautar a maneira como os refugiados protestantes, que fugiram às guerras religiosas europeias, irão qualificar a América e o destino do seu povo. Num outro registo, também em algumas revoltas sociais – como as dos joaquimitas, ou as dos camponeses alemães dos séculos XVI e XVII[25], ou as dos operários da fase inicial da industrialização que ainda não teriam ascendido à ideologicização da sua visão de mundo ("primitivos rebeldes")[26] – irromperam, com "efervescência" (Durkheim), esperanças messiânicas e milenaristas de raiz judaico-cristã, logo apropriadas como armas de combate contra a ordem social estabelecida. Ernst Bloch estudou o significado social da revolta de Thomas Münzer[27], depois das sugestões de Max Weber; e as análises de Henri Desroche[28] assina-

[25] Cf. Ernst Bloch, *Thomas Münzer, theólogien de la révolution*, Paris, UGE, 1975. A 1ª edição alemã data de 1921.

[26] Para o estudo das manifestações messiânicas e milenaristas no operariado, na fase de arranque da industrialização, veja-se, sobretudo, a obra de E. J. Hobsbawm, *Rebeldes primitivos. Estudos de formas arcaicas de movimentos sociais nos séculos XIX e XX*, 2ª ed., Rio de Janeiro, Zahar, 1978, p. 64 ss.

[27] Cf. Laënnec Husbon, *Ernst Bloch. Utopie et espérance*, Paris, Le Cerf, 1974, pp. 41-51.

[28] Cf. Henri Desroche, *Sociologie de l'espérance*, Paris, Calman--Lévy, 1973.

laram os parentescos existentes entre a cosmogonia, a escatologia judaico-cristã e as representações imanentistas e prospectivas da história. E é a esta relação que Marcel Gauchet recorre para ilustrar o aparente paradoxo que deriva do facto de a secularização arrastar consigo uma certa "reinvenção do religioso"[29], metamorfose que não pode ser escamoteada.

Perante o que ficou escrito, pode afirmar-se que as novas doutrinas sociais de cariz utópico não são estranhas às ideias de finalidade e de inteligibilidade do devir – o providencialismo secularizado transformou-se num teleologismo imanente –, esperança germinada pela visão bíblica do tempo. Aliás, os reformadores sociais dos meados do século XIX, apesar de anticlericais, explicitaram essa filiação (Saint-Simon, Fourier, etc.) ao procurarem instaurar "novos cristianismos"; e mesmo alguns dos que prolongaram, em sentido materialista, a crítica antropológica à essência das religiões, inaugurada por Feuerbach, não lhe foram inteiramente estranhos, como o mostrou, em relação ao marxismo, Ernst Bloch[30]. Nesta perspectiva, o humanismo e o historicismo evolucionista, valores que se tornarão dominantes na Modernidade, são um dos pontos de

---

[29] Marcel Gauchet, *La Religion dans la démocratie. Parcours de la laïcité*, Paris, Gallimard, 1998, p. 20.

[30] Cf. Ernst Bloch, *Le Principe Espérance*, 3 vols., Paris, Gallimard, 1976-1982.

chegada do longo percurso da secularização, e o desejo utópico – enquanto aspiração à cidade de Deus na terra – funcionou como um apelo praxístico activado pelo compromisso demiúrgico da divindade do homem com a sua historicidade[31]. Foi à luz desta "antropologicização do céu" que Bloch pôde concluir, na sua obra *Atheismus im Christentum* (1968), que "só um ateu [pode] ser um bom cristão".

A postulação do homem como ser autónomo (e não heterónomo, como na concepção religiosa) foi concomitante com a progressão de uma ideia de mundo em que o universo (e a ordem histórica e política) se distancia tanto de Deus (deísmo, agnosticismo), como do próprio homem, hiato que o dualismo cartesiano (*res extensa* e *res cogitans*) prenunciou. Este vazio ontológico entre o sujeito e a realidade, assim como a consequente coisificação da natureza, devem ser compreendidos como requisitos necessários para a produção de um saber científico que, como escrevia Francis Bacon, almejava matematicizar as explicações dos fenómenos, a fim de se *saber para prever*, e se *prever para prover*. No século XIX, A. Comte repetirá esta divisa, mas alargando-a aos fenómenos históricos e sociais. O que mostra que, se a secularização é incompreensível sem a racionalização, ela também é tributária do crescimento da *histori-*

---

[31] Cf. Pierre Fuster, "Utopie et marxisme selon E. Bloch", *Archives de Sociologie des Religions*, n.° 21, janvier-juin, 1966, pp. 13-21.

cização e *sociologização* das explicações do mundo e da vida, perspectivas que ganharam força no século XIX. Esta extensão saldou-se na entificação da sociedade, vista como uma realidade auto-regulada por uma diacronia teleológica e irreversível, embora passível de ser acelerada mediante o pensamento e a acção do próprio homem.

O entendimento do fenómeno religioso como uma manifestação histórica – tenha ele sido feito sob o impacto (de "direita" ou de "esquerda") da filosofia hegeliana do Espírito (Feuerbach, David Strauss, Bruno Bauer), ou a partir das novas sociologias da religião, ou da aplicação do método histórico-filológico à análise dos próprios textos evangélicos – propulsou a secularização. Com efeito, ao transformarem os fenómenos religiosos em objecto de conhecimento, tais leituras relativizaram-os e reforçaram o convencimento de que o devir social estaria a entrar na sua última fase. Aqui, a deificação da humanidade traria a necessária "morte de Deus", ou a insolúvel coexistência da Sua incognoscibilidade com os resultados da ciência (Herbert Spencer). Por conseguinte, elas apareceram a justificar não só a substancialidade da natureza e da história, mas também a prometer o definitivo controlo do futuro, anelo impossível de realizar enquanto o homem fosse um ser tutelado e ontologicamente diminuído.

Dir-se-ia que, com tais teses, o *fim da história* seria sinónimo de dessacralização do mundo e da vida. Na verdade, pensadores tão diferentes, e até antagónicos entre si, como A. Comte, Herbert Spencer, Émile Durkheim, Karl Marx, Max Weber e, posteriormente, Sigmund Freud, acreditavam que a religião iria definhando em importância com o advento da sociedade industrial. Esta previsão passará a ser um lugar comum nas ciências sociais de boa parte do século XX, conjuntura em que, a partir da lição de Weber, apareceram algumas teorizações empenhadas em demonstrar que a burocratização, racionalização e urbanização das sociedades contemporâneas também constituíam motores de secularização[32].

O "desencantamento do mundo"

O núcleo forte dos contributos de Weber para a problemática da secularização encontra-se nas suas conhecidas obras *A Ética protestante e o espírito do capitalismo* (1904) e *Economia e sociedade* (1922). Para ele, a sociedade moderna tinha provocado várias formas de racionalização (*teórica*, *substantiva*, *prática* e *formal*), mas deu particular atenção a esta última, que caracterizou como a intenção de se alcançar certos fins pragmáticos, embora, ao contrário da razão prática, mediante o recurso a

---

[32] Cf. Pippa Norris e Ronald Inglehart, *Sacred and secular. Religion and politics worldwide*, Cambridge, Cambridge University Press, 2004, p. 3 ss.

regras abstractas. Este modo de pensar desenvolveu-se, com mais ênfase, nas sociedades científico-industriais, vindo a manifestar-se nas esferas da economia, do direito e da organização burocrática das relações sociais[33].

Explicitando esta tese, pode sustentar-se que as forças secularizantes, potencialmente inscritas no cristianismo, se expandiram mais acentuadamente com a ascensão capitalista. O enlace entre secularização e industrialização resultou do facto de esta necessitar de saberes-fazeres científicos e técnicos, isto é, de um elevado grau de racionalização, não somente no campo das "infraestruturas", mas também ao nível das consciências. E o novo espírito racional, inerente à nova ordem económico-social, alastrou a outras instituições e, particularmente, ao Estado. Obrigado a preocupar-se, cada vez mais, com as implicações políticas e jurídicas da produção económica, este teve de adaptar a sua própria estrutura àquela finalidade, o que conduziu ao estabelecimento de burocracias altamente racionalizadas e, em termos ideológicos, ditou a entrada em acção de novas formas de legitimação extra-religiosas.

Comummente, o conceito weberiano de secularização (e de racionalização) aparece articulado com outros, a saber: o *desencantamento do mundo* (*Entzauberung der Welt*), ou a *desmagificação do mundo*. A sua génese estaria na

[33] Cf. Max Weber, *Le Savant et le politique*, Paris, UGE, 1963, pp. 69-76.

própria profecia veterotestamentária e no abandono da salvação sacramental-eclesiástica trazido pelo protestantismo e pela predestinação calvinista. Mas, como se assinalou, a depreciação sacral do mundo, a cientificação do universo e a historicização do devir ajudaram a cortar o cordão umbilical do homem com o cosmos, a interiorizar as obrigações éticas fomentadas pela religião judaico-cristã (a emergência de um *Deus ético*), assim como a autonomizar os efeitos terrenos da sua acção (que a ética protestante impulsionou) e, por conseguinte, a acelerar uma desmagificada cosmovisão, realidade que a crescente civilização urbana patenteou ainda mais. E desta mudança foi resultando não só a alteração da imagem sacral do universo, mas também o aumento da relação tensional entre a experiência religiosa e o mundo moderno, ou melhor, entre a religião e os sistemas sócio-culturais que deram corpo à Modernidade[34].

Tais propostas tiveram uma forte influência nas teorias sobre a secularização, nomeadamente nas que, nas décadas de 1960 e 1970, foram formuladas por sociólogos como, entre outros, Peter Berger e David Martin[35] (nas suas primeiras obras), ou Brian R. Wilson[36]. Sob

---

34 F. A. Isambert, *De la Religion à l'éthique*, Paris, Le Cerf, 1992, pp. 253-277.

35 Cf. David Martin, *A General theory of secularization*, cit.

36 Cf. Brian R. Wilson, *Religion in secular society*, Harmondsworth, Middlesex, U.K., Penguin Books, 1966.

uma influência mais directa de Durkheim – com relevo para *As Formas elementares da vida religiosa* (1912) –, outros estudos apareceram a prever a perda de influência das religiões enquanto instâncias de produção do elo social (Steve Bruce, Thomas Luckman, S.S. Acquaviva), corrente cuja tese nuclear pode ser sintetizada por estas palavras de Jagodzinski e Dobbelaere: "*all the empirical evidence in this chapter is compatible with the assumption that functional rationalization related to functional differentiation, detraditionalization, and ensuring individualization have a cumulative impact on the decline of church involvement, especially among the post-war generation*"[37].

Outros enfatizaram os efeitos civilizacionais da cidade e da técnica, como foi o caso do teólogo americano Harvey Cox (tanto em *A Cidade secular*, como em *Regresso de Deus*). Inspirando-se em Max Weber, Gogarten e Bonhoeffer, ele explicitou o consabido laço existente entre *secularização* e *urbanização*. Mais concretamente, por urbanização pretendeu designar o afundamento da religião tradicional, a debilitação do império das concepções religiosas sobre o mundo e a ruína dos mitos sobrenaturais e de todos os símbolos tradicionais. Para precisar estes efeitos, recorreu aos conceitos que Tön-

---

[37] Wolfgang Jagodzinski e Karel Dobbelaere, "Secularization and church religiosity", Gan W. von Deth e Elinor Scarbrough (ed.), *The Impact of values*, Oxford, Oxford University Press, p. 115; Pippa Norris e Ronald Inglehart, *ob. cit.*, pp. 9-10.

nies tematizou no seu livro *Gemeinschaft und Gesellschaft. Grundbegriffe der reinen Soziologie* (1887), para sublinhar que a secularização facilitou o trânsito da forma de organização em *comunidade* para a de *sociedade*, onde os membros já não se vinculam em termos de parentesco e de obrigação, mas de vontade e de contrato. Esta base conceptual serviu-lhe para qualificar a urbanização como uma estrutura de vida, na qual se acentuou a diversidade, se desintegrou a vida tradicional e se operou uma maior despersonalização devido à multiplicação dos papéis sociais. No entanto, este percurso também deu origem a uma espécie de anonimato, forma de vida potencialmente mais tolerante, porque a vontade e o contrato vieram substituir as sanções morais costumeiras, reproduzidas e impostas por vínculos de longa duração, típicos do viver em *comunidade*.

Pensando bem, poder-se-á concluir que o cerne de muitas das teses clássicas acerca da secularização visava explicar o religioso a partir de uma epistemologia crente na *cientificação*, *socialização* e *historicização* do fenómeno sacral, tendo igualmente como certo que as sociedades industriais acelerariam a racionalização e, sobretudo, a mundanização e a fragmentação das mundividências[38], e conduziriam à perda de controlo, por parte das organizações religiosas, das relações sociais e, no terreno

[38] Cf. Olivier Tschannen, *Les Théories de la sécularisation*, Genève-Paris, Librairie Droz, 1992.

cultual, ao decréscimo da atracção exercida pelos seus ritos e símbolos, pelo menos nas suas manifestações mais institucionais[39]. Porém, muito deste optimismo prognóstico tem sido posto em causa, nomeadamente por aqueles que o vêem contraditado por este acontecimento actual: o "regresso do religioso".

Ora, este tipo de análise também não está isento de controvérsia, sobretudo quando ela é apresentada de um modo análogo ao fenómeno que contesta, isto é, como se tratasse de uma manifestação uniforme que, só por si, chega para desmentir o avanço da secularização em certas sociedades. E foi para evitar as interpretações excessivamente dualistas (e, não raro, maniqueias) que os sociólogos americanos Pippa Norris e Ronald Inglehart, num estudo importante (*Sacred and secular*, 2004), revisitaram as teorias sobre a secularização, a fim de, em diálogo com os dados empíricos, realçarem a importância de não se cair em leituras de índole teleológica e homogenizadora (progressivas, ou regressivas) e de se relevar o entrecruzamento das múltiplas *variações* que condicionam e diversificam a geografia das religiões (e, consequentemente, da secularização).

Em concreto, as várias propostas são por eles resumidas em duas perspectivas essenciais: a que releva a "*demand-side* theory", partindo do estudo dos compor-

---

[39] Cf. Marcel Gauchet, *Le Désenchantement du monde. Une histoire politique de la religion*, Paris, Gallimard, 1985, p. 292 ss.

tamentos colectivos, tendo em vista demonstrar que, nas sociedades mais industrializadas, os hábitos religiosos sofreram uma erosão, patente no aumento da indiferença perante os apelos espirituais; e a que, no plano oposto, valoriza o lado da oferta ("*supply-side* theory"), centrando-se a análise no estudo das atitudes das organizações e supondo-se que, embora a procura do religioso, nas sociedades, seja relativamente constante, a acção das instituições e dos seus líderes pode desempenhar um papel estratégico na agressiva construção e manutenção das congregações, pondo em prática esta máxima: "se tu constróis uma Igreja, o povo acorre"[40].

Não se especificarão as tipologias que aqueles dois autores apresentam. Somente se salientará que, no essencial, elas não invalidam as teses clássicas dos sociólogos da secularização, não obstante reconhecerem que estas necessitam de ser reactualizadas, devido às mudanças que, entretanto, ocorreram à escala planetária. No fundo, com outros propósitos, elas vão ao encontro de posições como as que Stark e Finke, nas suas perspectivas específicas, defenderam, ao escreverem: "what is needed is not a simpleminded theory of inevitable religious decline, but a theory to explain variation"[41].

---

[40] Cf. Pippa Norris e Ronald Inglehart, *ob. cit.*, p. 7.

[41] Rodney Stark e Roger Finke, *Acts of faith. Explaining the human side of religion*, Berkeley, Ca, University of California Press, 2000, p. 33.

De facto, Norris e Inglehart concordam que a secularização não implica o declínio da religião *per se*, mas aceitam que ela arrasta, sobretudo, a decadência das suas práticas e expectativas, bem como o debilitamento do lugar que a autoridade religiosa ocupava na configuração das estratégias de vida individual, organizacional e societal[42]. Mas este diagnóstico só será válido para certas sociedades (industriais e, sobretudo, pós-industriais).

Em suma: ter-se-á de conjugar os factores assinalados com outras *ideias-tipo*, em ordem a conseguir-se demarcar as diferenças de "segurança existencial" que se encontram quando se compara as "sociedades agrárias" com as "sociedades industriais" e as "sociedades pós-industriais", assim caracterizadas: as primeiras são aquelas em que predomina a produção agrícola e a extracção de produtos naturais, com um índice de desenvolvimento humano (HDI)[43] à volta dos .739, ou menos, o que significa $ 1 098 do PIB *per capita*; as "sociedades industriais" são as que possuem um HDI moderado (entre .740 e .899) e um contributo *per capita* no PIB situado nos $ 6 314, enquanto que as de cariz

---

[42] Cf. Pippa Norris e Ronald Inglehart, *ob. cit.*, p. 258, nota 32.

[43] O HDI baseia-se em cerca de 100 indicadores, seleccionados pelo United Nation Development Index (UNDI), e que cruzam pontos como a modernização, os níveis de conhecimentos (literacia adulta e educação), a saúde (esperança de vida), a qualidade de vida (rendimentos domésticos efectivos). Cf. Pippa Norris e Ronald Inglehart, *ob. cit.*, p. 48.

"pós-industrial" gozam de um HDI da ordem dos .900, o que corresponde a $ 29 585 *per capita* no PIB.

Conjugando as premissas enumeradas com os dados estatísticos extraídos dos grandes inquéritos realizados, entre outros, pelo *World Values Survey* e pelo *European Values Survey* nas últimas décadas, aqueles autores defendem que o relacionamento entre sacralidade e secularização não desmente o progresso desta em certas sociedades, embora também verifiquem o crescimento do religioso em outras. Mais especificamente, concluem que, se, "due to rising levels of human security, *the publics of virtually all advanced industrial societies have been moving toward more secular orientations*", devido ao crescimento demográfico, "*in poorer societies, the world as a whole now has more people with traditional religious views than ever before*". Ilação que os leva a prever o seguinte: "*the expanding gap between the sacred and the secular societies around the globe will have important consequences for world politics, raising the role of religion on the international agenda*"[44].

É neste contexto que também insinuam, ainda que implicitamente, a não pertinência dos prognósticos finalistas sobre a evolução do fenómeno e da sua homogenização global, como se a secularização fosse a inevitável confirmação do *fim da história*, ao mesmo tempo que põem em causa a tese inversa (mas não contrária) do "regresso". É que ambas as visões acabam por neg-

---

[44] *Idem, ibidem*, pp. 24, 25, 26.

ligenciar o modo variado como o sempre instável comércio entre o secular e o sagrado se manifesta nas sociedades concretas, com as suas transformações e heranças específicas.

A sua análise mobiliza todos os factores indicados e interpreta-os a partir de dois axiomas: o "*security axiom*", que confronta os comportamentos religiosos das sociedades (industriais e, sobretudo, pós-industriais) ricas com os das pobres, a que chamam "agrárias", privilegiando as condições de segurança existencial, incluindo incidências como guerras, tremores de terra, tornados, fomes, epidemias, secas, etc; e o "*cultural tradition axiom*", que valoriza as diferenças existentes ao nível dos capitais simbólicos, heranças que condicionam a emergência de variações nas atitudes, comportamentos e expectativas. Daqui, eles inferem várias hipóteses, que comparam e cruzam, a saber: a "*religious values hypothesis*", que supõe haver, nas sociedades, uma procura religiosa, premissa que é correlacionada com o papel que outros condicionantes, como a maior ou menor segurança existencial, desempenham na determinação dos graus de religiosidade praticada nas diversas sociedades; a "*religious culture hypothesis*", que destaca o peso das tradições religioso-culturais e respectiva influência na modulação das crenças morais e das atitudes sociais das populações, confrontando-as com os dados empíricos das sociedades pós-industriais, onde se deu uma mais acentuada e rápida quebra dessas tradições; a "*religious participation hypothesis*", que visa surpreender o declínio, ou não, das práticas religiosas; a "*civic engagement hypothesis*", que indicia este fenómeno: uma regular prática religiosa encoraja os indivíduos ao comprometimento social e político, bem como à sustentação eleitoral de partidos religiosos; a "*demographic hypothesis*", que explora este campo: se, por um lado, o desenvolvimento humano e o crescimento das condições de segurança existencial conduzem à diminuição dos valores religiosos nas sociedades pós-industriais, por outro lado, eles também geram, como efeito concomitante, uma diminuição das respectivas taxas de natalidade, ao contrário do que acontece nas sociedades mais agrárias e religiosas; e, por fim, a "*religious market hypothesis*", que testa a tese dos que sustentam o "*supply-side*", segundo a qual o mundo das crenças é passível de ser influenciado pelo lado da oferta, realidade que explicará esta quase lei sociológica: quanto mais pleno for o pluralismo das crenças e mais ampla a liberdade religiosa, maior poderá ser o incremento da participação cultual.

Não iremos equacionar todas as implicações do que ficou escrito, mas privilegiar a matriz e o desenvolvimento dos caminhos que conduziram ao aparecimento das experiências que têm sido elevadas – em diversas perspectivas, é certo – a objecto teórico das sociologias da secularização (ou das que as contraditam). E, para que se consiga uma maior aproximação ao fenómeno, ir-se-á relevar a análise diacrónica do conceito. Depois, procurar-se-á seguir um percurso análogo em relação ao de laicidade, em ordem a captar-se, mais cabalmente, as afinidades e as diferenças existentes entre ambos e entre eles e o sagrado, e a provar-se duas coisas: se toda a laicidade é uma secularização, nem toda a secularização se realizou como laicidade. Mas se ambas se distinguem do campo religioso, também não se poderá olvidar que, não raro, o seu uso (e abuso) social e político as revestiu de alguma sacralidade (fetichizada e idolátrica, porém, aos olhos das religiões).

CAPÍTULO II
A semântica da secularização

Segundo Giacomo Marramao, a secularização é "uma das expressões-chave do debate político, ético e filosófico contemporâneo"[45]. E uma análise, mesmo que sintética, acerca da historicidade da sua semântica pode ajudar a compreender melhor as suas epocais significações e a demarcá-las de outras que, comummente – sobretudo nos países de línguas neolatinas –, são usadas como sendo sinónimas. É o caso de vocábulos como laicidade e seus derivados. Para isso, começar-se-á por responder a esta questão primordial: qual é a origem etimológica do termo "secularização"[46]?

---

[45] Giacomo Marramao, *Cielo e terra. Genealogia de la secolarizzazione*, Roma-Bari, Laterza, 1994, p. 7. Sobre a pertinência do conceito, numa óptica de renovação do pensamento teológico católico, veja-se Juan José Tamayo, *ob. cit.*, 2004, p. 26 ss.

[46] Os estudos clássicos sobre o tema são os de Hermann Lübbe, *Säkularisierung. Geschichte eines ideenpolitischen Begriffs*, Freibourg-München, Alber, 1965, e de H.-W. Strätz, "Säkularisation, Säkularisierung II. Der kanonistische und staatskirchenrechtliche Begriff",

De "século" a "secularização"

De acordo com alguns estudiosos, a génese da palavra *saeculum* (de *secus* ou *sexus*) ainda requer novas exegeses histórico-antropológicas, em ordem a poder-se explorar as possíveis ligações linguísticas nela implicadas, em particular as existentes entre *sexo*, *geração*, *idade do homem*, *tempo de governo*, *duração da vida*, *período máximo de cem anos*, etc. Por outro lado, quanto a esta última acepção, não se pode confundir o seu uso, no Império Romano, como "lapso de tempo", com a sua posterior cristianização, que a entendeu como tempo "mundano" (*weltlich*), e ter-se-á igualmente de relevar o trânsito de *saeculum* no sentido de "cem anos" (*Jahrhundert*)[47], relembrando que, não obstante se lhe poder reivindicar uma origem etrusco-romana, as necessidades de periodização da história somente impuseram esse critério nos séculos XVI e XVII.

Tudo isto contribuiu para que o conceito de secularização tenha aparecido na confluência de várias tradições, as quais, segundo Reinhart Koselleck, podem ser assim resumidas: a que resultou do diálogo entre a

---

O. Brunner, W. Conze e R. Koselleck (ed.), *Geschichtliche Grundbegriffe. Historisches Lexicon zur politisch-sozialen Sprache in Deutschland*, t.° V, Stuttgard, Klett-Cotta, 1984, pp. 792-809. Veja-se, também, Karel Dobbelaere, "Secularization: a multi-dimensional concept", *Current Sociology*, vol. 29, n.° 2, 1981, pp. 3-14.

[47] Cf. Reinhart Koselleck, *Aceleración, prognosis y secularización*, Valencia, Pre-Texto, 2003, p. 41, nota 5.

herança greco-romana e o cristianismo, legado que o direito canónico virá a recolher, para denotar a separação do clero do mundo dos fiéis seculares ou leigos; a que resultou da relativa diferenciação entre o domínio político e o espiritual, justificada através de argumentos de cariz jurídico-político; e a que foi fruto da experiência moderna de tempo, cujo primeiro grande momento forte se deu com a Revolução Francesa, e que, em termos teoréticos, se estribará em argumentos de cunho historicista. Como é lógico, o que será aqui distinguido e separado frequentemente se miscegenou nas suas histórias específicas.

Relembre-se que, no cristianismo, a palavra *saeculum* foi aplicada na *Vulgata* (São Jerónimo) para traduzir *kósmos* numa acepção negativa: o "momento presente", este "século", em oposição a eternidade, ao futuro – o "reino" prometido por Deus. Por isso, ela virá a ser utilizada para caracterizar o mundo dos pagãos e para exprimir o gradual desfasamento, no interior do cristianismo, de duas categorias: a dos clérigos e a dos crentes. Segundo alguns outros estudos, a primeira tentativa para clarificar a destrinça entre os "iniciados" e os "profanos" terá sido feita por Lactâncio (século IV), e sabe-se que São Vito, na linha de Estácio Afro, apelidou os autores pagãos de *saecularii*[48]. Por sua vez, a dou-

[48] Cf. Fernando Ferrarotti, *Una Fé sin dogmas*, Barcelona, Ediciones Peninsula, 1993, pp. 110, 114.

trinação de Santo Agostinho justificou, de uma maneira mais profunda e convincente, a dicotomia entre as duas Cidades, ou melhor, entre o espiritual (*geistlich*) e o secular (*weltlich*), transfundo histórico que, "através de numerosas transformações e metamorfoses, estruturou, como mostrou Gilson, a história ocidental"[49]. Quer tudo isto dizer que o curso do termo *saeculum*, no sentido de "mundo" oposto ao do "clero", foi contemporâneo – como salientou, entre outros, Jean Gaudemet[50] – do trabalho que cindiu os dois géneros de vida, assim como da definição do estatuto de clérigo (que data dos séculos IV e V).

Clérigos e leigos

Longa é a história da palavra "clérigo". A sua origem remete para o radical *kel*, que teve sequências em várias línguas europeias, com a significação de "cortar", "golpear", "bater", "pau", "vara", "pedaço de madeira". Em grego, deu *Klêros*, que referenciava "o objecto que se lançava para decidir o sorteio, o dado, e, por metonímia, o tirar à sorte"[51]. Assim, o vocábulo *Kláō* (divi-

---

49 Reinhart Koselleck, *ob. cit.*, p. 44. Koselleck refere-se à obra de Étienne Gilson, *Les Métamorphoses de la cité de Dieu*, 1952.

50 Cf. Jean Gaudemet, *L'Église dans l'empire romain (IVème-Vème siècles)*, 2ème éd., Paris, Sirey, 1958, p. 99 ss.

51 Telmo Verdelho, "Clérigo/Leigo: nota filológica", Luís

dir) era utilizado, desde Homero, para designar o fragmento de pedra ou o troço de madeira que se usava para tirar as sortes, a fim de se auscultar a vontade dos deuses. E porque a terra e o solo, provavelmente no marco de uma exploração agrícola colectiva, se dividiam tirando sortes, *Klêros* também adquiriu o significado de "parte", "pedaço de terra", "quinta" e, finalmente, de "herdade". Ainda por extensão metonímica, o verbo correspondente é *klēróō*, "sortear"; *Klēronomía* – de *Klêros* e *némô* ("distribuir") – é o "sorteio", a "distribuição por sorte" enquanto actividade, e, daí, o "lote" atribuído, a "herança"; *Klēronómos* é aquele a quem corresponde um *Klêros*: o "herdeiro"; *synklēronómos*, por sua vez, é o "co-herdeiro", e *Kleronomeō* remete para "ser herdeiro", "herdar".

Estes termos serão aplicados nas traduções gregas do Antigo Testamento. Também aqui há referências à prática de se tirar sortes (*gōrāl*) para se conhecer a vontade de Deus. O sumo sacerdote levava os "urim e tumim" ("luz e direito") na investidura sacerdotal (*Ex.* 28, 20; *Lv.* 8,8), usando-os para averiguar a vontade divina. E, nas bençãos de Moisés (*Dt.* 33), esta auscultação por meio de sortes e a administração da lei de Deus (*tōrāh*) estão estritamente ligadas.

Machado Abreu (coord.), *Variações sobre o tema anticlerical*, Aveiro, Universidade de Aveiro, 2004, p. 22.

Ainda na perspectiva que agora particularmente interessa, sabe-se que, nos textos de Qumran, o conceito de sorte (*gōrāl*) adquiria uma importância capital, denominando, igualmente, o destino que foi fixado de antemão por Deus e, portanto, a *pertença* a Deus (os filhos da luz, os espíritos do conhecimento, etc.), ou a Belial (os filhos das trevas e de seus espíritos). Mas, frequentemente, também referenciava "classe", "posição", "hierarquia".

Surge igualmente a ideia (que o Novo Testamento incorporará) de que a comunidade participa da sorte dos anjos. Acreditava-se que estes estão nela presentes e aceitava-se que os eleitos podiam ser chamados santos na terra, sugerindo-se, assim, que a comunidade recebeu bens salvíficos próprios dos anjos. A escolha dos noviços decidia-se de acordo com o resultado das sortes (no sentido estrito) que se tiravam no conselho da assembleia, embora não se saiba se se tratava, realmente, de um sorteio, ou de um exame feito com a finalidade de estabelecer a sorte que Deus atribuiu a cada um deles, qualidade somente atestável pela análise do seu comportamento terreno.

Por sua vez, no Novo Testamento, encontra-se *Klêros*, na acepção de "sorte", onze vezes e, em sete delas, ele tem essa semântica específica; nas restantes, remete para "parte", "herança", "herdar".

Se se quiser sintetizar todos estes sentidos, poder-se-á concluir que os textos sagrados da religião judaico-

-cristã usam um grupo de vocábulos relacionados com *Klêros* ("sorte", "herança") para expressarem o facto de o homem não se situar perante a Divindade com uma liberdade e independência totais. É que, por um lado, a sua vida tem um lugar determinado e participa, em grande medida, na história de Deus e da humanidade; por outro lado, d'Ele recebe, em sorte, certos dons e tarefas. Simultaneamente, a semântica de tais palavras tanto se refere a algo que tocou em sorte a alguém, como à solidez de uma promessa com efeitos jurídicos, o que lhe confere afinidades com o conceito de aliança. Dado que elas são sempre utilizadas para nomear os dons que, essencial e originariamente, pertencem a Deus – sejam materiais (a doação da terra, ou de uma parte dela), ou espirituais (o reino, a vida eterna) –, também servem para indicar os elos entre o homem e Deus, isto é, para revelar a vontade de Deus dar ao seu povo, ou aos homens, uma base de existência graças à qual estes não estão dependentes da benevolência de outros homens.

Ora se, em alguns casos, as definições de "sorte" e de "herança" são indissociáveis da comunidade de crentes, ganharam corpo outros significados, principalmente os associados aos de "classe", "posição" e "hierarquia", conotação que a gradual institucionalização do cristianismo como Igreja irá acentuar[52].

---

52 Nesta digressão sobre o vocábulo *Klêros*, seguimos a síntese

A partir do século III, a forma latina *clericus* passou a ganhar uma conotação distintiva e hierarquizadora dentro da comunidade cristã. Mais especificamente: por Tertuliano (c. 160-240) em *De idolatria* (C. VIII); nas versões latinas das *Homiliae in Jeremias* (XI, 31) de Orígenes (185-232); por Clemente de Alexandria (†215), no seu tratado sobre o bom uso da riqueza (*Quis dives salvetur*, C. XLII)[53]. E São Jerónimo (c. 340-420) foi um dos primeiros pensadores cristãos a justificar a existência de *duos genera christianorum*: os clérigos e os leigos. Os primeiros viviam longe da agitação das regiões profanas, devotados ao serviço divino e despidos de quaisquer bens temporais, distanciamento simbolizado pela tonsura[54], atitude *de fuga saeculi* glorificada, entre outros, por Santo Ambrósio.

Tais transformações testemunham a "passagem da 'pusilla grex' cristã para uma organização eclesiástica mais fortemente hierarquizada"[55], isto é, indicam que a existência terrena foi sendo recoberta por apreciações negativas, porque qualificada como o lugar do pecado

---

feita por E. Eicher em "Herancia, suerte, parte", in Lothar Coenen, Erich Beyreuther e Hans Bietenhard, *Diccionario teologico del Nuevo Testamento*, vol. 2, Salamanca, Ediciones Sigueme, 1980, pp. 264-269 (agradecemos a indicação desta obra ao nosso colega e amigo Anselmo Borges).

[53] Cf. Telmo Verdelho, *art. cit.*, p. 22.

[54] Cf. Jean-Claude Monod, *ob. cit.*, p. 18.

[55] Telmo Verdelho, *art. cit.*, p. 22.

e do tempo lapso e diminuído – o século. E, de um modo mais neutral, este termo também começou a servir para designar as actividades sociais não orientadas para a salvação. Porém, qualquer que fosse o seu significado, é um facto que "la distinction des 'clercs' et du 'peuple' (*laós*) ou des 'laïcs' marque la coupure interne à l'Église, entre ceux qui peuvent délivrer les sacrements et sont eux-mêmes sacrés à cette fin, à travers le sacerdoce, et la masse des baptisés qui font partie intégrante du corps de l'Église, mais n'ont pas le pouvoir sacré ou le 'charisme de l'Esprit saint' reçu au moyen du sacrement de l'ordre (pas plus qu'ils n'ont part à la vie selon la règle). La dualité clercs/laïcs introduit un balancement constant dans la définition même de l'Église, conçue comme communauté des fidèles et comme 'corps du Christ' selon le terme de Saint Paul (1 *Cor.* 12, 12) et ultérieurement comme 'corps mystique dont le Christ est la tête' (selon la bulle *Unam Sanctam* de Boniface VIII), mais aussi comme institution temporelle hiérarchiquement constituée, dont la tête est le Pape"[56].

A dualidade virá a receber várias subdivisões[57]. No entanto, é indiscutível que, mesmo nestes casos, ganhou mais força a lógica hierarquizadora: o clero surge separado (pela ordenação) da massa dos crentes e supe-

---

[56] Jean-Claude Monod, *ob. cit.*, pp. 18-19.

[57] Cf. *Idem, ibidem*, p. 19.

rior a eles, porque dotado da *potestas sacra*, ou melhor, ele, enquanto "eleito" a quem coube a "sorte", afirma-se como o pastor do rebanho, a "luz" e o exemplo para o povo cristão. E, sublinhe-se, muitas das dissidências que o cristianismo irá sofrer – como foi a da Reforma e a do anticlericalismo moderno, ou mesmo as críticas contemporâneas lançadas pelas teologias da secularização e da libertação – tiveram (e têm) como origem a contestação feita a este estatuto de superioridade.

Por sua vez, a génese de vocábulos como "secularizar" e "secularização" ter-se-á dado na segunda metade do século XVI: o primeiro, em 1586, num contexto pejorativo – "il ne faut point secularizer" –; e o segundo, em 1559, aplicado ao arresto de bens da Igreja por parte da coroa. De facto, e como salientou H.-W. Strätz, o termo "secularizar" surgiu num ensaio teológico-literário de Pierre Crespet e, sobretudo, em escritos de Jean Papon e Pierre Grégoire, para qualificar a mudança do estado de clérigo regular para o de secular, enquanto que o de secularização teve mais eco depois de, no rescaldo da Guerra dos Trinta Anos (1618-1648), o duque de Longueville (representante francês nas conversações ligadas ao Tratado de Vestefália) o ter utilizado, em 8 de Maio de 1646, para dar nome à acordada transferência de terras episcopais para mãos régias (tese enfatizada por H. Lübbe). Todavia, se esta origem tem sido frequentemente assinalada, nem sempre se lembra que, naquela situação concreta, ela continha um claro acento antiprotestante. Desejava-se impedir que os senhores territoriais antipapistas dessem continuidade à prática que eles mesmos apelidavam de "reforma", a saber: a confiscação de bens da Igreja católica. A fim de o evitar, a paz de Vestefália decretou, para o solo do Império alemão, uma "situação global de tábuas que fixava rigidamente as quotas de propriedade eclesiástica e secular"[58].

Este sentido proprietista consolidar-se-á na sequência dos processos revolucionários modernos impulsionados pelo exemplo da Revolução Francesa[59]. Com efeito, um pouco por toda a Europa, os novos poderes políticos procederão a amplas expropriações de propriedades, fundações e bens eclesiásticos, onda de choque em que participavam os próprios soberanos dos Estados católicos. Por isso, o termo também passou a qualificar um acto jurídico, politicamente fundado, e que consistiu em reduzir ou em expropriar o domínio ou a posse de bens temporais da Igreja, para os destinar a fins exclusivamente profanos, em ordem a libertar-se a propriedade, subtraindo-a ao estatuto de "bem de mão morta" e ao poder eclesiástico. E tudo isto dentro de uma lógica na qual o Estado moderno – ou melhor,

---

[58] Reinhart Koselleck, *ob. cit.*, p. 42.

[59] A consigna "tous les biens de la nation doivent être sécularisés" anunciou a secularização revolucionária dos bens da Igreja (Novembro de 1789) e a Constituição Civil do Clero.

o novo Estado-Nação – tenderá a impor (de modos diversos) um conceito unicitário de soberania.

Seja como for, quer no âmbito do direito canónico, quer como acto jurídico ditado por razões políticas, é indiscutível que o processo secularizador foi acelerado pela acentuação da dicotomia entre o espiritual e o secular (*geistlich/weltlich*), dualismo que teve na doutrina agostiniana (século V) e, depois, no agostinianismo medievo, a sua teorização modelar[60].

Ligada à significação canónica e, sobretudo, jurídico-política, consolidou-se uma outra, decorrente do desenvolvimento de uma maneira de pensar a que, desde os meados de Setecentos (Voltaire), se chamará "filosofia da história"[61]. E, por diferentes ou antitéticas que venham a ser as consequências político-ideológicas que ela fundamentará, será possível encontrar, em todas, esta crença comum: o convencimento de que as tarefas e desafios humanos "devem ser resolvidos no tempo histórico, com e através do próprio tempo histórico". Porém, agora, este já não se opõe à eternidade; antes a reclama para si. Pelo que todos os dualismos e pares de opostos, de origem cristã, se irão dissolver "debaixo deste pressuposto, apresentado como universalmente válido, segundo o qual o tempo mundano da história

---

60 Cf. Reinhart Koselleck, *ob. cit.*, p. 44.

61 Cf. Fernando Catroga, *Caminhos do fim da história*, Coimbra, Quarteto Editora, 2003, *passim*.

coloca problemas, mas também traz soluções". Por outras palavras: em vez da antítese imanência *versus* transcendência, a oposição entre passado e futuro passou "a ocupar o posto central"[62]. Mudança que deu lugar a uma outra, expressa no aparecimento de uma mais forte tensão entre a ideia de passado e a de futuro, de onde promanou uma nova experiência de tempo, concomitantemente afirmada com os ideais de emancipação, progresso e capacidade autonómica que a razão teria para dar transparência aos imperativos da ética e às leis da natureza, assim como para aumentar o poder transformador do homem sobre o mundo. A isto se tem chamado "mundanização" (*Verweltlichung*), ou, talvez melhor, "temporalização".

Em síntese: o postulado moderno da inteligibilidade do universo desaguou, naturalmente, neste outro convencimento: "*Die Vernunft fordert die Säkularisierung*" ("a razão fomenta a secularização")[63]. Este é o título de uma obra que, em 1798, surgiu na Alemanha e que provocou polémica. Como a própria razão se historicizou, a secularização foi sendo apresentada como uma das condições necessárias para o cumprimento do sentido emancipatório do itinerário da humanidade, acasalamento que terá reflexos no campo semântico em análise.

---

62 Reinhart Koselleck, *ob. cit.*, p. 46.

63 Cf. H. Blumenberg, *ob. cit*, p. 28.

Na verdade, com a entrada no século XIX, o termo, de acordo com o dicionário inglês de Oxford (1851), já referenciava uma moral que se devia basear no bem--estar da vida presente, excluindo todo o critério tirado da crença[64]. Sinal de que a dicotomia entre, por um lado, o religioso (aceite, à luz do relativismo histórico que as filosofias da história justificavam, como tendo sido necessário numa dada fase da diacronia humana) e, por outro lado, o secular, começava a coexistir, num tom não pacífico, com a dialéctica *passado futuro*, processo teleologicamente sobredeterminado pela crença na índole perfectibilista da natureza humana. Esta nova perspectiva teve os seus primeiros efeitos fortes na obra descristianizadora da Revolução Francesa e nas expropriações dos bens e domínios religiosos (renovadas por um decreto napoleónico de 1803). Mas o seu específico significado filosófico-histórico e cultural foi imediatamente tematizado pela doutrinação dos Ideólogos e dos filósofos eclécticos, pois, na linha do seu líder, Victor Cousin (discípulo, nesta matéria, de Condorcet), começou-se a falar na "secularização da educação". Por sua vez, em Inglaterra, um seguidor do socialista utópico Owen – o futuro positivista e livre-pensador Jacob Holyoake – criou, em 1846, a *London Secular Society*, com o objectivo de lutar contra os poderes tem-

---

64 Cf. Jean-Pierre Sironneau, *Sécularisation et religions politiques*, La Haye-Paris-New York, Mouton, 1982, pp. 77-78.

porais da Igreja e da religião e em prol da secularização da sociedade. Daí que tenha criado o termo "secularismo", para resumir este intento: "interpretar e regular a vida prescindindo tanto de Deus como da religião"[65].

Análoga demarcação norteava a *Deutsche Gesellschaft für ethische Kultur* e, mais tarde, a *Deutsche Gesellschaft für Soziologie*[66], grémio que contou com Tönnies, pensador cujos conceitos de "comunidade" (*Gemeinschaft*) orgânica e de "sociedade" (*Gesellschaft*) pós-tradicional, criada por laços contratuais, parecem remeter para a oposição entre a sociedade religiosa e a sociedade secularizada[67].

A partir de todas estas novidades, ganha sentido que, em Dezembro de 1880, o principal paladino da laicização do ensino em França – Jules Ferry (influenciado, entre outros, por Condorcet, Cousin, Guizot, Comte e Littré) – alicerçasse a secularização nesta herança histórica: "Il y a cent ans, on a sécularisé le pouvoir civil. Il y a deux-cents ans, les plus grands esprits du monde, Descartes, Bacon, ont sécularisé le savoir humain, la philosophie. Nous, aujourd'hui, nous venons suivre cette tradition: nous ne faisons qu'óbéir à la logique de

---

65 In Anselmo Borges, *art. cit.*, p. 136.

66 Giacomo Marramao, *Poder y secularización*, Barcelona, Ediciones Peninsula, 1989, p. 23.

67 Sobre tudo isto, veja-se Hermann Lübbe, *ob. cit.*, pp. 44-49; Jean-Claude Monod, *ob. cit.*, p. 25; Fernando Ferrarotti, *ob. cit.*, p. 115.

ce grand mouvement commencé il'y a plusieurs centaines d'années"[68]. Tal retrospectiva revela a consciência de que se estava perante um fenómeno que Spenna Weilland caracterizou como "le passage – qui s'étend sur de nombreux siècles – d'une interprétation métaphysique de la réalité à une expérience et une interprétation de la réalité où le monde historique, social, humain, fini, constitue l'horizon de la responsabilité et de la destinée humaines"[69].

Não se errará muito se se defender que o conceito de secularização passou a conotar a perda, nas sociedades modernas ocidentalizadas, da posição-chave que a religião institucionalizada ocupava na produção e na reprodução do elo social e na atribuição de sentido. O que, se não implicou o desaparecimento do sagrado, provocou uma maior eufemização das fronteiras entre o religioso e o não-religioso, alteração que James Beckford resumiu nesta fórmula lapidar: "le religieux n'est plus une institution sociale, il est devenu une ressource culturelle"[70]. Porém, esta tese tem de ser problematizada na longa duração[71] e de relevar as especificidades

---

68 In Jean-Claude Monod, *ob. cit.*, p. 28.

69 Spenna Weilland, "Qu'est-ce que la sécularisation", *Herméneutique de la sécularisation*, Paris, Aubier, 1976, p. 96.

70 Citado por Jean Baubérot, *La Laïcité à l'épreuve. Religions et libertés dans le monde*, Paris, Universalis, 2004, p. 153.

71 Sobre as origens mais remotas do fenómeno da secularização, veja-se G. de Lagarde, *La Naissance de l'esprit laïque au déclin du Moyen-Age*, 3 vols., Louvain, Éd. Nauwelaerts, 1970.

concretas que condicionaram o fenómeno, bem como as suas incidências no interior da Igreja e nos demais níveis (culturais, económicos, políticos) da sociedade.

Durante séculos, a par da diferença entre clérigo e secular, foi crescendo a rivalidade entre o poder espiritual e o poder temporal. Esta antinomia virá a saldar-se na vitória do princípio *Salus extra ecclesiam non est*[72] (ou: *Extra ecclesiam nulla salus*), preceito objectivado, como doutrina, no agostinianismo e, como aliança, no constantinismo político-religioso, isto é, no chamado cesaropapismo, ou, no seu inverso – o hierocratismo. Ora, tal resultado, se cimentava o poder da Igreja, também contraditava alguns ensinamentos evangélicos – "Dai a César o que é de César e a Deus o que é de Deus", ou "o meu reino não é deste mundo" –, instalando uma controvérsia que secundarizou, isolou ou aniquilou os que criticavam a promiscuidade entre os dois poderes e que pugnavam por uma atitude de abertura em relação a cismáticos, heréticos e demais crenças. Daí que a problemática da tolerância civil tenha sido a filha sofrida das guerras religiosas.

---

[72] Esta fórmula encontra-se numa carta de Cipriano, bispo de Cartago, decapitado em 258 por se opor ao culto imperial.

CAPÍTULO III
A secularização do ideal de tolerância

As análises sobre o conceito de tolerância sublinham a sua ambiguidade. Recorda-se a raiz indo-europeia – *tol, tal, tla* – e os derivados latinos *tollere* e *tollerare*, onde *tollere* significa "levantar", "deixar" e, às vezes, "destruir", e *tollerare* remete para "levantar", "suportar" e "combater". Em síntese, pode afirmar-se que o seu campo semântico recobre vários sentidos: o de "sofrer", "levar com paciência"; o de "permitir algo que não se tem por lícito, sem o aprovar explicitamente"; o de "resistir", "suportar" (sobretudo remédios ou alimentos)[73], mas também o de ter capacidade para levar connosco o outro com quem nos encontramos[74]. Como se vê, se uns significados apontam para uma acepção passiva, outros implicam uma atitude activa[75].

---

73 Cf. Antonio Vásquez Fernández, *Tolerancia: debilidad o fortaleza?*, Salamanca, Témpora Ediciones, 2003, p. 11 ss.

74 Cf. João Maria André, *Pensamento e afectividade. Da paixão da razão às razões das paixões*, Coimbra, Quarteto, 1999, pp. 128-130.

75 Cf. Claude Sahel (ed.), *La Tolerancia*, Madrid, Cátedra, 1993,

O uso do conceito não foi indiferente a esta polissemia. Tanto Kant, no seu ensaio *Beantwortung der Frage: Was ist Aufklärung?* (1784), como Mirabeau e Goethe (1809), sublinharam que o vocábulo, no sentido de suportar e aceitar quem pensa de modo diferente, falava a partir de um *locus* arrogante e continha algo de insultuoso[76]. Pensamento coincidente teve Rabaut Saint-Étienne, ao propor, na Assembleia Nacional francesa (22 de Agosto de 1789, quatro anos antes de ser guilhotinado), que ele fosse retirado da Declaração dos Direitos do Homem, porque considerava os cidadãos com ideias diferentes, tão-só, como "dignes de pitié, comme des coupables auxquels on pardonne"[77]. Hoje, continua a perguntar-se se "tolerância" pode ex-

p. 16 ss.; José Maria Vinuesa, *La Tolerancia. Contribución crítica para su definición*, Madrid, Laberinto, 2000, p. 62 ss; Diogo Pires Aurélio, "Tolerância/intolerância", *Enciclopédia Einaudi*, vol. 22, Lisboa, INCM, 1996, p. 179 ss.

76 Cf. Anselmo Borges, *art. cit.*, p. 145.

77 Mais concretamente, Rabaut Saint-Étienne afirmou: "Messieurs, ce n'est pas même la Tolérance que je réclame; c'est la liberté. La Tolérance! le support! le pardon! la clémence! idées souverainement injustes envers les Dissidents, tant qu'il sera vrai que la différence de Religion, que la différence d'opinion n'est pas un crime. La Tolérance! Je demande qu'il soit proscrit à son tour, et il le sera, ce mot injuste qui ne nous présente que comme des Citoyens dignes de pitié, comme des coupables auxquels on pardonne, ceux que le hasard souvent et l'éducation ont amenés à penser d'une autre manière que nous" (in Julie Saada-Gendron, *La Tolérance*, Paris, Flammarion, 1999, pp. 163-164).

primir e reconhecer a existência de relações de alteridade situadas no plano da reciprocidade igualitária[78], dúvida que será ultrapassada desde que se aceite que palavras velhas podem conotar ideias novas, enquanto termos novos podem não passar de uma mera retórica.

Aqui interessa, sobretudo, este ponto de partida, reconhecido por um grande número de estudiosos: o conceito, na sua faceta crítico-reflexiva, é um produto da Modernidade[79]. Mais em concreto, ele terá surgido para responder aos novos desafios levantados pela situação religiosa que a Europa conheceu a partir do Renascimento e da Reforma. É verdade que não se ignora que houve atitudes tolerantes em períodos anteriores – Voltaire, no seu *Tratado sobre a tolerância* (1763)[80], considerou tolerantes gregos e romanos –, nem se desconhecem as possibilidades de se lhe encontrar fundamentos nos textos sagrados das três religiões do Livro. Por outro lado, também não se descura o contributo daqueles que podem ser apresentados como precursores do diá-

---

78 Sobre a tolerância como "hospedagem" transfiguradora do *eu* e do *outro*, veja-se João Maria André, *Diálogo intercultural, utopia e mestiçagens em tempos de globalização*, Coimbra, Ariadne Editora, 2005, p. 51 ss.

79 Cf. Julie Saada-Gendron, *ob. cit.*, p. 117. Sobre a génese do tema no decurso do século XVI, consulte-se o clássico estudo de J. Lecler, *Histoire de la tolérance au siècle de la Réforme*, Paris, Albin Michel, 1994 (a 1.ª ed. é de 1955).

80 Cf. Voltaire, *Tratado sobre a tolerância*. Tradução e introdução de José M. Justo, Lisboa, Antígona, 1999, pp. 53-61.

logo inter-religioso, desde Tertuliano, Lactâncio, Santo Atanásio, passando por Nicolau de Cusa (*De pace fidei*, 1453)[81], momentos de abertura de um caminho que, alguns séculos depois, encontrará na peça de Lessing, *Nathan, o Sábio* (1779), a sua expressão filosófico-literária mais marcante.

Todavia, tais propostas limitavam-se, quase exclusivamente, à definição teológica da ideia de Verdade, tendo por destinatários os infiéis e os chamados hereges e cismáticos. Realidade que se agudizou com a Reforma e com as consequentes guerras religiosas que eclodiram no seio da própria cristandade (conceito que havia ganho corpo a partir do século IX). A prática do velho princípio *Extra ecclesiam nulla salus* foi impondo este outro: a unidade civil exigia a homogeneidade da fé. E, com a relativa assunção de poderes autónomos por parte do Soberano (ou do Magistrado, de acordo com a linguagem do século XVII), cresceu a convicção de que as divisões religiosas implicavam, simultaneamente, divisões civis e, portanto, rebeliões contra o Estado, perspectiva que irá encontrar na expressão *cujus regio, ejus religio*, ou na fórmula regalista francesa *une foi, une loi, un roi*, as suas melhores sínteses.

---

[81] Cf. Nicolau de Cusa, *A Paz da fé seguida de carta a João de Segóvia*, Tradução e introdução de João Maria André, Coimbra, Minerva Editora, 2002.

Estes princípios exprimiam a *territorialização* das crenças religiosas que veio a desenhar a geografia confessional da Europa, mosaico que estará na base das versões regionais (e, posteriormente, nacionais) do cristianismo e em que se impunha a homogeneidade política e religiosa. Por consequência, o pluralismo confessional, num mesmo espaço, constituía um problema simultaneamente religioso e político, ganhando corpo a ideia segundo a qual o poder do Magistrado exigia a uniformidade confessional no seu território, pelo que a heresia e a dissidência deviam ser castigadas não só por motivos dogmáticos, mas também por atentarem contra a soberania política[82]. Logo – e como a teologia oficial se esforçava por demonstrar –, as diferenças religiosas tinham de ser criminalizadas e atacadas, tanto por razões sociais como salvíficas, pois representavam um perigo para a sociabilidade e para a consumação colectiva da escatologia. Para o evitar, o Soberano devia agir como o braço armado da Igreja – tese das duas espadas, teorizada por Bonifácio VIII em 1302 –, castigando os heréticos, quer para os salvar por caridade, quer para garantir o bem-estar dos membros da sociedade. Modo de pensar que se tornou sinónimo de teologia de guerra e de intolerância.

---

82 Cf. Jean-Paul Williaime, *Europe et religions. Les enjeux du XXIème siècle*, Paris, Fayard, 2004, p. 17.

Sabe-se que as religiões cristãs reformadas também desenvolveram doutrinas análogas, embora, nos inícios da sua rebelião, Lutero ainda fosse favorável à liberdade de pensar, recusando-se a confundir as Igrejas com o Estado. Situação que se alterou na Alemanha, com os seus principados a dividirem-se segundo o citado preceito *cujus regio, ejus religio*, já posto em prática na paz de Augsburg (1555), mas só formulado em 1579. A partir daqui, cada autoridade soberana detinha o poder de decidir acerca da religião praticada no seu território de acordo com as razões apontadas, pelo que os seguidores das confissões não oficiais somente tinham o direito de se exilar depois de venderem todos os seus bens, regra que foi estendida aos calvinistas nos tratados de Vestefália[83].

Neste clima, os propósitos dos que, como alguns humanistas (Marsílio Ficino, Pico della Mirandola, Tomás More, Erasmo), pugnavam pela coexistência pacífica entre as religiões ficaram submersos na pregação de uma intolerância teológica que recorria à espada da intolerância civil para atacar a coabitação de indivíduos e Estados com confissões diferentes, ainda que crentes no mesmo Deus[84]. E foi para responder a este caos que alguns intelectuais procuraram um *credo*

---

[83] Cf. Guy Saupin (éd.), *Naissance de la tolérance en Europe aux temps modernes*, Rennes, PUR, 1998, p. 189.

[84] Cf. Julie Saada-Gendron, *ob. cit.*, pp. 19-20.

mínimo que fosse capaz de possibilitar a tolerância (religiosa e civil). No entanto, uma pergunta tem de ser feita: quais as novidades trazidas pela nova problematização deste ideal, quando comparadas com a dos seus precursores? Ora, uma das diferenças reside no facto de, mesmo no século XVI, muitos dos apologistas da tolerância não serem anticlericais, como o serão, por exemplo, no tempo das Luzes. Os debates ocorreram sempre entre homens da Igreja, embora desavindos, e o seu objecto incidia, sobretudo, na interpretação da Bíblia. Só depois é que a discussão saiu do terreno dominantemente teológico, com o movimento que apontava para a secularização dos alicerces da ética, do conhecimento, da sociedade e da função do Estado, bem como para uma nova hermenêutica bíblica.

A representação que a Igreja fazia de si mesma como instituição e os seus principais pensadores – Santo Agostinho, ou mesmo Tomás de Aquino – não franqueavam o caminho da tolerância civil. Quanto ao primeiro aspecto, sublinhe-se que aquela se foi afirmando, perante o poder político, como uma *societas iuridice perfecta* de direito divino, independente e soberana. Promanando todo o poder de Deus, a sua sede localizava-se nos descendentes de Cristo, organizados como Igreja, cabendo ao Magistrado "apenas uma tarefa subsidiária de guardião da verdade objectiva e defensor da fé, funcionando como *braço secular* para a perseguição e punição dos hereges, apóstatas e cismáticos". Daí que se reivindicasse, com particular ênfase, a "libertas ecclesiae"[85].

Este estatuto foi preparado por posições como as do bispo de Hipona, nomeadamente quando, na sua correspondência (carta a Bonifácio, por exemplo) e na sua polémica contra os donatistas, ele justificou o dever de o Soberano perseguir os heréticos, à luz da concepção paulina *non est potestas nisi a Deo*. Se a intolerância tinha sido má quando afectou os cristãos (como aconteceu nos primórdios do cristianismo), ela seria justa e acto de caridade, desde que posta ao serviço da ortodoxia. Pelo que não devia ser sofrida como uma coacção, mas como um instrumento escatológico, porque acção libertadora das más influências do mundo sensível, ou melhor, dos hábitos, costumes e educação que impediam o acesso à luz da Verdade[86].

Tomás de Aquino não foi tão longe e, na sua *Suma Teológica* (1266-1272), considerava a heresia como um erro, uma errância e um crime contra o direito. Por conseguinte, seria legítimo aplicar-lhe uma sanção tanto espiritual (a excomunhão), como temporal (a morte). Mas também reconhecia que, se Deus, bom e omnipotente, permitia a existência de males no universo, a

---

[85] Jónatas Eduardo Mendes Machado, *O Regime concordatário entre a "libertas ecclesiae" e a liberdade religiosa. Liberdade de religião ou liberdade da Igreja?*, Coimbra, Coimbra Editora, 1993, p. 11.

[86] Cf. Julie Saada-Gendron, *ob. cit.*, pp. 87-88.

supressão destes últimos também aniquilaria uma parte do bem. Logo, e em termos semelhantes, o Príncipe devia tolerar certas infidelidades. É que, se, em si mesmas, estas são um mal, a sua relativa tolerância evitaria males maiores (como as desordens civis) e garantiria certos bens.

É indiscutível que esta concepção pragmática se inseria num horizonte dominantemente teológico. Bem vistas as coisas, a tolerância era proposta como uma paciente outorga por parte de quem se considerava instalado na posse da Verdade. E, perante esta – definida como uma norma objectiva e universal, enunciada por uma instância eclesiástica –, ela só podia ter o valor de uma necessidade prática e temporária, sendo uma espécie de concessão que a Verdade fazia ao erro culpável, ou melhor, uma mera concessão benévola e útil para organização da Cidade. Política que, porém, somente se justificava até que o erro fosse extinto.

De qualquer maneira, não se pode menosprezar o facto de, em muitos casos, o convívio e a relação quotidiana entre indivíduos com credos diferentes ter dado vida a uma "tolerância informal" que permitiu mesclas culturais e étnicas ricas de significado humano. Mas isto ocorreu, quase sempre, para além da vontade dos Deuses e dos Césares.

A "tolerância civil"

Quais os fundamentos essenciais da nova "tolerância civil"? É indiscutível que as cisões no seio da cristandade e o alargamento dos contactos do Ocidente com outras civilizações obrigaram ao reequacionamento da questão. E esta maior abertura à alteridade será feita a partir de três ângulos essenciais (amiúde inter-relacionados): a hermenêutica bíblica, a natureza humana e as exigências da sociabilidade.

Como é característico das religiões do Livro, o texto que pode condenar também pode ser utilizado em sentido diferente. Deste modo, entende-se que se detecte, neste debate, uma atitude que os séculos posteriores (até hoje) continuarão a manifestar e que é esta: enquanto as leituras de cariz literal são, comummente, postas ao serviço de posições integristas ou fundamentalistas – já Pierre Bayle, na conjuntura da revogação do Édito de Nantes, afirmou: "tout sens littéral qui contient l'obligation de faire des crimes est faux" –, as de teor mais *simbólico*, ou as que relevam a *mediação humana* e *histórico-social* (a língua dos profetas, as traduções, o público alvo, a polissemia das palavras), denotam uma maior disponibilidade para a aceitação de uma análise de índole hermenêutica, mesmo que feita em nome de um ideal de reconciliação, concórdia ou unificação futura.

Esse já tinha sido o anelo da doutrinação dos que, sob um fundo irenista, haviam defendido a instrução dos heréticos, e não a sua repressão, a partir de um recentramento inspirado numa fé simples, viva e depurada de subtilezas teológicas. Tal foi o caso de Marsílio Ficino e de Pico della Mirandola, humanistas que pretenderam restaurar a paz religiosa, as humanidades e a livre discussão. Por sua vez, Nicolau de Cusa sonhou com o estabelecimento de um credo universal, a fixar por um areópago de sábios, numa antevisão do diálogo inter-religioso. E todos estes ideais oscilaram entre um desejo inclusivista e de assimilação (estribado na crença de que a unanimidade da fé viria a perdurar, em paz, na unicidade de uma religião querida por Deus[87]) e, como é o caso nos passos mais explícitos do seu pensamento, o "reconhecimento da dinâmica inscrição e promoção da paz dentro da própria fé e das diversificadas crenças que são as suas múltiplas manifestações"[88].

Descendo ao que, nesta querela, melhor pode mostrar os itinerários do processo secularizador, frise-se que, com o Humanismo, medrou, como arma argumentativa, o método histórico-filológico. E, apesar de a sua aplicação privilegiar os textos greco-latinos, este caminho também se estenderá às escrituras sagradas, ou aos documentos ligados à história da Igreja. Escolha que trará consequências secularizadoras, como a que de-

---

87 Cf. *idem*, *ibidem*, p. 23.

88 João Maria André, "Introdução", Nicolau de Cusa, *ob. cit.*, p. 15.

correu da demonstração da falsidade – efectuada por Lourenço Valla, em 1440, no seu *De falso credita et ementita Constantini donatione* – da célebre doação de Constantino (280-337), o escudo último da aliança entre a Igreja e o poder temporal.

Factor ainda mais importante foi o desenvolvimento de uma análise não literal da Bíblia, precursoramente feita por Isaac La Peyrère, Uriel da Costa e Hobbes, mas que encontrará em Espinosa o seu mais influente cultor. Foi propósito do autor do *Tratado teológico-político* (1670) mostrar que o Livro não ensina qualquer dogma especulativo, pois somente contém lições morais – praticar a justiça e a caridade – acessíveis a todos. Interpretar o texto por ele mesmo (*scriptura sola*) e buscar o seu sentido permitiria desfazer as "invenções", os "julgamentos arbitrários", as "superstições", e desconstruir as leituras dogmáticas das Escrituras que fomentam uma *flutuactio animi* no povo, relevando, ao invés, os condicionantes históricos da sua redacção. Assim sendo, Espinosa somente reservava à razão o cuidado com a procura da verdade[89], limiar que permitiria perceber que, liberta dos dogmas teológicos que encobriam a sua interpretação, a Bíblia nada continha de oposto à liberdade de pensar[90]. E, como se sabe, para ele, impe-

---

[89] Cf. Espinosa, *Traité théologico-politique*, Paris, Flammarion, 1965, p. 138 ss.

[90] Cf. Julie Saada-Gendron, *ob. cit.*, p. 20.

dir a liberdade de pensar significava demolir a piedade e a paz do Estado e esquecer que "a fé consiste menos em actos exteriores do que na simplicidade e sinceridade da alma, e que esta provém, não do soberano, mas de si mesma"[91].

Moderna é, igualmente, a defesa da tolerância radicada em imperativos de índole moral. Esta centração secundarizou o debate acerca da Verdade, colocando-o na sinceridade das convicções (mesmo que erradas), ou melhor, no cerne da consciência. Foi o passo dado por Bayle, numa espécie de secularização da doutrina protestante do livre-arbítrio. Para o perseguido francês, a consciência constituía o único critério, pelo que a concretização da universalidade da luz natural teria de passar pelo particularismo ligado à vida interior. Sem aceitar que todas as opiniões fossem equivalentes, ou que a verdade não existisse, ele pôs a ênfase na necessidade de se valorizar a consciência; o que dava direito de cidade ao erro sincero, posicionamento que fazia assentar a práxis em ditames que ultrapassavam a via intelectualista das ideias claras e distintas. Assim sendo, a religião – porque constituía uma persuasão interior da alma perante Deus, que somente podia ser julgada e apreciada à luz da qualidade moral da crença[92] –

---

[91] Raymond Polin, "Introdução", John Locke, *Carta sobre a tolerância*. Trad. de João da Silva Gama, revista por Artur Morão, Lisboa, Edições 70, 1996, p. 81.

[92] Cf. Julie Saada-Gendron, *ob. cit.*, p. 97.

recebia uma definição que, contra os dogmatismos teológicos, valorizava a subjectividade e obrigava a reconhecer que um erro, sinceramente acreditado como verdade, seria mais útil do que as práticas imorais, embora realizadas em nome do divino.

Este papel da consciência, elevada a juiz ou a tribunal interior, contribuiu para a crescente eticização (Kant) da liberdade de pensamento e da própria vivência religiosa, e irá conduzir a um dos momentos mais relevantes do combate pela ideia moderna de tolerância – a citada peça de Lessing, *Nathan, o Sábio* (1779). Pondo em diálogo três representantes da religião do Livro, em vez do desejo de todos alcançarem a (sua) Verdade absoluta, o pensador alemão sublinhou a existência de um fundo comum: a circunstância de todos eles perfilharem religiões do amor filialmente transmitidas. Com isso, deu voz aos sonhos iluministas (e maçónicos) de fraternidade universal (inclusive das diversidades religiosas, nacionais ou sociais), sem ter do universalismo uma ideia excessivamente holística e abstracta.

Na mesma conjuntura, e sob o impacto da discussão apostada em ultrapassar as guerras de religião que minavam a Europa continental e as Ilhas Britânicas, Locke meditou sobre o tema durante algumas décadas. Pelo que a *Carta sobre a tolerância* (1689) é não só o ponto de chegada do seu percurso intelectual, como indicia as grandes preocupações políticas, religiosas e filosóficas da época, cuja outra face histórica, com consequências marcantes, será a fuga de alguns puritanos para a América. Com efeito, são conhecidas as confluências de teses[93] e acontecimentos que, repercutindo-se ou não no seu escrito, lhe dão um valor de testemunho, tornando-o inseparável quer da ocorrência de factos como a revogação do Édito de Nantes, quer do passo positivo, mas insuficiente, que foi dado, em Inglaterra, com a aprovação do *Tolerance Act* (1688).

Por outro lado, para além das dívidas de Locke ao texto bíblico e aos inúmeros autores que, antes dele, haviam escrito sobre a tolerância, deve ser sublinhada a influência directa das posições, liberais em religião, de movimentos como os latitudinários de Oxford – que se opunham à tese calvinista acerca da predestinação e à sua tirania –, os platónicos de Cambridge e os remonstrantes holandeses, com os quais Locke conviveu durante o seu exílio, conjuntura em que formou o seu pensamento definitivo sobre a matéria.

Sem deixar de enfatizar a liberdade de consciência – que considera iluminada pela vontade divina –, o autor do *Ensaio sobre o entendimento humano* valorizará, sobre-

---

93 Inúmeros textos surgiram no século XVII sobre a tolerância (e intolerância). Sintomaticamente, os picos das suas edições ocorreram em 1646-1647, 1670-1671, 1685-1689. Cf. Bernard Cottret, "1598-1688. De L'Édite de Nantes à la Glorieuse Révolution. Concorde, liberté de conscience, tolérance", Antoine Capet e Jean-Paul Pichardie (coord.), *La Naissance de l'idée de tolérance (1660-1689)*, Rouen, PUR, 1999, p. 10.

tudo, as demonstrações de cariz racional, ainda que a partir dos ensinamentos do mundo dos sentidos. Compreende-se. Ele pretendeu colocar o conceito de tolerância, não como um problema religioso (ou inter-religioso), ou mesmo exclusivamente político, mas como uma exigência para melhorar a organização da Cidade, tendo em vista o respeito das opções subjectivas dos indivíduos, em harmonia com a prossecução do "bem comum civil", função última do Magistrado. Em suma: a sua argumentação baseia-se em concepções distintas acerca da origem, do fim e dos objectivos da associação religiosa e da sociedade política.

Locke deu uma origem contratualista a esta última e fixou-lhe, como finalidade, a paz civil, ou melhor, a realização do bem comum. Pelo que cabia ao Magistrado, com o seu poder delegado, fazer a lei e impô-la, em caso de necessidade, através da "coacção". Por palavras suas: a sociedade política dizia respeito a uma "sociedade de homens constituída unicamente com o fim de conservar e promover os seus bens civis"[94], isto é, a protecção da vida, a liberdade e a propriedade privada. Nestes limites, ter-se-ia de perceber que não cabia ao Estado abrir as portas do céu e entender-se que tudo o que é imposição externa agride a consciência, pelo que nunca poderá conduzir à bem-aventurança, tarefa exclusiva do foro íntimo de cada indivíduo.

---

[94] John Locke, *ob. cit.*, p. 92.

A Igreja não podia considerar-se sociedade perfeita ou sociedade eterna, mas *societas spontanea*, ou melhor, "uma sociedade livre e espontânea", dentro da qual, porém, ao contrário da sociedade política, ninguém perderia a sua liberdade de escolha de um modo irreversível. É que a sua razão de ser é posterior aos direitos inalienáveis, imprescritíveis e irrenunciáveis dos indivíduos. Nela, estes associam-se, tão-só, como crentes numa mesma religião, a fim de promoverem o culto público ao seu Deus e garantirem a sua salvação. Por conseguinte, as religiões e o Estado são instituições absolutamente diferentes e separadas, pelo que tanto a fusão da primeira com a segunda, como o inverso, produziam intolerância e impediam a paz civil. Nestes limites, o Magistrado, para seu próprio benefício, devia ser tolerante, situando-se a fronteira do seu agir nos efeitos exteriores da opção religiosa que pudessem colidir com os princípios que norteavam a prossecução do bem comum. Com esta proposta, Locke fixou a matriz do conceito liberal de tolerância. Mas, pergunta-se: esta não teria limites?

William Poppe, tradutor da *Carta* para inglês, escreveu, nessa versão, a célebre frase, durante muitos anos atribuída ao próprio Locke: "é da liberdade absoluta, da justa e verdadeira liberdade, da liberdade igual e imparcial, que temos necessidade"[95]. Todavia, várias

---

95 William Poppe, "Ao leitor", John Locke, *ob. cit.*, p. 129.

são as obras em que o pensador inglês se demarcou da *absolute liberty* com a eleição de intoleráveis escolhidos pelas ameaças que representavam para o contrato social. São eles: os que professam dogmas opostos ou contrários à sociedade humana e aos bons costumes, pondo em causa "a conservação da sociedade civil"; os que "atribuem aos fiéis, aos religiosos, isto é, a si próprios, nos assuntos civis, algum privilégio e poder de que não goza o resto dos mortais", e que, consequentemente, são intolerantes para todos os que não partilham a sua fé; os que pertencem "à igreja em que cada um passa, *ipso facto*, ao serviço e à obediência de um soberano estrangeiro".

Esta última posição visava – na linha do que tinham pensado outros tolerantes, como Milton e Marvel – os católicos, ou melhor, os "papistas". Contudo, a restrição não era de ordem teológica, mas exclusivamente política. Admitir os que não estavam dispostos a respeitar o contrato social levaria o Soberano a consentir a existência, no interior do seu território e cidades, de "uma jurisdição estrangeira", possibilitando que "entre os seus cidadãos se alistassem soldados para combater o Estado. Para este facto, a distinção inútil e capciosa entre a Corte e a Igreja não traz remédio algum, porque tanto uma como outra estão igualmente sujeitas à soberania do mesmo homem, que pode aconselhar aos membros da sua igreja tudo o que lhe agradar, tudo o que é espiritual ou se ordene ao espiritual, e, mais ainda, o pode impor sob a pena do fogo eterno"[96].

Tais cautelas receberão desenvolvimentos não só na política de países influenciados pelo protestantismo, mas também nas correntes anticlericais que, no século XIX, crescerão nas regiões dominantemente católicas da Europa, em particular quando denunciavam o ultramontanismo, o poder temporal do Papa e o internacionalismo das ordens religiosas como inimigos do princípio da soberania popular, ou nacional. Em qualquer dos casos, tudo isto mostra que o pecado original dos "papistas" estava no facto de não conseguirem respeitar a distinção entre o político e o espiritual, afinal, o fundamento último da tolerância civil.

Uma outra limitação que Locke impôs diz respeito aos ateus[97]. Sublinhe-se que, para o filósofo inglês, o convencimento da existência de Deus – mesmo que os seus atributos estivessem reduzidos, quase deisticamente, a um credo mínimo – e a crença na imortalidade da alma eram premissas de sociabilidade. Logo, "os que negam a existência de uma divindade não devem de maneira alguma tolerar-se. A palavra, o contrato e o juramento de um ateu não podem constituir algo de estável e de sagrado, pois são os vínculos da

---

96 John Locke, *ob. cit.*, p. 117.

97 Cf. Anselmo Borges, *art. cit.*, p. 143.

sociedade humana, a tal ponto que, suprimida a crença em Deus, tudo se desmorona"[98].

Estes dois intoleráveis – o catolicismo romano e o ateísmo – bastam para provar que, para ele, a pedra-de-toque do ideal de tolerância não é tanto a liberdade de consciência, mas mais a sustentabilidade do contrato social, isto é, dos laços morais necessários à vida colectiva. Assim, se o núcleo forte do problema da organização da Cidade consistia na garantia da liberdade do homem e na salvaguarda da paz do Estado, a crítica ao "papismo" e, sobretudo, ao ateísmo deixava a porta entreaberta para a entrada de fundamentos teológicos na solidificação da nova sociabilidade política. Perspectiva que também se encontrará em autores como Voltaire e, como se verá, na concepção rousseauniana de religião civil.

Posição diferente foi teorizada por Pierre Bayle. Em 1682, em *Pensées diverses écrits à un docteur de Sorbonne, à l'occasion de la comète que parut ou mois de décembre de 1680* (título de 2.ª edição, de 1683)[99], afirmou que o critério de julgamento não residia no entendimento, nem em quaisquer motivações de ordem pragmática. Separando o problema da Verdade do da sinceridade das adesões, o exilado francês deu primazia à consciência –

---

[98] John Locke, *ob. cit.*, p. 118.

[99] Pierre Bayle, *Pensées sur l'athéisme*, Paris, Éditions Desjonquère, 2004, pp. 41-118.

"a luz primitiva e universal que Deus difunde na alma de todos os homens" – e defendeu a existência de uma solução de continuidade entre a moral e a religião. Para escândalo de muitos, procurou mostrar que, tal como as sociedades com religiões minadas pelo vício e pelo crime podiam ser imorais, também "l'athéisme ne conduit pas nécessairement à la corruption des moeurs", pois o descrente "peut avoir une idée d'honnêteté, sans croire qu'il y ait un Dieu"[100]. Com esta valorização do ateísmo sincero, ele pretendia dizer que a religião era inútil para a concórdia civil e que, ao nível dos princípios, a sociedade podia subsistir sem religião, dado que a raiz de toda a moralidade se situava no âmago da consciência[101].

A consequência maior do pensamento de Bayle saldou-se na apologia de uma moral racional, segundo a qual toda a criatura, incluindo a sem fé, está submetida a uma ordem de verdade independente da religião. É certo que ele invocava a presença da luz divina no interior do homem, pois a liberdade de consciência residia, não nos direitos do indivíduo, mas em Deus, isto é, num domínio em que a política terá de se calar[102]. Todavia, essa mesma fonte também autonomizava a responsabilidade, pressuposição que acabava por secundarizar a referência religiosa, em nome da convicção

---

[100] *Idem, ibidem*, pp. 78, 93, 104.

[101] Cf. Julie Boch, "Preséntation", Pierre Bayle, *ob. cit.*, p. 20.

[102] Cf. Olivier Abel, "Tolérance et laïcité", *Archives de Philosophie du Droit*, t.° XLVIII, 2004, p. 24.

de que o espírito humano tem uma natureza não determinada pelos preceitos da fé e pelas obrigações sociais. Como Bayle afirmou: porque a experiência mostra que os crentes no paraíso ou no inferno "sont capables de commettre toute sorte de crimes, il est évident que l'inclination à mal faire ne vient pas de ce qu'on ignore l'existence de Dieu, et qu'elle n'est point corrigée par la connaissance que l'on acquiert d'un Dieu qui puni et qui récompense [...] Il résulte encore de là que l'inclination à mal faire vient du fond de la nature humaine"[103]. Em conclusão: para ele, o mal, ou, ao invés, a prática virtuosa (a piedade, a sobriedade, etc.) não promanam da crença ou descrença na existência de um Deus, mas antes de uma certa disposição do temperamento fortificada pela educação, pelo interesse pessoal, pelo desejo de ser louvado, pelo instinto da razão, ou por motivos semelhantes "qui se rencontrent dans un athée aussi bien que dans les autres hommes"[104].

Transversal a estes momentos fortes do debate sobre o ideal de tolerância, foi o paulatino deslocamento de uma problemática dominantemente teológica para uma outra de cariz mais civil e secular. E esta, se não era contrária à religião, não deixava de reivindicar a liberdade de consciência e de pensamento. O que caminhou a par com a autonomização das fontes da

---

[103] Pierre Bayle, *ob. cit.*, pp. 87-88.

[104] *Idem, ibidem*, p. 88.

moral e com a exigência – tida como premissa essencial de tolerância – da separação entre os Deuses e os Césares, em ordem a garantir-se a liberdade religiosa. Passos nesse sentido serão dados, não por acaso, pelos netos dos que, na Europa, foram perseguidos por motivos religiosos: os colonizadores britânicos da América e construtores da sua independência.

Num outro registo, a herança da hermenêutica bíblica, com a aplicação do método histórico-filológico (em desenvolvimento desde o Humanismo), também foi uma arma importante para o debate, não só porque colocou as revelações do sagrado como objecto de conhecimento, mas também porque fomentou a crítica e a comparação, cultivando a livre razão (como se nota em Espinosa) e o enquadramento histórico das questões. E quando pensadores como Bayle desligaram a justificação da tolerância e da sociabilidade dos argumentos teológicos, situando-a no interior da consciência – incluindo a consciência errónea, mas virtuosa –, ficou potenciada a existência de um corte entre a esfera religiosa e a legitimação da ordem social, e postulada uma moral de cariz racional e autónoma de qualquer fundo transcendente.

Na Europa (e em alguns intelectuais americanos), começou a pugnar-se por algo que o livre-pensamento (termo criado por discípulos de Locke) não deixará de reivindicar: a liberdade de consciência e de pensamento (Espinosa), alicerces fortes da assunção do sujeito. Movimento que terá no eu puro transcendental (de Kant), actuando como razão teórica e razão prática – emancipada de qualquer tutela heterónoma e livremente afirmada na esfera pública –, a sua expressão mais profunda. Por conseguinte, compreende-se que todas estas propostas tivessem confluído num imperativo de cariz emancipatório e paidético (*Bildung*).

Base deste processo imanentista (possibilitado pelos vários deísmos e panteísmos) foi a inversão antropocêntrica dos fundamentos da moral, da sociedade e da política, tendo em vista encontrar um consenso que, ao contrário da concepção tradicional de Deus, pudesse refazer o sonho da paz civil entre os indivíduos e os povos. Como se sabe, a natureza humana passará a ser o novo paradigma das teses contratualistas (Jean Bodin, Hobbes, Locke), depois integrado no jusracionalismo (Pufendorf, Thomasius e Heineccius) e concretizado, como projecto político democrático, em Jean-Jacques Rousseau.

É assim lógico que os direitos naturais também fossem meios de luta contra o dogmatismo e que o conceito de tolerância tivesse ganho um significado mais activo. Por exemplo, em Voltaire (*Tratado sobre a tolerância*), a sua definição perdeu a índole passiva, sofredora e condescendente perante o mal, que se queria evitar, afirmando-se como uma virtude simultaneamente moral e social, cujos efeitos seriam pacificadores[105]. E a mesma

---

105 Cf. Julie Saada-Gendron, *ob. cit.*, p. 113.

justificação não deixará de ser chamada a terreiro no que respeita a tudo o que era apresentado como opressão, tendência que, nas suas consequências políticas mais directas, irá desaguar nas Declarações dos Direitos do Homem americanas e francesas[106], fontes inspiradoras das respectivas Revoluções. Esta perspectiva já se encontra plasmada na Declaração da Virgínia (1776) e, depois, na primeira Declaração dos Direitos do Homem e do Cidadão francesa (1789), ao proclamar (art. 10.° e 11.°), "nul ne doit être inquiété pour ses opinions, même religieuses, pourvu que leur manifestation ne trouble pas l'ordre public établi par la Loi", e ao destacar que "la libre communication des pensées et des opinions est un des droits les plus précieux de l'homme; tout citoyen peut donc parler, écrire, imprimer librement, sauf à répondre de l'abus de cette liberté dans les cas déterminés par la Loi". Ora, a invocação fundadora destes paradigmas é sinal de que se estava no fim de uma batalha e no meio de uma "guerra" a favor da tolerância activa, a qual, pelo menos na Europa (e mesmo nos EUA), continua longe do seu desfecho.

As possibilidades de concretização dos direitos naturais exigiam um clima de tolerância e este, como salientaram o americano Roger Williams e o inglês Locke – na linha de outros (Tomás More, Milton, John Good-

---

106 Cf. Marcel Gauchet, *La Révolution des droits de l'homme*, Paris, Gallimard, 1989, *passim*.

win) –, só podia ser criado quando as Igrejas e o Estado se posicionassem como sociedades exteriores e diferentes. Tais condições requeriam a separabilidade – que irá ser objectivada de modos diversos – e, consequentemente, a secularização do funcionamento e dos objectivos perseguidos pelos homens organizados em sociedade política, remetendo o associativismo religioso para a esfera do direito privado e para a sua finalidade própria: as expectativas soteriológicas e escatológicas dos indivíduos. E estas propostas não deixarão de ter efeitos logo nos finais do século XVIII, tanto mais que elas apareciam ligadas à secularização da origem e da função da soberania (popular ou nacional).

No entanto, não se forçará a nota se se defender que os vários itinerários que irão conduzir, nos países ocidentais, ao reconhecimento e à prática da tolerância activa não serão indiferentes às heranças religiosas e respectivas territorializações, bem como à maneira como se processará a modernização. O que ajudará a perceber melhor por que é que, nesta matéria, os percursos das sociedades bi-confessionais, ou mesmo pluri-confessionais, serão distintos dos trilhos daquelas em que existia uma intolerante situação de monopólio religioso, como era o caso de França – depois da revogação do Édito de Nantes –, ou o dos países católicos, sujeitos à sobrevivência do princípio *cujus regio, ejus religio*.

Sintetizando, poder-se-ão destacar duas vias-tipo nesta árdua e inconclusa luta pela paz civil: a que dará corpo a uma concepção mais liberal de tolerância, e cujo melhor exemplo se encontra nos países protestantes (Inglaterra, Holanda) e, em particular, nos EUA; e a que, como em França (e em muitas sociedades de domínio católico), para se realizar, provocou um longo conflito entre duas instâncias totalizadoras e rivais: por um lado, o novo Estado-Nação – que reivindicava para si um papel universalizador e homogenizador das consciências –, e, por outro lado, a Igreja, com finalidades análogas, há séculos consolidadas e, porque consagradas, tidas por definitivamente adquiridas. Perante esta resistência monolítica, a conquista da tolerância passou, nestes casos, pela "production politique du pluralisme religieux"[107].

Ora, se tudo isto carreava a necessidade de se dessacralizar a instituição política, não se pode esquecer a postulação de intoleráveis de cariz teológico como premissa de sociabilidade (Locke, Rousseau). Dir-se-ia que não bastavam as justificações racionais, ou que estas, para serem interiorizadas como "contratos afectivos", careciam de reinventar a convocação do sagrado[108].

---

[107] Jean Baubérot "Sécularisation et laïcisation. Mode d'emploi 'à la française' ", http://jeanbauberotlaicite.blogspirit.com/archive/2005/02/19/secularisation_et_laicisation.html, 09-10-2005.

[108] Sobre o que se segue nos próximos três capítulos, veja-se o que escrevemos em Fernando Catroga, "A religião civil do Estado-Nação", *Revista de História das Ideias*, n.° 26, 2005, pp. 503-581.

SEGUNDA PARTE

SECULARIZAÇÃO POLÍTICA E RELIGIÃO CIVIL

CAPÍTULO IV
Rousseau e a Sacralização do Contrato Social

De acordo com vários antropólogos e sociólogos (Frazer, Durkheim, Radcliffe-Brown, Mauss, Cazeneuve, Spiro, Parsons, etc.), a religião também tem de ser compreendida pelo papel *religador* que desempenha na reprodução social. E não será necessário aceitar-se todas as consequências da tese de Durkheim, segundo a qual a Divindade é a sociedade transfigurada e pensada simbolicamente[109], para se reconhecer que os efeitos do religioso se objectivam na produção e no reforço de sentimentos de *comunhão* e de *identificação*, de modo que os indivíduos possam constituir-se como sociedade, ou, talvez melhor, como comunidade. E Parsons não pensava de uma maneira diferente[110]. Compreende-se.

---

[109] Cf. Émile Durkheim, *Les Formes élémentaires de la vie religieuse*, Paris, PUF, 1968, e *Professional ethics and civic models*, Londres, Routledge, 1957, p. 75.

[110] Cf. Gordon R. Meyer, "The future of religion in America: a parsonian perspective", http://www.soci.niu.edu/~gmeyer/civilreligion.html, 26-05-2005.

É à teoria funcionalista que têm recorrido as principais análises contemporâneas acerca das religiões civis e políticas, fenómenos que emergiram na Modernidade, formando sistemas de crenças, mitos, princípios e comportamentos simbólicos que exprimem os valores fundamentais da sociedade[111].

Assim sendo – e tal como A. Comte já havia percebido –, essas religiões, na linha das demais, terão de desempenhar tarefas tanto *cognitivas* como *afectivas*, pois se, por um lado, a sua estrutura é de cariz mundividencial – isto é, fornece visões globais e totalizantes acerca da origem, evolução e destino do universo e do homem –, por outro lado, a sacralidade (na acepção de Otto) que lhe é inerente manifesta-se em símbolos, ritos, gestos e atitudes, cuja inteligibilidade última parece remeter para o fundo ancestral da mentalidade mítica. E, como se sabe, a pressuposição de Deus não é condição necessária para se reconhecer aqueles sistemas como religiosos.

É certo que, com a modernização, se começou a pôr em causa os fundamentos transcendentes das explicações do mundo e da vida. E, nos casos mais extremos, a nova cosmovisão evoluirá mesmo para uma crítica à essência da própria religião e proclamará a iminente "morte de Deus", tida por uma exigência de um devir histórico que apontaria para o encontro do homem

---

[111] Cf. Emilio Gentile, *Les Religions de la politique. Entre démocraties et totalitarismes*, Paris, Seuil, 2005, p. 45,

com a sua essência, consumando a sua definitiva emancipação. Daí nasceram os prognósticos que anunciaram o inevitável consórcio da dessacralização, ou desencantamento do mundo, com a épica redenção terrena da humanidade.

No entanto, este optimismo não sopesou algo que a experiência histórica também evidencia: a "saída da religião" (Marcel Gauchet) não trouxe a sua morte, mas, tão-só, as suas metabolizações mundividenciais, num processo em que a sacralidade ressurgiu, com alguma eficácia – ainda que, muitas vezes, invisível e inominada para os seus actores[112] –, no próprio interior da imanência secular. Por conseguinte, faz sentido avançar-se com esta ideia aparentemente paradoxal: a secularização das bases, funções e finalidades da política moderna também fez irradiar novos halos de sacralidade, embora as suas justificações teóricas tendessem a não admiti-lo. É certo que não foi este o caso nas duas grandes Revoluções modernas (a americana e, sobretudo, a francesa), que geraram as suas religiões civis (Rousseau) ou políticas[113] específicas. Contudo, o desenvolvimento do fenómeno caminhará para um

---

[112] Cf. Marcel Gauchet, *La Religion dans la démocratie. Parcours de la laïcité*, pp. 13-14.

[113] Em 1938, o filósofo austríaco Eric Voegelin foi o primeiro a tentar definir, em relação aos regimes totalitários, a expressão "religiões políticas". Cf. Eric Voegelin, *Les Religions politiques*, Paris, Le Cerf, 1994.

maior escamoteamento de uma presença que alguns pensam ser de ordem funcional e fideísta, embora outros (Gaetano Mosca, Alphonse Aulard, Hobsbawm) as situem no domínio da pura charlatanice, vendo-as como instrumentos contingentes, ou como meras invenções construídas pelos poderes políticos, tendo em vista a manipulação das massas[114]. Ora, se este uso e abuso tem de ser levado em conta, a verdade é que tais teses acabam por se alicerçar numa antropologia em que a condição humana fica excessivamente reduzida à sua dimensão racional, o que empobrece a compreensão das suas multímodas expressões históricas. Além do mais, esquecem-se que uma mentira ou uma ilusão, quando fideisticamente acreditadas, funcionam como verdades.

No campo que aqui nos interessa, é um facto que, ao recorrer a argumentos jusnaturalistas e jusracionalistas para se legitimar, o novo conceito de soberania parecia ter divorciado o político do teológico, situando-se num plano exclusivamente imanente e secular. Todavia, tem-se visto nesta maneira de pensar uma inversão do modelo jusdivinista. No caso português, é justo citar Oliveira Martins, em texto dos finais da década de 1870 (*As Eleições*). De acordo com o autor do *Portugal Contemporâneo*, o velho princípio *Omnis potestas a Deo* estará na origem deste outro: *Omnis potestas ab homo*, numa opera-

---

[114] Cf. Emilio Gentile, *ob. cit.*, pp. 37-38.

ção que envolvia uma escondida divinização do homem. Mas em algumas teorias e práticas foi-se mais longe, ao apelar-se para fundamentos transcendentes da soberania e da sociabilidade, ainda que distintos das velhas concepções jusdivinistas. Com efeito, basta atentar nas estratégias de *inclusão afectiva*, que a nova ordem social exigia, para se perceber como é que a reprodução da moderna racionalidade política transportava consigo certas formas de sacralidade, tal como o corpo projecta a sua própria sombra. Esta geminação acabou por caldear o jusnaturalismo com princípios e ritos que, ao pretenderem fazer do indivíduo-cidadão um ser simultaneamente pessoal e comunitário, não deixaram de convocar manes sacralizadores e de pôr em cena práticas que denotam algo hoje mais evidente para os que compreendem o ser humano não só como *homem racional*, mas também como *homo loquens*, *homo ludens* e *homo symbolicus*.

Simultaneamente, esta mistura indicia as dificuldades que as teorias contratualistas tiveram para garantir a sua secularização plena, como se a vontade racional de fugir à dimensão biológica, que fazia do homem lobo do homem, não fosse suficiente para selar o contrato social. Por isso, elas não deixaram de recorrer a postulados que remetiam para a ordem do teológico (e da sacralidade) e que culminaram em várias propostas (não raro miscegenadas): seja a suposição, em concomitância com as justificações imanentes, de uma base transcendente e de um fundo escatológico para a sociedade política; seja a sacralização da própria sociabilidade, ou das entidades que a consubstanciam (exemplo: o Estado, ou os detentores do poder).

Os que têm utilizado explicações de tipo funcionalista, ou que, com mais justeza, pretendem explicar os elos (e as tensões) entre a sacralidade e a política, aceitam como natural que a Modernidade não tenha conseguido extinguir a religião. Antes a metamorfoseou, dentro de um processo modernizador que irá provocar transformações radicais e irreversíveis, que tenderão a pôr em causa crenças colectivas e instituições há séculos investidas de sacralidade, provocando crises de sentido na vida dos indivíduos e das comunidades. Neste húmus, dar-se-ão mutações várias no domínio religioso, o que não quer dizer que se tenha assistido ao "regresso" das formas tradicionais. Pode mesmo verificar-se a emergência de novas experiências de "*sacralização do humano*", que passaram a enfatizar e a entificar a história, a filosofia, a arte e, em particular, a política[115]. Como salientou J.-P. Sironneau, a política da época contemporânea tornou-se, de facto, um terreno privilegiado para a irrupção do sagrado na sociedade secular[116], fenómeno que, no belo dizer de Emilio Gen-

---

[115] Cf. Emilio Gentile, *La Religion fasciste*, Paris, Perrin, 2002, pp. 329-330.

[116] Cf. J.- P. Sironneau, *ob. cit.*, pp. 196-197.

tile, poderá ser interpretado como uma "*hierofania da modernidade*"[117], comprovando a justeza de prognósticos como os de Max Weber, "le théoricien du désenchantement du monde moderne, qui prophétisa en 1890 que les dieux n'avaient pas été définitivement chassés du monde moderne, mais qu'ils reviendraient sous une autre forme pour lutter entre eux afin d'exercer leur domination sur les hommes"[118].

Também se deve ter presente que, nas suas perspectivas próprias, pensadores como Carl Schmitt e Ernst Kantorowicz sublinharam o facto de a centração imanentista e secular das raízes do poder ter sido uma vitória equívoca, pois os principais conceitos da teologia católica acabarão por ser transferidos, em boa parte, para o interior da teoria política e jurídica do Estado moderno. Para Carl Schmitt – pelo menos na primeira fase da sua obra –, a concepção de soberania, fundada pelos teóricos do Estado absoluto, lançou as bases para uma nova sacralização do político, ao integrar conceitos teológicos secularizados que conferiam ao Soberano propriedades divinas, mas independentes das da Igreja[119]. Por sua vez, ao erigir-se a sociedade civil e a Pátria em entidades e valores supremos, isso contri-

---

[117] Emilio Gentile, *ob. cit.*, p. 330, e *Les Religions de la politique. Entre démocraties et totalitarismes*, p. 55.

[118] *Idem*, *La Religion du fascisme*, p. 330.

[119] Cf. C. Schmitt, *Théologie politique* (1922), Paris, Gallimard, 1988.

buirá para a sua sacralização[120]. Ora, esta contaminação exige matizações e impõe que se releve o movimento inverso, porque também houve intercâmbios entre o teológico e o jurídico-político. E ter-se-á igualmente de saber se a teologia cristã mais não é, em última análise, "qu'une politique qui s'est desarrimée".

Um bom exemplo para avaliar a presença destas reciprocidades é oferecido pelo que Rousseau designou "religião civil", manifestação que, nas diversas especificidades que teve até hoje, "a pris parfois le relais des résolutions césaro-papistes du complexe théologique--politique"[121], embora não as esgote. E, dado que se trata de um deslocamento do campo tradicional das religiões, não se deve esquecer que a nova religião, ou a sua tradução como "religião da política", pode ser englobada naquilo que, sobretudo a partir de uma qualificação de Raymond Aron (1944), se tem designado por "religiões seculares", ou ainda, por "religiões laicas", adjectivações usadas num sentido mais amplo e que referenciam um conjunto, mais ou menos elaborado, de crenças, mitos, ritos e símbolos que doam sacralidade (logo, um halo *numinoso*, isto é, simultaneamente *fascinante* e *temível*[122]) a entidades deste mundo,

---

[120] Cf. Emilio Gentile, *Les religions de la politique. Entre démocraties et totalitarismes*, p. 58.

[121] "Centre d'études en théorique philosophie et histoire des idées", http://www.cerphi.net/tol/tol.htm, 6-10-2005.

[122] Cf. Rodolfo Otto, *Le Sacré. Élément non rationnel dans l'idée du*

elevando-as a objecto de culto, devoção e devotamento. Nesta projecção, a política – tal como outras actividades humanas, da ciência à história, do espectáculo ao desporto – surge investida de uma "sacralidade laica", de onde emana uma aura que envolve pessoas, instituições ou valores seculares. Assim, não espanta que termos como "religião civil" e "religião política" sejam utilizados, com frequência, como sinónimos[123].

Como se consolidou esta relação, numa época em que se procurava imanenticizar os fundamentos da sociedade e da acção do homem no mundo? Viu-se que muitos pensadores modernos, perante o espectáculo intolerante das guerras religiosas, se defenderam a separação entre o político e o religioso (como foi o caso de Locke[124]), também sustentaram que a crença na transcendência e na vida *post-mortem* constituía a fonte última da sociabilidade e da *virtus respublicana*, definida como "la préférence continuelle de l'intérêt public au

---

divin et sa relation avec le rationnel (1917), Paris, Gallimard, Payot & Rivages, 2001.

[123] Sobre estas relações (e diferenças) conceptuais, veja-se Emilio Gentile, *ob. cit.*, p. 31 ss.

[124] Como alguém escreveu, em Locke, a soberania dos poderes temporais não excluía a saberania divina. A sua filosofia política foi elaborada sob o signo da *reasonableness*, conceito que exprime a aliança entre as leis civis e a lei primordial da natureza, criada por Deus. Assim sendo, "Locke affirme que la politique n'est pas de Dieu, mais il ne dit jamais que la politique est sans Dieu" (Simone Goyard-Fabre, *Philosophie politique*, Paris, PUF, 1987, pp. 260-261).

bien propre"[125]. Havia a consciência de que, devido à propensão egoísta e autárcica do indivíduo quando entregue ao seu estado natural, tal transmutação seria difícil e sempre precária, pelo que também a *paixão* – e não só a *razão* – poderia combater a insociabilidade instintiva. E esse seria o papel do religioso, na medida em que – como salientou Rousseau – ele alimenta o amor, a esperança e o medo, incitando à interiorização de deveres para com a colectividade[126].

Como outros contratualistas (Hobbes, Locke), também o autor das *Confissões* virá a pensar que a ausência de autoridade conduziria, inevitavelmente, ao estado de guerra. Daí, a necessidade que os indivíduos tiveram de se associar para superarem a solidão do seu estado de natureza. Todavia, nele (ao contrário de Locke), a sociabilidade não era característica pré-existente ao contrato, mas fruto do consentimento de seres livres. Em suma: a sua idealização paradigmática do estado de natureza colocava o homem como um ser absolutamente livre, mas não sociável por essência, pelo que lhe teria pertencido a escolha dos meios adequados para a garantia da sua conservação. Para continuar a obedecer a si próprio, o modelo de autoridade paternal, ou o baseado na força, seriam impróprios,

---

[125] Montesquieu, *De l'Esprit des lois*, Livre IV, § 5.

[126] Cf. Ghislain Waterlot, *Rousseau. Religion et politique*, Paris, PUF, 2004, pp. 7-8.

pois, como ente livre, seria contraditório cada indivíduo reivindicar a posse de uma autoridade natural sobre o outro. Só a convenção, assente na vontade unânime de todos, legitimaria um pacto social que possibilitasse as liberdades recíprocas dos membros da comunidade.

Dito de outro modo: segundo Rousseau, a sociabilidade não é intrínseca aos indivíduos. Estes, para se defenderem da liberdade absoluta dos outros, tiveram que unir as suas forças dispersas – os indivíduos atomizados – e fundarem um agregado, conjunto que, no entanto, só por si, não constituía uma associação de vontades livres, isto é, uma associação "qui défende et protège de toute la force commune la personne et les biens de chaque associé, et par laquelle chacun, s'unissant à tous, n'obéisse pourtant qu'à lui-même, et reste aussi libre qu'auparavant"[127]. Só o contrato social a solidificava. Para que isso se tivesse realizado, este, sendo posterior à liberdade individual e à não-sociabilidade do homem, teve de ser livremente assumido como indissolúvel. Se, em Hobbes, o contratante subscreveu o pacto para salvaguardar a sua vida e, em Locke, os seus bens e a sua vida, em Rousseau, ele significou a alienação total dos direitos de cada associado à comunidade, porque, fora desta, o indivíduo insulado

---

[127] Rousseau, *Oeuvres complètes. III. Du Contrat social. Écrits politiques*, Paris, Bibliothèque de la Pléiade-Gallimard, 1964, p. 360.

estaria sob o império da dissolução e da morte. Portanto, a vontade geral não é mais do que a resultante deste total compromisso, de onde nasceu uma verdadeira comunidade de espíritos, ou melhor, um corpo moral colectivo de índole política. O contrato desnaturalizou os indivíduos, socializando-os mediante um acto de associação em que, por alienação da liberdade absoluta das partes, emergiu um eu comum, no qual cada uma teve de aceitar as outras como iguais. Este todo é o Soberano, em relação ao qual cada comparticipante se sente, simultaneamente, membro perante os outros e membro do Estado perante o Soberano. E como este somente obedece a si mesmo, a sua prática nunca deverá ultrapassar o que interessa à vontade geral.

A este nível, a fundamentação do contrato não precisa de pedir socorro a qualquer princípio transcendente e sacral para se sustentar. Os indivíduos comprometeram-se, sob certas condições, a obedecer a leis em cuja elaboração participam, ao formarem a vontade geral. Pelo que o Soberano, nascido do contrato, é composto por todos os contratantes e a ele deve a sua existência e realidade. Por outro lado, esta génese constitui condição essencial para que aqueles, alienando a sua liberdade absoluta, passem da ordem natural, dominada pelo instinto, para a ordem política, salto que só o Soberano, através do Legislador, poderá instaurar e constantemente renovar.

A necessidade da religião só surge porque a vontade do Legislador – que age em nome do Soberano – tem de ser sentida como uma não imposição. Significa isto que só com a mediação da lei positiva – do Estado, em última análise – o indivíduo poderá reconhecer-se e agir como cidadão. Consequentemente, se o pacto é a instância que funda a legislação e lhe dita os seus limites, também é esta que, de certa maneira, garante a legitimação e a reprodução da sociabilidade que o contrato inaugurou. Em síntese: a possibilidade do reconhecimento da liberdade de todos supõe um acto comum, realizado no passado pela unanimidade dos indivíduos. A obra do Legislador tem de se submeter à vontade do Soberano, que lhe é pré-existente, e, portanto, ao sufrágio. Pelo que aquele não pode impor-se como se de um Magistrado se tratasse, pois isso equivaleria a personalizar algo que é da ordem do impessoal. De certo modo, será correcto dizer-se que o Legislador, devendo agir em nome de todos, não faz parte da Cidade.

Estas pressuposições também significam que a socialização política é obra do direito positivo, e não do direito natural. Este somente impera no estado de natureza. Diferentemente, a construção do pacto teve por objectivo a desnaturalização dos indivíduos, erguendo-os ao estatuto de seres comunitários, isto é, de cidadãos, o que implica a mediação do Legislador. Como este não possuía uma autoridade auto-suficiente para fazer respeitar a lei, o Soberano teria de convencer os contratantes acerca do valor e necessidade desta última, pois eles continuarão sempre muito próximos de caírem no estado de natureza. Isto é, como a sociabilidade é consequente ao contrato, o povo só no seio da sociedade política poderia ser educado para compreender a razão de Estado[128]. Mas, como esta adesão será sempre precária, o Soberano necessita de "santificar o contrato social", o que só a religião poderá fazer. Daí o círculo vicioso: por um lado, o Legislador nada podia obrigar, por outro, o povo pré-político, ainda fruste e não correctamente iluminado, nunca apreenderia o universalismo do valor da legislação se não fosse educado.

Como a origem do contrato é imanente, sem o complemento da sua santificação ele dissolver-se-ia. Para o evitar, ter-se-á de recorrer a uma religião de fundo teísta, com a missão de educar os indivíduos para a cidadania, já que, sem as esperanças e os temores escatológicos, não haveria interiorização dos imperativos cívicos, cimento do contrato e motor da perfectibilidade (Rousseau foi um dos primeiros teóricos deste conceito). Para reforçar esta vocação, que só o *sentimento* e a *paixão* poderiam produzir, a religião civil funcionaria como uma espécie de dispositivo passional posto em

128 Cf. Ghislain Waterlot, *ob. cit.*, pp. 18-19.

prática para colmatar as deficiências da razão, porque esta, entregue a si mesma, nunca faria algo de grandioso. Como escreveu no *Émile*, "exister pour nous, c'est sentir; notre sensibilité est incontestablement antérieure à notre intelligence, et nous avons eu des sentiments avant des idées"[129].

A religião civil de Rousseau

A primeira referência feita pelo pensador francês ao conceito de religião civil encontra-se numa sua carta a Voltaire (de Agosto de 1756), onde afirma: "Je voudrais qu'on eût dans chaque État un Code moral, ou une espèce de profession de foi civile, qui contint positivement les maximes sociales que chacun serait tenu d'admettre, et négativement les maximes fanatiques qu'on serait tenu de rejeter, non comme impies, mais comme sedicieuses"[130]. Todavia, esta necessidade só será desenvolvida no *Contrato Social* (1762). E se alguns especialistas consideram o expendido no final desta obra contraditório com a raiz imanentista do conceito rousseauniano de pacto social, outros, porém, encontram

---

[129] Rousseau, *Oeuvres complètes*, vol. 3, Paris, Seuil, 1971, p. 201.

[130] In Jean Baubérot, "Religion civile. La laïcité française. Régulation du sacré au sacré implicite", http://jeanbauberotlaicite.blogspirit.com/archive/2005/06/15religion_civile.html.

neste remate uma consequência lógica da sua filosofia política[131].

A religião civil seria premissa necessária para a assunção afectiva da sociabilidade e, por conseguinte, para a sua expressão como práxis virtuosa. A esta luz, Rousseau não podia concordar com Pierre Bayle, para quem a prossecução do bem comum não estava dependente da religião, mas da autenticidade subjectiva das convicções. Como se viu, o dissidente francês procurou mostrar que existiam sociedades baseadas em religiões, mas minadas pelo vício e pelo crime, e que, só por si, "l'athéisme ne conduit pas nécessairement à la corruption des moeurs". Compreende-se: alguém "peut avoir une idée d'honnêteté, sans croire qu'il ait un Dieu". A inclinação para o mal[132] residiria, em última análise, no âmago da natureza humana, pelo que a prática da virtude tanto se "rencontrent dans un athée", como "dans les autres hommes"[133].

Para o autor da *Profession de foi du vicaire savoyard*, tais ilações levariam à presunção de que o interesse parti-

---

131 É o caso de especialistas em Rousseau, como Bruno Bernardi, Helène Bouchilloux, Gabriella Silvestrini, Ghislain Waterlot, Christian Destain, etc.

132 Sobre o conceito de mal em Bayle, leia-se Christian Destain, *Jean-Jacques Rousseau: l'au-delà du politique. De la solitude des origines humaines à la solitude autobiographique*, Paris, Éditons Ousia, 2005, pp. 116-117.

133 Pierre Bayle, *ob. cit.*, pp. 78, 79, 87-88, 93, 104.

cular (a estima de si, a vaidade) desaguaria no florescimento da honra e que, consequentemente, conduziria à conduta honesta, traduzida na realização do bem comum. Olvidava-se que a oposição entre o interesse individual e o colectivo, sem a religião, provocaria a baixeza e o mal, dado que a arte maior de uma sociedade de ateus seria a simulação e a dissimulação. Por outro lado, acusava Bayle de ter confundido o comportamento anti-social de pretensos cristãos com a função sociabilitária da crença em Deus[134].

Mas o cristianismo histórico também não teria capacidade para reforçar o contrato e realizar a paz civil, o que o levava a rejeitar as teses que apresentavam aquela confissão como a auxiliar indispensável do Estado. Elas esqueciam-se "que la loi chrétienne est au fond plus nuisible qu'utile à forte constitution de l'État"[135]. Por outro lado, o modo como ela se institucionalizou e hierarquizou transformou-a numa religião que somente podia levar à escravatura. Separando esta herança negativa do magistério de Jesus, Rousseau não deixou de sublinhar, porém, que, se, por um lado, o cristianismo cindiu o teológico do político, por outro lado, abriu a perspectiva de um ecumenismo que completava o trabalho positivo encetado, nesse sentido, pelo império romano.

---

134 Cf. Ghislain Waterlot, *ob. cit.*, pp. 24-25.

135 Rousseau, *ob. cit.*, vol. 2, p. 575.

Quanto ao primeiro efeito, ele trouxe uma ruptura entre a tradicional ligação dos deuses com a cidade, introduzindo um dualismo de poderes – a Igreja (poder espiritual) e o Príncipe – que provocou fortes rivalidades e teve consequências funestas para a vida dos povos, como ficou bem patente nas guerras religiosas que dilaceraram a Europa. Por isso, anatematizava todo o cristianismo e, em particular, o cristianismo romano, embora não se esquecesse do anglicanismo e dos cristianismos ortodoxos do Oriente.

O segundo efeito foi mais positivo, pois Jesus (e não Cristo) deu voz à verdadeira religião. Esta, "sans temples, sans autels, sans rites, bornée au culte purement intérieur du Dieu suprême et aux devoirs éternels de la morale", era "la pure et simple religion de l'Évangile, le vrai théisme, et ce qu'on peut appeler le droit divin naturel"[136], e não podia ser confundida com a religião do padre. Por outro lado, tinha de superar os efeitos nocivos e particularistas da religião do cidadão, isto é, das religiões que, a partir de Deuses patriotas e sanguinolentos, exigiam, sem o seu consentimento livre, o sacrifício da vida dos indivíduos em prol da comunidade. Como religião dos Evangelhos, seria, em suma, a expressão máxima da religião do homem, porque Jesus introduziu uma mudança decisiva, ao apostolar a ideia de um Deus incorporal e, mais importante ainda, ao

136 *Idem, ibidem.*

anunciar a existência de um Deus de todos e para todos os homens, presuposto da noção de fraternidade universal.

No fundo, para Rousseau, todas as religiões podiam reduzir-se a três: a religião do padre (o cristianismo histórico); a religião do cidadão (religiões pagãs da *polis* e do império, e mesmo o judaísmo e o islamismo); e o cristianismo dos Evangelhos, a religião do homem, ou, ainda, a religião natural.

Qual delas devia inspirar a religião civil? Se rejeitava, liminarmente, a primeira, a segunda também seria inapropriada. Cingia-se a "nações" particulares e, dado o cariz não ético dos seus deuses fundadores, manifestava-se como religião da guerra. Restaria, portanto, a terceira. Só que, por mais verdadeira que ela fosse, o seu universalismo abstracto não permitiria o alicerçamento pátrio do contrato social. Mesmo uma sociedade formada de "vrais chrétiens ne serait plus une société d'hommes", estando condenada a um desaparecimento rápido. Assim, a própria expressão "république chrétienne" encerrava dois conceitos que se excluíam, porque "le christianisme ne prêche que servitude et dépendance. Son esprit est trop favorable à la tyrannie pour qu'elle n'en profite pas toujours. Les vrais chrétiens sont faits pour être esclaves"[137].

---

137 *Idem, ibidem*, p. 578.

Perante estas heranças, não erram os que têm interpretado o esforço de Rousseau para "inventar" uma religião outra – a sua "religião civil" – como um trabalho de síntese entre a religião do homem, que define como a religião do "droit divin naturel", e a religião do cidadão à antiga, a que também chama religião do "droit divin civil ou positif"[138]. Contudo, ela não seria um eclectismo, mas uma síntese superior, isto é, "l'inclusion/négation de la religion naturelle: les éléments de cette dernière, dont la synthèse avec l'élément citoyen constitue la religion civile, sont présents en effet, mais pour un résultat qui produit à la fois l'intégration en politique des exigences du Dieu des hommes et une essentielle atténuation de leur portée"[139].

Esta reactualização do religioso e do político teve outras consequências. A abertura, ainda que crítica, à religião do cidadão implicava a defesa de um laço estreito entre a religião civil e o Soberano, já que, contrariamente ao que Locke defendeu para as Igrejas, Rousseau não circunscrevia a sua religião à esfera da sociedade civil, ou melhor, não aceitava a sua separação do Estado. É que, ao ligar os indivíduos à sociedade de um modo imaginário e passional, ela condicionaria a formação da virtude, matéria a que a vontade geral não poderia ficar indiferente.

---

138 *Idem, ibidem*, p. 575.

139 Ghislain Waterlot, *ob. cit.*, p. 99.

A religião civil também pretendia dar continuidade ao melhor da religião do homem, bem como à maneira como este vivia o sagrado. Relembre-se que ela não previa a existência de templos, altares, ritos. Apelava--se, tão-só, para uma adesão puramente interior a Deus e aos deveres eternos da moral, intuídos a partir da consciência, criação divina por excelência[140]. Estar-se--ia perante uma posição teísta, crente na existência de um Ser Supremo transcendente – cuja vontade fazia mover o universo, de acordo com uma ordenação racional –, bem como na separação da alma do corpo e na consequente esperança na vida *post-mortem*, com a recompensa, ou a sanção, dos actos praticados na terra e julgados pela justiça divina. Poder-se-á assim concluir que, com esta recuperação, a religião civil se saldava, em última análise, numa ética, inferida a partir da essencialidade da natureza humana, onde Deus fala e dá às normas um valor universal. Todavia, e diferentemente do que Kant virá a defender, os seus princípios não constituíam meros postulados da razão prática sem qualquer valor numenal, pois possuíam uma base metafísica.

Como, em última análise, a religião do homem coincidia, com a lição dos Evangelhos, a religião civil iria superar o principal defeito do cristianismo histórico: a disjunção da cidade dos homens da cidade de Deus, o que criou antíteses entre o poder temporal e o espiri-

---

[140] Julie Saada-Gendron, *ob. cit.*, p. 139.

tual, e conduziu a expectativas que, por desprezarem o mundo, não reforçavam a sociabilidade. Daí, nesta vertente, o fundo anti-agostiniano e anti-gregoriano do pensamento de Rousseau.

A síntese constituinte da religião civil teria igualmente de ultrapassar os defeitos da religião do cidadão, porque esta religava, em exclusivo, um determinado povo à sua Pátria, e os seus dogmas eram directamente ditados pelo Estado, tendo em vista socializar o respeito pela instância política, que materializava o contrato social, e pela lei civil dela emanada. Foi o que aconteceu na Antiguidade, onde, à sua maneira, já vigorava o princípio *cujus regio, ejus religio*. Porém, a fraqueza maior da religião da cidade estava no facto de considerar como bárbaro tudo o que fosse estranho aos seus princípios, impondo uma esfera de deveres decorrente, não da natureza da humanidade no seu conjunto, mas dos interesses de uma Pátria específica, sacralizados por deuses egoístas e sanguinários. O que gerou um defeito análogo, embora contrário, ao do cristianismo histórico: se, aqui, imperou um ecumenismo excessivamente abstracto e insociável, na outra experiência o particular subsumia o universal. Seja como for, parece indiscutível que Rousseau votava uma certa simpatia nostálgica pelo dispositivo teocrático e, de certo modo, "nacionalista", do modelo antigo[141]. Sem deixar de

---

[141] Cf. Pierre Cellier, "L'implosion théologique du contrat

apontar defeitos, a este último, a religião civil procura reunir o culto divino e o amor das leis, pondo em acção uma espécie de "césaro-papismo pagão", apostado em ensinar que servir o Estado é servir Deus, caminho que, diga-se, algum hegelianismo posterior não deixará de percorrer.

Dir-se-ia que buscava conciliar o concreto com o universal, não lhe interessando tanto o problema da verdade, mas mais os efeitos sociais da sua prática, cujos limites seriam a utilidade pública. A esta luz, compreende-se melhor a sua intenção última, ao defender que "importe bien à l'État que chaque citoyen ait une religion qui lui fasse aimer ses devoirs"[142], e ao visar a interiorização de uma moral que se objectivasse como prática da virtude republicana. E como esta só se exercia bem no seio de uma *polis* concreta, caberia ao Soberano, ou melhor à vontade geral, fixar as regras da religião civil, não como dogmas, mas como sentimentos de sociabilidade[143].

Quais eram eles? Como na religião do homem – o verdadeiro cristianismo –, os seus dogmas deviam ser "simples, en petit nombre, énoncés avec précision, sans explications ni commentaires", e, em termos metafísicos, limitar-se-iam a pressupor "l'existence de la Divi-

---

social", http://membres.lycos.fr/philoso/articles_implosion.html, 11-10-2005.

[142] Rousseau, *ob. cit.*, vol. 2, p. 578.

[143] Cf. Christian Destain, *ob. cit.*, p.162.

nité puissante, intelligente, bienfaisante, prévoyante et pourvoyante, la vie à venir, le bonheur des justes, le châtiment des méchants, *la sainteté du contrat social et des lois*: voilà les dogmes positifs". E o seu dogma negativo era somente este: a recusa da intolerância[144].

No entanto, contra o cristianismo histórico, a religião civil poria em acção uma ética de sentido universal, porque inspirada na consciência humana. Mas as suas preocupações não se situavam na disputa tradicional acerca da verdade. Como tinham um cunho filosófico-político, diferentemente de Voltaire ou de Hume, interessou-lhe acentuar, sobremaneira no *Contrato social*, o lado prático e moral da religião, insinuando que, em termos sociabilitários, o coração ajuda mais do que a razão. Isto é, o seu objectivo maior centrou-se na renovação permanente do contrato social, mediante a educação do sentimento colectivo, ou, por palavras suas, da "*sainteté du contrat social et des lois*", ou, ainda, de "sentiments de sociabilité sans lesquels il est impossible d'être bon citoyen ni sujet fidèle"[145]. Modo de confessar que a razão só desempenharia um papel social válido se os indivíduos reconhecessem, afectivamente, os institutos que dão corpo à vontade geral, vivência que deveria ser praticada como amor do dever.

---

[144] Rousseau, *ob. cit.*, vol. 2, p. 579.

[145] *Idem, ibidem*. Os itálicos são nossos.

Mas, por que é que a sociabilidade não se bastava a si mesma, havendo a necessidade de se recorrer a uma religião civil? Esta não será um sinal de desconfiança na capacidade que a vontade geral teria para sintetizar e ultrapassar o individualismo subjacente à sua génese e legitimação? De facto, a santificação do contrato aparece como uma acção, supletiva e reparadora, que nasce de uma dúvida. Rousseau dá a impressão "de douter *in extremis* de l'amour de la loi et du ralliement subjectif qu'elle peut susciter. Et c'est bien prévisible: aurait-on besoin de sacrer ce qui posséderait déjà le contenu le plus haut? Tout se passe comme si Rousseau se savait en danger de 'profanation' du politique, comme du reste ses prédécesseurs contratualistes qui tous durent déployer des prodiges d'argumentation pour montrer que théologie et politique pouvaient se retrouver"[146].

A tolerância e o direito à não religião

Por outro lado, ter-se-á ainda de indagar esta outra consequência: a mediação nacional e estadualista das prescrições dos dogmas da religião civil não acabava por limitar o ideal de tolerância que Rousseau pretendia propugnar? Recorde-se que o seu único dogma

146 Pierre Cellier, *loc. cit.*

negativo consistia na recusa da intolerância, atitude horrível, porque lançava os homens uns contra os outros, fazendo-os inimigos do género humano. E não podem restar dúvidas acerca da sua posição no que se refere ao candente problema da tolerância civil, em debate desde o século XVII. No contexto das lições colhidas das guerras religiosas, ele defendeu a necessidade de se garantir tanto a tolerância religiosa como a civil, porque esta última não bastaria para manter a paz. Por isso – pelo menos quando a religião civil fosse, definitivamente, a religião de Estado –, não haveria qualquer óbice em admitir outros cultos, dado que aquela os sintetizaria, acrescentando-lhes, porém, mais qualquer coisa.

Ao contrário de Locke, Rousseau não reconheceu, sequer, o direito que cada Igreja teria de, no seu interior, exercer a excomunhão como instrumento necessário à sua coesão interna. Mesmo que, por motivos de opinião, esta fosse posta em causa, tal seria positivo, já que facilitava o pluralismo que prepararia os espíritos para o reconhecimento do valor sociabilitário da religião civil. Na sua célebre *Lettre à Monseigneur de Beaumont*, parece mesmo romper com a reciprocidade – defendida no *Contrato Social*[147] – entre tolerância civil e tole-

---

147 Com efeito, aqui escreveu: "Ceux qui distinguent l'intolérance civile et l'intolérance théologique se trompent" (Rousseau, *ob. cit.*, vol. 2, p. 580).

rância religiosa, a favor desta última. A contradição tem de ser entendida à luz do critério de utilidade pública que presidiu à sua desvalorização das religiões históricas. E, como se sabe, ele mostrava-se mais intolerante perante as novidades religiosas, que pudessem pôr em causa a ordem social, do que em relação às crenças consolidadas, mesmo minoritárias, e, sobretudo, ao catolicismo regalista (em França), ou ao catolicismo polaco, porque ambos funcionavam como religiões nacionais, patamar que, uma vez correctamente iluminado e depurado, estaria a preparar o advento da religião civil dos respectivos Estados. Por conseguinte, a coexistência com todas as Igrejas que respeitassem os seus dogmas, num clima de tolerância simultaneamente civil e religiosa, seria possível. De fora, somente ficavam as opiniões cujos efeitos públicos e sociais colidissem com as prescrições do Soberano, como era o caso do ateísmo. Daí, a sua crítica às concessões feitas por Pierre Bayle aos descrentes.

Não obstante a religião civil não ser, ao nível dos princípios, intolerante – pois, assim como a religião do homem, ela teria uma vocação universal –, a santificação teológico-política do contrato social acabava por dar continuidade ao velho preconceito segundo o qual um homem sem religião seria, por natureza, um ser socialmente perigoso. Mas, com isto, ela abria as portas para que a chamada *razão de Estado* se impusesse, igualmente, como uma espécie de nova *religião de Estado*, mesmo que mitigada. Logo, vêem bem os que têm destacado os limites da tolerância rousseauniana[148], já que, pelo menos no *Contrato Social*, "il ne s'agit de rien de moins que d'un renversement du point de vue catholique (tolérance civile et intolérance théologique). Rousseau prône une tolérance théologique privée – c'est un haut fond de laïcité – compensée par une vigoureuse intolérance civile"[149].

Devido a esta distinção entre o público e o privado no uso da liberdade de consciência, os indivíduos não tinham que prestar contas ao Soberano sobre o teor subjectivo das suas crenças religiosas. Todavia, essa liberdade não valia para escolhas com repercussões na vida pública. Isto é, cada um podia ter as opiniões pessoais que desejasse e ao Soberano era negada competência em matérias como as da vida *post-mortem*. Porém, o Estado não podia ser indiferente aos efeitos sociais e cívicos das opções, pelo que, e na linha do que havia escrito a Voltaire, teria de existir "une profession de foi purement civile, dont il appartient au souverain de fixer les articles, non pas précisément comme dogmes de religion, mais comme sentiments de sociabilité"[150]. Portanto, a santificação do contrato requeria a vigência de uma religião civil de Estado.

---

148 Cf. Emilio Gentile, *ob. cit.*, p. 61.

149 Pierre Cellier, *loc. cit.*

150 Rousseau, *ob. cit.*, vol. 2, p. 579.

Tais ideias potenciavam o aparecimento de um novo "césaro-papismo civil" com desenvolvimentos análogos aos que, antes do tratado de Vestefália (1648), obrigavam os súbditos a perfilhar a religião do Soberano (*cujus regio, ejus religio*), exigência que, como se sabe, foi uma das causas das guerras religiosas e que algumas religiões políticas contemporâneas, de cariz totalitário, reactualizaram. A religião civil seria compatível com o pluralismo das Igrejas. Mas os indivíduos deviam acreditar nos seus fundamentos, interiorização tida por decisiva para o permanente renovamento do contrato social. E este ditame traçava fronteiras: o Soberano deteria o direito de banir da sociedade (da *polis*), não o bárbaro, como na cidade antiga, mas o descrente, "non comme impie, mais comme insociable, comme incapable d'aimer sincèrement les lois, la justice, et d'immoler au besoin sa vie à son devoir. Que si quelqu'un, après avoir reconnu publiquement ces mêmes dogmes, se conduit comme ne les croyant pas, qu'il soit puni de mort; il a commis le plus grand des crimes, il a menti devant les lois"[151]. Sublinhe-se que o incentivo à crença era ainda maior na primeira versão do *Contrato Social* (o chamado *Manuscrit de Genève*): aí se exigia que a fidelidade dos indivíduos aos dogmas da religião civil fosse anualmente confirmada.

---

151 *Idem, ibidem.*

Em relação ao ateu, Rousseau nada tinha a opor, desde que as suas ideias não se expressassem como razão pública. Mas que sentido fazia distinguir um ateu de doutrina, da prática social de um ateu, quando essa dicotomia não era aplicável às confissões religiosas?[152]

A fé civil seria simples, mas coactiva. E a utilidade do fundamento político-moral e teológico-político resumia-se a este objectivo: garantir o unanimismo, o grande regulador do funcionamento político. Como o homem não é um ser social por natureza, a sociedade humana estava fundada na convenção, pelo que caberia à religião civil sacralizar o estatuto dos indivíduos como cidadãos, sinal da fraqueza do contrato primordial e da importância inversa da instância encarnadora da vontade geral: o Soberano. Ora, esta relação não deixava de carrear outra consequência: a justificação de uma espécie de "totalitarismo democrático", o qual – e como tem sido sublinhado –, mal aplicado, poderia desaguar num "totalitarismo despótico", ainda que esse déspota fosse, numa espécie de sucedânea teoria cristã do Estado, a figura benévola do Deus da religião natural[153].

---

[152] É o que faz Ghislain Waterlot, de certo modo para matizar o cariz intolerante da religião civil de Estado em relação às implicações não subjectivas do que hoje se pode designar por direito à não religião. Este ficaria confinado à autarcia do sujeito. Cf. Ghislain Waterlot, *ob. cit.*, pp. 100-101.

[153] Sobre todo este problema, leia-se Christian Destain, *ob. cit.*, p. 163 ss.

Daqui, o mesmo círculo vicioso já assinalado: o Legislador, exterior à sociedade, legitima-se, criando (e impondo) a religião civil; todavia, esta constituía a premissa necessária para dar força às leis que, em última análise, também engendravam a sociabilidade.

Desta maneira se confirmava a fraqueza da auto-suficiência racional da sociedade política e melhor se revelava a função da religião civil rousseauniana. Dada a constante ameaça da queda dos indivíduos nos instintos insociáveis do estado de natureza, só um Princípio (teísta), que apontasse para uma sotereologia e para uma escatologia transcendentes, a poderia combater. O que também passava por uma prática de socialização permanente, na qual a educação teria por finalidade última complementar os efeitos da religião civil. Isto quer dizer que, se não se confundem, ambas se implicam, apesar da problemática educativa ser, nos escritos de Rousseau, anterior às suas preocupações com o tema da religião civil.

Em conclusão: o filósofo francês achava que uma perspectiva exclusivamente racional do contrato social seria incapaz de o sustentar. Só um *sentimento* ou *paixão de Estado* consolidariam a *razão de Estado*, maneira de defender que só a ideia e o amor de Deus (e o medo do castigo eterno) podiam desnaturalizar os indivíduos, levando-os à assunção dos seus deveres como cidadãos. E para se radicar, fomentar e reproduzir o amor divino, ter-se-ia de usar a imaginação e a linguagem dos signos, aliás, como ensinava toda a manifestação ritual da sacralidade, ao pressupor o mito e a sua renovação como liturgia. Isto não significa que Rousseau reduzisse a vivência do seu teísmo ao culto externo. Pelo contrário, a evocação de Deus realizar-se-ia em cerimónias simples, mas augustas, para que os indivíduos sentissem a presença da universalidade no interior da consciência, voz que, espontaneamente, fala a todos os corações. Essa era a grande lição do cristianismo dos Evangelhos e da religião do homem, que a religião civil teria de reelaborar.

Como não haveria sociabilidade sem uma organização política específica, tal como aconteceu com a religião do cidadão, também a religião civil teria por finalidade socializar e interiorizar e, de certo modo, territorializar o *dever-ser* cívico, isto é, o patriotismo, inscrevendo-o, porém, num horizonte ecuménico. Com isso, os excessos abstractos da religião do homem e do cristianismo seriam superados. Pode assim concluir-se que a proposta de Rousseau tentou fazer uma síntese entre a religião natural e a religião cívica à antiga (a da *polis*), em ordem a integrar os efeitos negativos de "desnacionalização" provocados pelo cristianismo[154], pois, na linha de Maquiavel, também pensava que a dicotomia entre "a cidade de Deus" e a "cidade dos homens" tendia para a dissolução do político. Por outras pala-

---

[154] Cf. Pierre Cellier, *loc. cit.*

vras: a religião civil, ao sintetizar o universal e o concreto, objectivar-se-ia na particularidade do grupo, ainda que referida a um Fundamento que possibilitasse a comunicação entre todos os homens, pertencendo à educação pública a tarefa de radicar, nas consciências, o contrato social como fraternidade, mas localizando-o numa Pátria.

O "morrer pela Pátria" e a religião civil

A inoculação continuada de ideias e valores – objectos de adoração dos cidadãos – impunha que o Soberano exercesse a sua magistratura sobre a educação pública, a fim de se combater o amor próprio e se fazer prevalecer o bem comum sobre o individual, transubstanciando, mediante a acção formativa do "Estado pedagogo", o homem natural em homem político, como se se tratasse de um segundo nascimento, isto é, da criação de um "homem novo". Por palavras de Rousseau, escritas no *Contrato social*: "celui que ose entrependre d'instituer un peuple doit se sentir en état de changer pour ainsi dire la nature humaine, de transformer chaque individu, qui par lui-même est un tout parfait et solitaire, en partie d'un plus grand tout dont cet individu reçoive en quelque sorte sa vie et son être; d'altérer la constitution de l'homme pour la renforcer; de substituer une existence partielle et morale à l'existence physique et indépendante que nous avons reçue de la nature"[155].

Para o conseguir, os filhos não podiam estar, em matéria educativa, sob a autoridade dos pais, mas ser educados colectivamente, em ordem à elevação do dever a vontade livre. Como Rousseau defendeu na *Encyclopédie* (Novembro de 1755), no artigo "Économie Politique", "s'il est bon de savoir employer les hommes tels qu'ils sont, il vaut beaucoup mieux encore les rendre tels qu'on a besoin qu'ils soient ; l'autorité la plus absolue est celle qui pénètre jusqu'à l'intérieur de l'homme, et ne s'exerce pas moin sur la volonté que sur les actions"[156]. Como consequência, "c'est l'éducation qui doit donner aux âmes la force nationale [...] Un enfant en ouvrant les yeux doit voir la patrie et jusqu'à la mort ne doit plus voir qu'elle. Tout vrai républicain suça avec le lait de sa mère l'amour de sa patrie, c'est-à-dire des lois et de la liberté. Cet amour fait toute son existence; il ne voit que la patrie, il ne vit que pour elle; sitôt qu'il est seul, il est nul: sitôt qu'il n'a plus de patrie, il n'est plus et s'il n'est pas mort, il est pis"[157].

Para se evitar este estado de insociabilidade, que seria pior que a morte, ter-se-ia de cultivar o amor da

---

[155] Rousseau, *ob. cit.*, vol. 2, p. 531.

[156] *Idem, ibidem*, p. 281.

[157] *Idem, Oeuvres complètes. III. Du Contrat social. Écrits politiques*, Paris, Gallimard, 1990, p. 966.

Pátria. Só assim os indivíduos formariam um *laós*, cuja identidade, tal como a do povo judaico, seria capaz de perdurar, mesmo em situações de exílio ou de subjugação. Em suma: a religião civil teria um objectivo consensual e identitário, porque faria a síntese entre a transcendência benévola – ensinada pela religião do homem – e a religião do cidadão à antiga. E se aquela seria corrigida pela concretude patriótica, esta última veria o seu belicismo e ferocidade primitivos adoçados pelo teísmo da religião dos Evangelhos.

Não será descabido concluir que a religião civil e a pedagogia visavam alimentar o sentimento patriótico, pois os perigos de insociabilidade provinham não só da inclinação natural dos indivíduos para o amor de si, mas também dos choques entre várias sociedades políticas, o que tornava a guerra numa ameaça sempre iminente. Daí, a necessidade de uma educação pública que inoculasse nas almas "la force nationale", a fim de se "diriger tellement leurs opinions et leurs goûts, qu'elles soient patriotes par inclination, par passion, par nécessité"[158]. Assim se preparariam os cidadãos para o exercício da virtude, cuja prova maior se encontrava na voluntária disponibilidade para o sacrifício da sua própria vida a favor da comunidade. Ora, só a crença em Deus e na vida *post-mortem* conseguiria tal abnegação, pelo que, concluía Rousseau no manuscrito de Gene-

---

158 *Idem*, *ob. cit.*, vol. 2, p. 281 (edição Seuil, cit.).

bra do *Contrato Social*, "jamais peuple n'a subsisté ni subsistera sans Religion et si on ne lui en donnoit point, de lui-même il s'en feroit une ou seroit bientôt détruit. Dans tout état qui peut exiger de ses membres le sacrifice de leur vie celui qui ne croit point de vie à venir est nécessairement un lâche ou un fou"[159].

A inspiração religiosa da educação seria, portanto, condição vital para a adesão ao dever colectivo, ao mesmo tempo que retirava licitude ao direito de o Soberano lançar inocentes para a fogueira do sacrifício. Porém, nos indivíduos que terão percebido que o amor de Deus conduz ao amor da humanidade, e que este, em função da necessidade de se dar corpo ao universal, se condensa e enraíza no amor da Pátria, esse pedido não seria contraditório, nem agrediria a realização livre da cidadania.

O amor da Pátria oferecia o chão adequado ao enraizamento dos sentimentos de interesse e de segurança, isto é, de defesa de Deus, da vida e da liberdade. E se, depois do impacto da lição moral de Jesus, não mais se podia impor o sacrifício de inocentes para salvar a multidão (como tinha ocorrido, na Antiguidade Clássica, com a religião do cidadão), o mesmo não acontecia quando um patriota virtuoso sentisse o dever de lutar até à morte para salvar a sua sociedade política. De acordo com as características do pacto social,

---

159 *Idem, ibidem*, p. 336.

bastava um deles estar disposto a isso, para que os demais devessem imitá-lo: "Le devoir du citoyen est de mourir pour l'État s'il le faut, mais le devoir de chaque citoyen est de vouloir mourir si l'un d'eux le doit"[160]. Tal seria impossível numa sociedade de ateus, dado que só a fé na vida póstuma tornaria aceitável o sacrifício da vida individual pela sobrevivência de uma abstracção: o contrato social.

Esta posição também significa que, para Rousseau, o amor da Pátria não nascia da sociabilidade natural dos indivíduos e da sua relação imediata e espontânea com a terra em que nasceram[161]. A afectividade e o imperativo do "*Pro patria mori*" eram artificiais, ou melhor, tinham de ser construídos. Deste modo, a justificação teológica do contrato teve muito a ver com as necessidades de encarnação, concreta e patriótica, da universalidade. Como a guerra constituía uma ameaça permanente, o Estado teria todo o interesse em que cada cidadão acreditasse numa religião que, voluntariamente, o mobilizasse – mais pelo *sentimento* do que pela *razão* – para a prática da virtude republicana. Sem isso, o regresso ao atomismo associal seria certo, quer devido à dissolução dos costumes, quer à inexistência de soldados dispostos a defenderem a Pátria.

---

160 Christian Destain, *ob. cit.*, pp. 149-150, not. 331.

161 Cf. Ernst Kantorowicz, *Mourir pour la patrie*, Paris, PUF, 1984, p. 105 ss.

Como se verifica, a religião civil de Rousseau tinha objectivos pragmáticos. Não devendo reactualizar as exigências ferozes dos deuses protectores da cidade antiga – porque o seu Deus incitava os fiéis à doçura, à equidade, à moderação, à caridade, à indulgência, sem, contudo, deixar de apelar à coragem e à firmeza –, só ela poderia levar os cidadãos ao pleno exercício da virtude, fomentando um '*patriotisme tempéré*'"[162]. Mas este, para se fortalecer, teria de ser supletiva e constantemente revivificado pela educação pública, no seio da qual as festas e os espectáculos não seriam manifestações menores no persistente trabalho de reprodução do contrato e de assunção do indivíduo – estatuto que a religião civil não pretendia anular – como um ser também social.

Os ritos cívicos

Sendo a religião civil justificada, não pela sua maior ou menor verdade, mas pelas consequências sociais e patrióticas que provocava, explica-se que a interiorização dos deveres sociais se materializasse numa *paideia* e que esta desse relevo à dimensão lúdica, ou melhor, à celebração de festas cívicas, em espaço público, tendo por objectivo a inserção do indivíduo-cidadão numa

---

[162] Ghislain Waterlot, *ob. cit.*, p. 115.

mundividência que conferisse sentido colectivo e escatológico à sua vida e o mobilizasse para os deveres patrióticos. Como a religião do homem, também a religião civil não teria templos, orações e altares propriamente ditos. Mas, como educação pública, concretizar-se-ia no ensino e em ritos cívicos, práticas de renovamento e santificação da sociabilidade, as quais, como nas Repúblicas que, modelarmente, tinham sabido concretizar a "liberdade dos antigos", só podiam ter por palco a *ágora*, ou melhor, o espaço público.

Rousseau compreendeu bem que o contrato necessitava de se confirmar como "contrato sentimental" para que a sua abstracção recebesse o calor privado dos afectos sociais[163]. E não se deve ver neste complemento cordial uma contradição. As funções do *estar com*, isto é, dos círculos e de outras formas de "sociabilidade de proximidade", não ameaçavam o interesse geral, pois não se tratava de sociedades estruturais intermédias, mas, tão-só, de associações privadas. Bem pelo contrário: "comme les fêtes d'une certaine façon, mais à une autre échelle, leur véritable objet est le lien social luimême. La convivialité est pour lui, si l'on veut, un complément ou une béquille du contrat social"[164]. Mas qual seria o tipo de manifestação lúdica adequado à realização de tais objectivos?

---

163 Cf. Pierre Rosanvallon, *Le Modèle politique français. La société civile contre le jacobinisme de 1789 à nos jours*, Paris, Seuil, 2004, p. 41.

164 *Idem, ibidem*, p. 42.

Na sua *Lettre à Mr. D'Alembert sur les spectacles* (1758), Rousseau definiu o ideal-tipo[165] de festa. Este não devia ser o teatro clássico, com o seu cânone aristotélico, porque o seu conteúdo era dissolvente e a encenação punha os espectadores (separando-os dos actores e em espaço fechado) numa atitude passiva. É neste contexto que têm de ser vistas as reservas que colocou ao projecto de edificação de um grande teatro central em Genebra, sua terra natal. Com este pólo, as várias actividades sociais (cafés, jogos, caça, círculos de amigos, etc.) corriam o risco de ficarem centradas num único lugar, "qui absorbera tout".

Como se vê, o Rousseau da representação abstracta da vontade geral também desejava que aquela fosse ciclicamente irrigada pelas correntes quentes da amizade e dos afectos. E isto explica que a releitura revolucionária dos seus ensinamentos venha a fazer da festa cívica uma prática construtora da cidadania, através de ritos cívicos que deviam ter como actores os seus próprios espectadores: o povo reunido e em confraternização, ao ar livre, em jornadas revigoradoras do elo social[166].

Ter-se-á de aceitar que ele pressentiu uma característica que ganhará crescente visibilidade com a consolidação do que se poderá designar – sem se esquecer as

---

165 Rousseau, *Lettre à Mr. D'Alembert sur les spectacles*, Genève, Droz, 1948, p. 168 ss.

166 Jean Devallon, "Les fêtes révolutionnaires: une politique du signe", *Traverses*, n.º 21-23, 1981, pp. 187-195.

suas diversidades – por Estado-Nação moderno. De um modo mais explícito ou mais mitigado, os novos poderes políticos, ao mesmo tempo que se legitimavam a partir de teses jusnaturalistas secularizadas, também não dispensavam o recurso a mitos, símbolos e ritos, tendo em vista o reforço dos novos consensos sociais e nacionais. E esta sacralização do profano terá, como sua outra face, a politização do religioso, realidades que, porém, nem se fundiam nem se confundiam.

A religião civil como religião política

Chegados a este ponto, estar-se-á em melhores condições para se procurar uma definição-tipo de religião civil, bem como para se inteligir a sua objectivação como religião política propriamente dita. Mas fará mesmo sentido distinguir estes dois conceitos? Uma resposta que os separe em termos dicotómicos escamoteia as suas recíprocas imbricações, tanto mais que o entendimento da adjectivação "civil" pode sugerir a existência de uma cesura entre a nova religião e a esfera política, o que Rousseau e as concretizações históricas da santificação do contrato social desmentem. De uma maneira directa, ou indirecta, o Estado acaba por ser sempre o impulsionador das religiões civis.

Como primeira nota, sublinhe-se que, só por si, estas não implicavam a proibição ou a anulação das religiões tradicionais, mesmo quando – como no modelo rousseauniano e nas suas traduções americana e "jacobina" –, também recorriam a um Princípio transcendente e ritualizavam narrativas mitológicas norteadas por promessas de índole soteriológico e escatológica. É que, tal como pode existir sacralidade sem Deidade, também surgirão religiões civis e políticas sem quaisquer pressupostos de raiz deísta ou teísta. Em qualquer dos casos, todas apontam para esta finalidade última: sacralizar o social (e o político), a fim de se reforçar a legitimação do contrato (Rousseau), ou, de uma maneira mais abrangente, se sacralizar o poder, ou se enfatizar o carisma de seus líderes. E é nestas últimas vertentes que a religião civil toca mais de perto o conceito de religião política, sobretudo se esta for entendida – na linha de Voegelin, Sironneau e Gentile – como um "*système de croyances, de mythes, de rites et de symboles qui interprètent et définissent le sens et la fin ultime de l'existence humaine, en subordonnant le destin de l'individu et de la collectivité à une entité suprême*"[167]. No entanto, importa não olvidar que outra coisa não pretendeu Rousseau com a sua religião civil.

Por sua vez, quando comparadas com as religiões tradicionais, ambas possuem formas comuns (bem patentes em Rousseau e, por exemplo, na religião da

---

[167] Emilio Gentile, *Les Religions de la politique. Entre démocraties et totalitarismes*, p. 14, e *La Religion fasciste*, p. 313.

humanidade de Comte), a saber: são *miméticas*, porque retiram das religiões históricas – ou de algumas delas – as modalidades de elaboração dos seus sistemas de crenças, mitos e dogmas, assim como a sua ética e a sua liturgia; são *sincréticas*, dado que reelaboram tradições, mitos e rituais das religiões tradicionais, mas para os transformarem e adaptarem ao seu próprio universo mundividencial; são *efémeras*, devido ao facto de, depois de períodos de "efervescência" (Durkheim) e de proselitismo fortes, a sua capacidade de mobilização tender a declinar[168], corrosão que, no entanto, nem sempre é homogénea ou irreversível.

Sendo conhecido o papel do poder político (seja este encarnado pelo Soberano, pelo Estado propriamente dito, ou pelo seu detentor personalizado: "*Duce*", "*Führer*", "*Pai dos povos*", etc.) na produção e reprodução da religião civil, torna-se difícil não aceitar que esta não seja sempre uma religião política, termo que, porém, alguns autores autonomizam, a fim de não se misturar o seu funcionamento nas sociedades demoliberais e respeitadoras da tolerância civil com as suas expressões sob regimes autoritários (de direita, ou de esquerda).

A religião civil tende a ser (pelo menos como ideia-tipo) um projecto de santificação de uma entidade secular – o contrato social, a Nação, a Pátria –, mesmo

---

168 Cf. *idem*, *ibidem*, p. 316.

quando não convoca, como fundamento, uma Deidade. Todavia, nas sociedades demoliberais, ela não se identifica com qualquer movimento político e partidário particular, ao mesmo tempo que procura respeitar a autonomia do indivíduo dentro da sociedade, por mais que esta esteja entificada. A sua popularização utiliza, ainda, meios pacíficos de propaganda e consente iniciativas próprias da sociedade civil, numa coexistência pacífica com as várias ideologias políticas e com as religiões tradicionais, respeitando-as, ou procurando sintetizá-las, embora acrescentando-lhes mais qualquer coisa. Tudo isto tem por objectivo último a interiorização, o menos coactiva possível, de um credo mínimo que visa firmar as relações sociais e o consenso. Daí que ela se coloque para lá dos partidos e das confissões, num quadro de separação entre as Igrejas e o Estado, em que as dificuldades de coabitação se manifestam, sobretudo, no campo da educação. De qualquer maneira, na prática, estas características podem miscegenar-se, ou fazê-la evoluir para formas mais claras de religião política propriamente dita.

Segundo Gentile, a religião civil actua como religião política quando se assiste à sacralização de uma ideologia e de um movimento político extremista, os quais, não só reivindicam a posse absoluta e indiscutível da verdade, como não aceitam conviver com outras ideologias, exacerbando a violência como meio legítimo de luta e como instrumento regeneracionista (da nação, da raça, da humanidade). Em simultâneo, também tende a negar a autonomia do indivíduo perante o colectivo e a prescrever o culto e a observância dos seus ditames como obrigatórios. Por outro lado, a relação da religião política com as religiões tradicionais nem sempre é pacífica. Aquela, ou procura eliminar estas últimas, ou, mediante acordos tácticos com elas, almeja integrá-las no seu próprio sistema de crenças e de mitos, reservando-lhes uma função meramente subordinada e auxiliar[169].

Como facilmente se percebe, as generalizações avançadas por Gentile – na linha, entre outros, de J.-P. Sironneau – estão muito marcadas pela sua referencialidade: as experiências totalitárias e, em particular, as do fascismo italiano. Ora, o perigo da tipificação de um conceito, em contraste com outro, pode residir no facto de a antítese sugerir a existência de religiões civis sem a sacralização de ideologias ou sem usos e abusos políticos. E não se pode olvidar este facto: aquelas, mesmo quando aceitam o pluralismo religioso e partidário, são frequentemente postas ao serviço da "santificação" do destino de povos, ou de nações. Esta carismação, ainda que dentro de sistemas plurais, pode igualmente ser invocada, em certas conjunturas, para justificar agressões internas e externas, para apelar a desmedidos sacrifícios, ou para servir de argumento expurgador de ini-

---

169 Cf. *idem*, *ibidem*, p. 318.

migos internos ("quinta-coluna" ou "caça-às-bruxas"). Logo, Gentile vê bem quando reconhece que a distinção entre religião civil e religião política nem sempre é inequívoca – basta ler Rousseau – e quando salienta que ambas possuem elementos comuns, não sendo raro a primeira transformar-se, em situações particulares, na segunda, como aconteceu durante a Revolução Francesa[170]. Mas o contrário também é verdadeiro: a herança da religião política pode ser absorvida e atenuada como religião civil, como foi o caso da transformação sofrida pela cultura cívica francesa no decurso do século XIX. Por outro lado, existem casos em que a religião tradicional, misturada com o núcleo forte das mitologias e ritos que estruturam as memórias nacionais, também funciona como uma forma supletiva de religião civil.

Esta é, em última análise, uma religião política, o que não equivale a dizer que ela tenha, necessariamente, de revestir um cariz totalitário. No fundo, as suas estruturas – mais liberais, mais democráticas, ou mais autoritárias – têm muito a ver com as características das sociedades em que irromperam, incluindo a herança das conflitualidades político-ideológicas (internas e externas) decorrentes da maneira como as confissões estabelecidas reagiram aos desafios provocados pela desestruturação das sociabilidades tradicionais e

---

170 Cf. *idem*, *ibidem*, p. 319.

respectivas visões do mundo e do homem, e ao aparecimento de uma nova ordem centrada numa ideia de indivíduo polarizado pelo Estado e – seu gradual efeito – pela massificação. Por outras palavras: as especificidades das religiões civis dos novos Estados-Nação também não foram estranhas à maneira, mais "hostil" ou mais "amigável", como as religiões propriamente ditas se posicionaram perante a emergência da Modernidade.

No que à Europa diz respeito, experiências históricas houve em que as confissões dominantes desempenharam um papel crucial nessa transformação, ou na conquista de independências nacionais (em luta contra outras confissões). Nestes casos, misturadas com ideias, valores e símbolos de origem profana e nacional, algumas delas fazem parte das religiões civis propriamente ditas, como acontece, por exemplo, com o anglicanismo na Grã-Bretanha, com o cristianismo ortodoxo na Grécia, com o catolicismo na Irlanda, ou com a ortodoxia na Rússia actual.

Algo de parecido ocorre em todos os países em que uma religião é reconhecida, de direito ou de facto, como religião dominante, em particular nos períodos em que vigora uma tácita aliança entre o Estado e essa Igreja. Nessas experiências, os seus oficiantes e ritos, sem se confundirem com a componente cívica, ocupam um lugar privilegiado na educação moral ministrada nas escolas públicas, no calendário (feriados religiosos), nas liturgias cívicas e no próprio protocolo do Estado (foi o que se deu em Portugal, durante a Monarquia Constitucional e o Estado Novo, e na Espanha franquista). Características análogas se encontram em Itália, embora no período fascista a pragmática aliança do Estado com a Igreja católica (Acordos de Latrão, 1929) tenha coabitado com uma "religião política" de vocação totalizadora e totalitária, de inspiração pagã e nacionalista, e que, centrada no culto do *Duce*, somente reservava à Igreja matérias quase exclusivamente dogmáticas e de ensino catequético, subtraindo-lhe toda a acção social.

Mais radicalmente, o nazismo irá proclamar a auto-suficiência plena dos fundamentos neo-pagãos de uma religião política, aglutinada à volta do culto da raça e do *Führer*, enquanto os Estados oficialmente ateístas não deixarão de convocar uma cosmogonia, de índole materialista e ateia, como sustentáculo de uma mundividência totalizadora e internacionalista, mas cujas dificuldades de implantação e radicação rapidamente incorporarão valores patrióticos, consubstanciados no culto da Pátria, dos seus heróis e dos seus grandes timoneiros[171].

Por sua vez, lá onde e quando a Igreja teve pretensões a um controlo total sobre a sociedade – entrando em concorrência com o poder político –, o choque com

---

[171] Cf. J.-P.Sironneau, *Sécularisation et religions politiques*, cit., e Emilio Gentile, *La Religion fasciste*, p. 13 ss.

o novo Estado foi inevitável. As relações entre ambas as instituições foram mais hostis, tendo a secularização sofrido uma mediação de índole estadualista, que levou à laicidade. E se, em alguns casos, esta veio a sofrer uma recatolicização (como aconteceu em Portugal, Espanha e Itália), noutros, a questão com a Igreja transformou-se, de um modo mais continuado, num problema com a religião em geral, como ocorreu em França. Porém, mesmo aqui, a neutralidade religiosa do poder, exigida pela laicidade, não se confinou ao argumentário racionalista. As necessidades de reprodução do contrato social e de justificação do papel histórico da Nação também sacralizarão o profano, pondo em prática uma certa "fé laica" (F. Buisson) reactualizadora da religião civil rousseauniana da fase revolucionária.

Os EUA trilharam um caminho diferente[172]. A maneira como se deu a imigração europeia, a orientação religiosa dos pioneiros, o espectro das intolerâncias confessionais no Velho Continente que eles transportaram, o peso que o puritanismo e a crença na predestinação tiveram na formação das comunidades, bem como a influência iluminista, estarão na génese de um

---

172 Entre os inúmeros estudos comparativos sobre o processo revolucionário francês e o dos EUA, leia-se Georges Gusdorf, *Les Révolutions de France et d'Amérique. La violence et la sagesse*, Paris, La Table Ronde, 2005 (a 1.ª ed. é de 1988).

Estado que, baseado nos direitos do homem, irá implantar o primeiro sistema de separação com as Igrejas (1791), secularizando a instância política, num quadro de tolerância religiosa. Todavia, ter-se-á igualmente de referir que cedo emergiu, a par das Igrejas e impulsionada pelo novel Estado, uma religião civil de cunho teísta, e em que os modernos argumentos jusnaturalistas sobre a soberania aparecem misturados com a tradição teológica, segundo a qual todo o poder vem de Deus para o povo. E, não sem razão, tem-se visto nesta amálgama ecos, se não da letra, pelo menos do espírito, da proposta de Rousseau.

Para o intento de agora, ir-se-á somente analisar (e comparar) a experiência histórica dos EUA e a da França nesta matéria[173], já que, se a primeira é o exemplo histórico contemporâneo pioneiro de uma "religião da política" situada no quadro da separabilidade entre o Estado e as Igrejas, o caso francês, não obstante possuir um ponto de partida análogo, evoluirá para fundamentos distintos, só compreensíveis à luz de um processo secularizador estadualisticamente impulsionado como laicidade.

---

173 Quando publicámos a primeira versão deste texto, não tínhamos conhecimento dos importantes trabalhos em que Emilo Gentile também explora esta comparação, ainda que de um modo muito sintético e numa perspectiva própria. Cf. Emilio Gentile, *Les Religions de la politique. Entre démocraties et totalitarismes*, pp. 57-78.

CAPÍTULO V
EUA: *Uma Nação sob Protecção Divina*

É sobejamente conhecido que Alexis Tocqueville, em *La Démocratie en Amérique* (1835), viu no modo como os americanos viviam o sagrado – ou melhor, naquilo que, nos inícios do século XX, Weber chamará o cariz "eclésio-centrado" da religiosidade americana[174] – e no instituto da separabilidade criado pela Primeira Emenda (1791), não só os grandes alicerces da democracia que reinava no Novo Mundo, mas também o meio por excelência de interiorização dos valores que normatizavam os costumes e a virtude republicana. Por palavras do escritor francês: a religião, "satisfeita com o lugar que lhe é reservado", sabe que "o seu império se estabelece tanto melhor quanto reine apenas pelas suas próprias forças e quanto domine os corações sem precisar de se servir de outros apoios"[175].

---

[174] Max Weber, *L'Éthique protestante et l'esprit du capitalisme*, 3ème éd., Paris, Flammarion, 2002, p. 306.

[175] Alexis Tocqueville, *A Democracia na América*, Cascais, Principia, 2001, p. 81.

A "amigável" experiência americana das relações entre as Igrejas e o Estado

Quando se procura explicar por que é que uma sociedade fortemente religiosa instaurou um "wall of separation" (Jefferson) entre as Igrejas e o Estado, salienta-se que tais medidas não foram alheias às influências do pensamento iluminista europeu dos séculos XVII e XVIII. Todavia, também se enfatiza esta outra condicionante: o interesse das próprias religiões em afastar – por razões diversas, é verdade – a implantação de uma religião oficial de Estado e em garantir um clima de tolerância civil, tendo em vista o respeito dos direitos do indivíduo e da liberdade de consciência e de religião[176]. Daí que, na América, o contencioso entre o poder temporal e as Igrejas se tenha dado num clima mais "amigável" do que, por exemplo, em França. Ali, a separabilidade foi uma solução que reforçava o pluralismo religioso, realidade que a posterior imigração de indivíduos com crenças situadas fora das religiões do Livro alargará ainda mais.

---

176 Sobre esta problemática, veja-se a excelente síntese, "Les origines religieuses de la clausure américaine de non établissement", de Marci A. Hamilton, professor de Direito na Cardozo Law School da Universidade Yeskiva (Nova Iorque), publicada por Élisabeth Zoller (dir.), *La Conception americaine de la laïcité*, Paris, Dalloz, 2005, pp. 72-88.

O peso da religião não deixou de ser igualmente decisivo na formação de comunidades "eclésio-centradas" que se constituíram como "comunidades morais", com um forte sentimento de autonomia, base que virá a ser paradigma (e freio) do futuro Estado federal[177]. E, por maior que fosse a tentação de se transplantar para as novas Colónias o preceito *cujus regio, ejus religio*, este espírito autonomista e a memória das perseguições na Europa irão potenciar uma solução diferente.

De facto, os primeiros colonos fugiram às guerras religiosas que, no século XVII, atravessaram a Europa. E a ausência de estruturas clericais prévias e fortes na América facilitou a génese de comunidades locais, enquanto o exemplo europeu representava um aviso sério acerca dos perigos que podiam advir da existência de "religiões estabelecidas". Contudo, não se pense que a criação de um clima de coexistência pacífica entre as várias crenças de raiz cristã não se deu sem dissidências, exílios e perseguições, e que algumas delas não tentaram vingar como religiões oficiais nas comunidades onde eram maioritárias. Por exemplo, foi o caso do anglicanismo nas cinco Colónias do Sul e em certas zonas de Nova Iorque. Por sua vez, nas de Nova Inglaterra votava-se para se decidir qual a religião esta-

---

[177] Cf. Carol G. Greenhouse, "La séparation de l'Église et de l'État aux États-Unis: traduire ou trahir?", Élisabeth Zoller (dir.), *ob. cit.*, p. 204 ss.

belecida, tendo-se imposto, por ser dominante, a corrente congregacionista (tendência que, no século XVIII, reagrupava os descendentes dos puritanos)[178].

Explica-se. Os colonizadores calvinistas tiveram de se bater com um dilema. Recorde-se que Calvino estabeleceu, em Genebra, uma comunidade cristã que serviu de modelo para os seus seguidores na Escócia, Inglaterra e, depois, Nova Inglaterra, e onde, se era exigida a separação da Igreja do poder político, o contrário não era verdadeiro. Esta faceta gerou uma relação simbiótica entre o governo da Cidade-Estado e a assunção da cidadania cristã, realidade que Bellah sintetizou nestes termos: "John Calvin, the great European predecessor of the New England Puritans, managed to restore much of the dignity of the classical conception of political order and to combine Christian charity with civic virtue. Calvin created a city that was Christian and republican in an organic way that had few precedents"[179].

Seja como for, é igualmente verdade que o espectro das guerras religiosas na Europa – cedo caracterizada como a "terra da escuridão" –, a quase ausência de

---

178 Cf. Anglas Laycock, "La religion et l'État aux États-Unis: affrontement des théories et changements historiques", Élisabeth Zoller (dir.), *ob. cit.*, p. 39.

179 In Bruce Murray, "With 'God in our side'? How american 'civil religion' permeates society and manifests itself in public life", http://www.facsnet.org/issues/faith/civil_religion.htm, 3-06-2005.

poderes clericais centralizados, institucionalizados e possuidores de bens materiais, assim como a pobreza das novas Igrejas e a existência de vastos territórios que possibilitavam a expansão, em liberdade, de novas Colónias, foram factores que distenderam as conflitualidades, acabando, no que às relações entre o sagrado e os interesses profanos diz respeito, por facilitar o encontro de várias soluções, as quais, um pouco mais tarde, a Revolução integrará. Para isso, não foi despiciendo o contributo das próprias confissões no nascimento da nova realidade política, herança que elas não deixarão de reivindicar. E, numa síntese retrospectiva dessa comparticipação, poder-se-á dizer que os congregacionistas legaram, não só uma visão do homem assente na predestinação e na autonomia das obras, mas também a ideia segundo a qual as Igrejas são instituições funcionalmente distintas das do Estado. Por sua vez, os baptistas, dissidentes dos primeiros, pugnaram para que o poder político não obrigasse os crentes a perfilharem mais uma religião do que outra, enquanto os presbiterianos defenderam não dever o Estado favorecer uma religião em vez de outra. E se os quakers sublinharam a importância da tolerância em relação a todas as crenças, os católicos virão a reconhecer esta prática essencial que os protestantes – incluindo Locke – tinham posto em dúvida, a saber: um seguidor da Igreja de Roma podia acreditar num tipo de estrutura religiosa diferente daquele que enformava a organização civil de que, simultaneamente, fazia parte e a quem também se sentia fiel[180]. Pormenorize-se um pouco mais o que acabou de ser resumido.

Os líderes congregacionistas caminharam cedo para uma não confusão entre o papel das religiões e as tarefas civis, ainda que ambas as instâncias tivessem andado misturadas no começo da colonização do Massachusetts. E esta clarificação baseou-se numa leitura da Bíblia à luz da qual Deus teria criado diversos tipos de pacto para a organização e conduta da sociedade: um pacto social, ou local; um pacto político, ou governamental; um pacto eclesiástico, ou religioso. Logo, o cumprimento da vontade divina requeria a autonomização de três esferas distintas: a social, a política e a religiosa.

Por sua vez, a Igreja Baptista americana tem relembrado o forte impulso que deu para a "separation", em particular através da acção de dois dos seus principais líderes: Isaac Backers e John Leland. Tendo conseguido um estatuto de excepção nas regiões dominadas pelos congregacionistas, ela combateu pelo reconhecimento do direito de se acreditar de acordo com a consciência. É que tanto a tolerância como a necessidade de não existir uma religião oficial não decorriam de qualquer teoria da sociedade; constituíam imperativos de Deus.

---

180 Cf. Marci A. Hamilton, *art. cit.*, pp. 87-88.

Esta posição irá produzir efeitos não só ao nível do poder federal, mas, sobretudo, no Massachusetts, onde, depois de anos de luta, o princípio da existência de uma religião oficial acabará por desaparecer em 1833.

Os anglicanos instalaram religiões estabelecidas nas Colónias do Sul. Porém, na Carolina do Sul, William Tennent, um presbiteriano, atacou as consequências funestas desta prática e destacou o facto de o imposto geral cobrado para financiar uma Igreja ser um fardo intolerável para todos os que não partilhavam a mesma fé. Atitude análoga acabarão por adoptar os presbiterianos da Virgínia e de outras regiões, prova de que as teses sobre a neutralidade religiosa do poder político conquistavam adeptos nas diversas e, às vezes, contraditórias correntes presbiterianas. Ora, se se ligar esta herança com a deixada pelos congregacionistas, conclui-se que, nos EUA, o calvinismo – fonte de ambas – ajudou a convencer que a autenticidade religiosa e a paz civil exigiam que o Estado e as Igrejas desempenhassem funções separadas e independentes Por conseguinte, o poder político não devia privilegiar qualquer religião, princípio hoje inscrito no ordenamento constitucional e jurisprudencial americano[181].

Os quakers – onde ganhou relevo a liderança de William Penn – contribuíram para o convencimento de

---

[181] Cf. *idem, ibidem*, pp. 71-88.

que toda a coacção sobre a consciência agride a própria vontade divina. Daí que, mais do que qualquer outra corrente, tenham relevado o valor da liberdade de consciência, não obstante toda a sua visão sobre a sociedade se estribar na religião. Só que, segundo a sua doutrina, um dos meios para se alcançar um Estado teocêntrico residia na liberdade que devia ser dada aos indivíduos para escolherem as suas próprias crenças. Deste modo, a sua posição distinguia-se da dos puritanos, podendo mesmo afirmar-se que "le principe de non-contrainte (sur les convictions religieuses), qui est aujourd'hui l'un des fondements de la doctrine américaine du non-établissement, doit, au moins en partie, son existence à l'héritage laissé pas les Quakers"[182].

Como é lógico, o papel dos católicos na construção da neutralidade do Estado foi tardio. Deu-se, sobretudo, na segunda metade de Oitocentos (principalmente após a forte imigração irlandesa da década de 1830) e não esteve isento de alguma hostilidade por parte dos protestantismos hegemónicos. Estes tinham sob suspeita uma Igreja obediente a uma autoridade (espiritual e temporal) estrangeira, cuja organização monárquica lhes parecia contrária aos princípios que pautavam a democracia republicana. Ora se, nos países em que os "papistas" eram dominantes, estes tinham

---

[182] *Idem, ibidem*, p. 83.

revelado dificuldades em aceitar os valores da liberdade religiosa e da separação, nos EUA, ao contrário, empenhar-se-ão na luta contra as discriminações religiosas e declarar-se-ão fiéis à cultura americana. Todavia, o clima de suspeição manter-se-á durante o século XX, sendo somente atenuado com o reconhecimento da liberdade de consciência pelo Concílio Vaticano II e com a primeira presidência de um católico – John F. Kennedy –, o qual, porém, ainda sentiu a necessidade de esclarecer a opinião pública que iria desempenhar o seu cargo de acordo com o que a sua consciência ditasse ser o interesse nacional e, portanto, sem pressões ou ordens vindas do estrangeiro[183].

Do exposto se infere que, na compreensão da matéria aqui em causa, será errado negligenciar as origens religiosas da separabilidade à americana. E, dada a força da memória das perseguições que os pioneiros transportavam da Europa, também não surpreende o valor que os fundadores do novo Estado irão dar à problemática da tolerância civil e à sua institucionalização, de molde a conseguir-se respeitar o pluralismo confessional, premissa da paz civil.

O princípio da separação, enquanto plataforma necessária para que a liberdade confessional e a tolerância religiosas fossem asseguradas, já se encontra

---

183 Cf. *idem*, *ibidem*, p. 85.

bem presente em Roger Williams, dissidente do congregacionismo e fundador da Colónia de Rhode Island, em 1644, a primeira comunidade religiosamente livre formada na América. Segundo ele, o Magistrado não tinha que se ocupar das crenças dos indivíduos; devia salvaguardar, tão somente, a paz civil e a realização da prosperidade. Para justificar esta posição, invocava a inexistência, no Novo Testamento, de qualquer exigência de cariz político-religioso para a vivência da fé, propondo, por isso, a criação de um "wall of separation" entre o jardim da verdadeira Igreja e o mundo profano[184]. Como se vê, este modo de pensar estava em sintonia com os que, na Europa – desde Locke, passando por Rousseau e Voltaire –, buscavam caminhos análogos, em nome de princípios de fundo deísta e do "livre-pensamento"[185].

Sabe-se que George Mason teve um papel decisivo na introdução de um conceito positivo de tolerância na Declaração dos Direitos da Virgínia. Se esta, na sua primeira versão (Maio de 1776), já consignava a "mais ampla tolerância no exercício da religião, de acordo

---

[184] Presumivelmente, a expressão "wall of separation" remete para a imagem bíblica do muro que separava o Éden do mundo terrestre. E, como se sabe, ela será retomada por Jefferson.

[185] Para uma caracterização dos "pais fundadores" dos EUA como "free-thinkers", leia-se Susan Jacoby, *Freethinkers. A history of american secularism*, New York, A Metropolitan Owe Book, 2004, *passim*.

com os ditames da consciência", por insistência sua, o texto definitivo (11 de Junho de 1776) irá mais longe, ao retirar o termo "tolerância" e ao substituí-lo pela frase "livre exercício da religião". Como quem diz, a liberdade religiosa não era uma concessão benévola por parte do Estado, ou de qualquer Igreja estabelecida, mas, antes, um direito inalienável ou natural de todo e qualquer cidadão.

Nesta escolha, são visíveis as influências de Locke e do Iluminismo. Por conseguinte, é lógico que o documento virginiano venha a ser paradigmático na Revolução Americana – Thomas Jefferson inseriu os seus parágrafos de abertura na Declaração de Independência – e na fixação do *Bill of Rights* federal, assim como na própria Declaração Universal dos Direitos do Homem e do Cidadão lançada, em 1789, pelos revolucionários franceses. Na verdade, tanto Mason como Thomas Jefferson tudo fizeram para convencer os seus companheiros que a ajuda financeira do Estado a uma religião constituía um erro – porque obrigaria os cidadãos a custearem, através do imposto, uma fé que podia ser distinta daquela que perfilhavam – e uma violação do direito natural à liberdade de consciência. Na prossecução desta política, foram ajudados por baptistas, presbiterianos, quakers, assim como por todos os fiéis das Igrejas dissidentes, particularmente as que se formaram no seguimento do impacto do *Great Awakening* (décadas de 1720 a 1740), movimento que marcou um decisivo renovamento da fé e intensificou o combate contra os privilégios de algumas Igrejas estabelecidas em certos Estados.

O desfecho destas pugnas objectivar-se-á na Constituição e, sobretudo, na Primeira Emenda (1791), cujo significado Jefferson, recorrendo à imagem de Roger Williams, sintetizou na célebre metáfora do "wall of separation"[186], disposição que, ao ser integrada no *Bill of Rights*, se transformará numa das pedras-de-toque do edifício político americano.

Não se pense, contudo, que a sua aceitação, ao nível federal, teve uma imediata repercussão nos Estados. É certo que, em 1786, o da Virgínia retirou o estatuto oficial à religião anglicana, tendo o mesmo acontecido em outros (excepção feita a Maryland), no contexto da ratificação da Primeira Emenda. Todavia, o congregacionismo manteve-se a funcionar como religião oficial no Connecticut até 1818 e pode afirmar-se que, na totalidade dos EUA, a existência de religiões estabelecidas somente terminou quando, em 1833, a Constituição do Massachusetts foi revista para esse efeito[187].

---

[186] Fê-lo em carta de 1 de Janeiro de 1802, escrita para responder a uma associação do Connecticut. Cf. Thomas Jefferson, *Writings. Thomas Jefferson and the wall of separation between Church and State*, New York, New York University Press, 2002.

[187] Cf. Élisabeth Zoller, "La laïcité aux État Unis ou la séparation des Églises et de l'État dans la société pluraliste", É. Zoller (dir.), *ob. cit.*, pp. 9-10.

São estas características que levam a concluir que, na América, o processo que consolidou o pluralismo religioso tem uma matriz mais jurídico-constitucionalista[188] – consubstanciada, sobretudo, na Primeira Emenda – do que estadualista, ou "laica", já que foi aquela a enformar o Estado e não o contrário, como acontecerá em França. Mas a definição das garantias, necessárias à liberdade de consciência e de religião, num quadro de separação das Igrejas do Estado e de respeito pelos direitos fundamentais dos indivíduos, terá sido suficiente, só por si, para secularizar o poder político?

A pergunta impõe-se, tanto mais que, se o contributo positivo das religiões – embora mediado por influências iluministas e deístas – foi importante para o modo como se concretizou e se perspectivou o célebre "wall of separation", o simultâneo funcionamento de uma religião civil não tem deixado de gerar tensões. Isto é, "loin de garantir d'emblée une pacification des conflits – qu'elle soit imputée à la mécanique de la libre concurrence instaurée entre les cultes ou à une triade irénique liberté religieuse-désétablissement-pluralisme civil –, le 1.er amendement prend acte d'une tension

---

188 Cf. Fabienne Randaxhe, "L'accomodement ou la pratique d'une laïcité ouverte: le cas des États-Unis", Jean Baubérot e Michel Wieviorka (coord.), *De la Séparation des Églises et de l'État à l'avenir de la laïcité*, Paris, Éditions de l'Aube, 2005, pp. 39-48.

entre les clauses religieuses, entre une religion civile sous-jacente à la déclaration d'Indépendance de 1776 et les religions particulières, entre le droit des États et le droit fédéral, entre la pratique religieuse et les autres sphères de l'activité sociale et, de manière associée, entre les devoirs communs à l'ensemble des citoyens et les droits religio-identitaires"[189].

Recorde-se que, na Declaração de Independência, se invocava "the Laws of Nature and Nature's God", afirmação que se compaginava bem com o deísmo. Todavia, a referência à Divindade está ausente da Constituição, cuja hermenêutica terá de sopesar a orientação filosófica dos seus construtores, hoje civicamente sacralizados como "pais fundadores" dos EUA. E se poucos eram ateus[190], salvaguardadas que estejam as especificidades próprias, não será errado detectar a existência de um compartilhado deísmo, não incompatível, porém, com a ideia de "eleição" e de que, entre as expressões históricas do Ser Supremo, o cristianismo, ou, talvez melhor, o magistério moral de Cristo, representava a expressão suprema. Este posicionamento não impediu, porém, que, aos olhos dos seus contemporâneos calvinistas, o ideário de Thomas Jefferson ou

189 *Idem, ibidem*, p. 40.

190 Sobre o pensamento filosófico de alguns dos "fundadores", leia-se Susan Jacoby, *ob. cit.*, pp. 4-5.

de James Madison fosse qualificado como ateísta, herético e infiel[191].

É igualmente verdade que o factor religioso foi decisivo para a formação do primeiro comunitarismo político americano, matriz do novo Estado. E, segundo alguns, nesta influência radica uma das causas da sua "excepcionalidade", traduzida na criação de um Estado secular, mas dentro de uma sociedade religiosa. Ao invés, em muitos países europeus – como a França –, o processo secularizador e modernizador envolverá não só a sociedade política, mas a sociedade como um todo, num clima hostil por parte da Igreja dominante. Dentro desta mesma lógica, outros vão mais longe e opinam que, bem vistas as coisas, o Estado americano acaba por ser mais coerentemente laico do que o francês[192]. Porém, este estatuto de laicidade é contestável. Para isso, basta citar as estatísticas respeitantes ao comportamento religioso do povo americano e invocar as controvérsias desencadeadas pela existência de uma visível e actuante religião civil e pela frequente invasão do religioso nos actos públicos.

Clarificando águas, o Supremo Tribunal dos EUA já por várias vezes produziu jurisprudência no sentido da defesa do cariz secular do Estado, o que demonstra a existência de alguma fluidez de fronteiras nesta maté-

---

191 Cf. *Idem ibidem*, p. 5.

192 Cf. Élisabeth Zoller, *ob. cit.*, p. 32.

ria. Estas têm sido mais bem demarcadas após os finais da década de 1940, momento em que, aos olhos dos mais conservadores, as decisões daquela instância judicial passaram a acelerar a secularização, como se, antes, esta não existisse. Mais especificamente, o Supremo Tribunal tem sido acusado de pôr o seu prestígio ao serviço de "um projecto contestável de secularização", colaborando, consciente ou inconscientemente, com as forças empenhadas em promovê-la e desrespeitando o facto de – como afirmou um juiz do célebre litígio *Zorach vs. Clauson* (1952) – os americanos serem um povo religioso, cujas instituições pressupõem a fé na existência de um Ser Supremo[193].

"One Nation under God"

Se a religião foi o elemento estruturante da sociabilidade americana – quer ao nível da família, quer na formação das comunidades locais e do seu entendimento como pessoas morais –, a verdade é que ela também foi o ponto paradigmático à luz do qual se irão constituir contratos sociais mais extensos até à federação política.

---

193 Cf. "Zorach v. Clauson, 343US306,313 (1952)", Daniel O. Conkle, "Expression et symbolisme religieux dans la tradition constitutionelle américaine: neutralité de l'État, mais pas indifférence", Élisabeth Zoller (dir.), *ob. cit.*, p. 177.

Nesta perspectiva, explica-se o valor que, desde os primórdios dos EUA, ganhou o facto de se pertencer a uma Igreja, base que condicionou o posicionamento da autonomia dos indivíduos, ou melhor, o seu *ethos*, na definição de si e nas suas relações perante o Estado, bem como todas as formas de vida comunitária, a saber: as assembleias familiares (incluindo a distribuição dos papéis entre os sexos no seio da família), as reuniões, as paradas, a importância da sermonária, etc. E tudo isto era, em última análise, tributário do legado dos ritos protestantes.

Fica assim sugerido que, afinal, se, na América, a experiência histórica do relacionamento existente entre as religiões e o Estado remete para a lição de Locke, ao pano de fundo que a solda não é igualmente estranho o magistério de Rousseau. Deste modo, opiniões de estudiosos do tema como o jurista americano Daniel O. Conkle – para quem, "sous l'influence de Rousseau, la théorie politique et juridique de la France demande à l'État non seulement d'assurer la cohésion sociale, mais aussi de faciliter l'exercice de 'libertés publiques' telles qu'elles sont définies par la loi", enquanto que o caso americano teria sido "plus marquée par les idées de Locke"[194]– têm de ser matizadas. Por outro lado, não basta afirmar, sem mais, que, nesta última vertente, a

194 *Idem, ibidem*, p. 176.

tradição americana dos direitos constitucionais dá primazia à autonomia e à soberania do indivíduo perante o Estado e que o poder político e as religiões, embora actuem em domínios diferentes, são complementares. Se tudo isto é certo, também o é a presença desta outra realidade que, comummente, costuma ser escamoteada: nos EUA, existe uma religião civil estabelecida, a qual, embora não esteja organizada como Igreja, tem um papel fundamental na produção e reprodução do consenso nacional e social, tarefa tanto mais necessária quanto se trata de uma sociedade de imigrantes. Daí, a pertinência desta hipótese: nesta experiência específica, não se estará mais próximo de Rousseau do que de Locke?

A resposta terá de ser afirmativa, mas com esta precisão: regra geral, se a religião civil americana virá a frutificar num clima herdeiro da tradição das lutas pela tolerância civil, ela também se afirmará como o único caso histórico, plenamente desenvolvido, "en tant que dimension religieuse de la politique qui, tout en se réclamant d'un Dieu transcendant, a acquis sa propre autonomie à l'égard des religions traditionnelles, sans pour autant entrer en conflit avec elles, mais en s'attirant au contraire leur appui et leur collaboration dans la construction d'un système de croyances, de mythes, de valeurs et de symboles relatifs à la nation américaine, provenant en grand partie, dans leur structure fondamentale, de l'Ancien et du Nouveau Testaments"[195]. Ora, este tipo de religiosidade política, que hoje pode surpreender os menos atentos, foi desde logo assumido por alguns dos fundadores da nova nação e expresso em práticas simbólicas que irão perdurar até hoje.

Recorde-se que Benjamin Franklin, já em 1749, defendia, a propósito da educação dos jovens de Filadélfia, a necessidade de uma "public religion", e que Lincoln falou de uma "political religion" e do seu contributo para a interiorização dos valores que deviam normatizar a virtude republicana[196]. Não se confundindo com as religiões propriamente ditas, essa "public religion" tem sido caracterizada por um conjunto de ideias políticas, filosóficas e religiosas que o sociólogo Robert N. Bellah – num célebre artigo publicado em 1967 – definiu como a "american civil religion"[197], corpo de crenças e símbolos, banalizados no viver colectivo, a que nem sequer faltam os seus profetas e os seus márti-

---

[195] Emilio Gentile, *Les Religions de la politique. Entre démocraties et totalitarismes*, p. 64.

[196] http://www.facsnet.org/issues/faith/civil_religion1.htm, 3-06-2005.

[197] Cf. Robert N. Bellah, "Civil religion in America", *Deadalus*, vol. 96, n.° 1, 1967, pp. 1-18 (este artigo tem sido frequentemente reeditado e traduzido); *Beyond belief. Essays on religion in post-traditional world*, New York, Harper & Row, 1970; *The Broken Covenant. American civil religion in time trial*, New York, Seabury, 1975; Robert N. Bellah e Philippe Hammond, *Varieties of civil religion*, San Francisco, Harper & Row, 1980. Sobre as repercussões do artigo de Bellah, leia-se James A. Mathisen, "Twenty years after Bellah. Whatever happened to American religion", *Sociological Analysis*, vol. 50, n.° 2, 1989.

res, os seus grandes acontecimentos e os seus *lugares de memória*, nem práticas rituais que pontualizam o calendário cívico através de seleccionadas evocações, as quais, nas suas diversidades, põem em cena uma auto-representação da América, em que esta, miticamente, aparece "as perfectly in accord with the will of God as men can make it, and a light to all nations"[198]. Todavia, a sua justificação não requer aturadas reflexões, não obstante os americanos, frequentemente, convocarem os seus princípios e expectativas. Em suma: ela não se escuda numa grande conceptualização de índole teológica, pois cumpre-se, sobretudo, através da sua prática[199]. De acordo com a síntese apresentada, em 2002, por Rowland Sherril (professor de estudos religiosos da Universidade de Indiana), "There is a religious aura and coloration in the ways many Americans think about, live within and operate in relation to their ideas of their country as a sacred entity. People believe the country has been specially blessed by God, and that means they, the Americans, have been blessed. America and Americans, therefore, have a special place and

---

198 Robert N. Bellah, "Civil religion in America", http://www.hir.hartsem.edu/Bellah/articles5.htm., 20-05-2005.

199 Cf. Anne-Marie Bidaud, *Hollywood et le rêve américain*, Paris, Masson, 1999, p. 16 ss. Para outras caracterizações do fenómeno, leiam-se: R. Rickey e D. Jones (ed.), *American civil religion*, New York, Harper & Row, 1974; Martin E. Martin (ed.), *Civil religion, church and state*, New York, K. G. Saur, 1992; R. V. Pierard e R. D. Linder, *Civil religion and the presidency*, Grand rapid (Mi), Academie Books, 1999.

role in the world and in human history"[200]. E estes valores serão compartilhados por uma parte significativa da colectividade, já que, como revelou uma sondagem recente (2002), feita pelo *Pew Research Center of the People and the Press*, cerca de metade dos inquiridos (48%) declarou acreditar que os EUA receberam uma especial protecção divina, e só 25% afirmaram, explicitamente, que não[201].

As confissões instituídas também sabem que a religião civil não as ataca, antes coabita com elas, procurando ser o elo comum às suas diversidades. Aquela – na definição dada, em 1981, pelo departamento de estudos da Lutheran World Federation –, "consists of a pattern of symbols, ideas, and practices that legitimate the authority of civil institutions in a society. It provides a fundamental value orientation that binds a people together in common action within the public realm. It is religious in so far as it evokes commitment and within an overall worldview, expresses a people's ultimate sense of worth, identity, and destiny. It is civil in so far as it deals with the basic public institutions exercising power in a society, nation, or other political unit"[202].

---

[200] http://www.facsnet.org/issues/faith/civil_religion1.htm, 3-06-2005.

[201] http://www.facsnet.org/issues/faith/civil_religion1.htm, 3-06-2005.

[202] http://www.christianethicstoday.com/issue/008/Civil%20Religion%20By%20Richard%20V%Pierard008.4htm, 3-06-2005.

Como se escreveu, já em Rousseau a religião civil postulava a crença num Deus transcendente, na imortalidade da alma e no Juízo Final, premissas tidas por necessárias para a sacralização do próprio contrato social. Por sua vez, também Locke, se via na separação entre a Igreja e o Estado a garantia básica para se alcançar a paz e a tolerância civis, não deixava de pôr em Deus os fundamentos da moral pública e da sociabilidade selada pelo contrato entre indivíduos livres. Contudo, não reivindicava a existência de qualquer sacralização de cariz holístico para o Estado. Em síntese: descontando as respectivas posições próprias, nem um nem outro deram o passo avançado por Pierre Bayle, para quem o ateu podia ter um comportamento ético-social superior à prática de muitos crentes. A religião civil americana, ao supor um Ente Supremo, acabou por ser, no que aos fundamentos últimos da sociedade política americana diz respeito, mais fiel a Rousseau do que a Locke, porque este limitava a opção religiosa à esfera da consciência, neutralizando religiosamente o Estado, ao passo que, para o pensador francês, só a vigência de uma religião civil garantiria a "santificação do contrato social". Ora, nos EUA, se as confissões estão separadas do Estado, e se não existe, no sentido cabal do termo, uma religião civil de Estado (em consequência da tolerância e da participação autónoma da sociedade nas suas práticas), o certo é que, pelo menos, funciona uma religião civil informalmente estabelecida, mas muito impulsionada pelo poder político. De facto, ela tem no Presidente da República uma espécie de "pontífice máximo" e, no Capitólio – essa réplica do Vaticano –, a sua sede espiritual.

Poder-se-á concluir que se está perante um arremedo de religião de Estado, agora travestida em religião civil de Estado? Se é indiscutível que a "american civil religion" se inscreve no fundo religioso-cultural que marcou a génese da nova Nação, e que a sociedade civil teve (e tem) uma participação muito activa no seu cultualismo, não se poderá daí concluir, sem mais, que ela "is not a state religion, but rather an *expression that religionizes national values, national heroes, national history, and national ideals*"[203]. É que, fazê-lo, será negar o papel do Estado na "construção" dos mitos, símbolos e ritos da religião civil, e recalcar a influência dos condicionantes político-ideológicos nas suas géneses e enfatizações. Em suma: se, nos EUA, nunca existiu "an established church", é um facto que vigora "an american civil religion established". Pode mesmo sustentar-se que a sua "oficialização" se estriba no teor da própria Declaração de Independência. De facto, aí se escreve: "we hold these truths to be self-evident, that all men are created equal, that they are endowed by their Creator with certain unalienable rights [...] And for the support of this

---

203 "When Americans turn to god, which god is it?", http://www.indwes.edu/tuesday/1civil.htm, 13-04-2005.

declaration, with a firm reliance on the protection of Divine Providence, we mutually pledge to each other our lives, our fortunes and our sacred honor". Em certo sentido, esta profissão de fé marca o formal "establishment" da religião civil americana, cujo evangelho é aquele documento. De onde decorre – como escreve Bruce Murray – este aparente paradoxo: "in a nation that would prohibit government sanctioned religion, it simultaneously created a new public religion, under the 'Creator' of 'Divine Providence' "[204].

O paradigma bíblico

Quais são os seus elementos constituintes? De acordo com o historiador cristão Wilfred McClay, a religião civil americana é "that strain of America piety that bestows many elements of religious sentiments and faith upon the political and social institutions of the United States". Mais bem dito: ela é "the misidentification of the nation of the United States with the covenant people of God". Para se estruturar esta pressuposição, o núcleo forte da herança fundacional do cristianismo foi amalgamado com "many faiths into a common natio-

---

[204] Bruce Murray, "With 'God on our side'?", http://www.facsnet.org/issues/fait/civil_religion2.htm, 09-10-2005.

nal identity". Isto é "as old as America itself"[205] e foi à sua luz que os EUA se autoproclamaram *One Nation under God*.

O Deus aqui invocado não se confunde, porém, com o Deus das Igrejas. Com efeito, estas, na maior parte dos casos, não tiveram pretensões exclusivistas, nem aspiraram a ser religiões de Estado. Deste modo, a colocação de um princípio transcendente como trave-mestra da moral pública e da sociabilidade pôde dissociar-se das religiões eclesiais, sem quaisquer propósitos de índole sucedânea ou concorrencial[206], ao contrário do que aconteceu com a Revolução Francesa. Mas que Deus é este? Poder-se-á dizer, como alguns o fazem, que Ele é, tão-só, uma ideia-tipo, com um valor meramente retórico? Ou será o Deus do deísmo, tal como, nos séculos XVII e XVIII, foi pensado pelos vários defensores do ideal de tolerância civil?

Por certo, aceita-se que Ele não só é o Deus de todas as religiões, como lhes acrescenta mais qualquer coisa; Ele é, em suma, um "god-behind-all-gods – a *national unifying God*"[207]. Mas desta coexistência resultou, igual-

---

205 William Inboden, "'One cheer' for civil religion?", http://www.modernreformation.org/wi04onecheer.htm, 17-09-2005.

206 Cf. Jean Baubérot, "Brève histoire de la laïcité", in J. Baubérot, (dir.), *La Laïcité à l'épreuve. Religions et libertés dans le monde*, pp. 144-145.

207 "When Americans turn to god, which god is it?", http://www.indwes.edu/tuesday/1civil.htm, 13-04-2005. Os itálicos são nossos.

mente, este tácito consenso: os aderentes das várias Igrejas reconhecem-se como comparticipantes de uma comunidade moral, que Ele funda e protege, e, portanto, de uma transversal e suplementar orientação religiosa, de cariz civil[208]. E é aqui que reside a dificuldade de O definir, tanto mais que a religião civil se manifesta, não numa teologia, mas, sobretudo, nos seus ritos e símbolos. Compreende-se. Ela é o cimento da Nação, que usa "the *means and words* of religion to unify the state"[209]. Assim sendo, é lícito concluir que, nos EUA, a religião civil assenta num postulado monoteísta, em que a transcendência e o profano se aliam, e quase se fundem, para instituírem, simultaneamente, uma religião bíblica e nacional[210].

Concretamente, ela objectiva-se em discursos, inscrições em monumentos, em produções filatélicas e numismáticas, em frequentes citações religiosas (retiradas do seu contexto e utilizadas nas mais diversas sessões públicas), na veneração de heróis cívicos e no uso paradigmático de suas vidas, no culto sacrificial da Pátria (consubstanciado na veneração dos veteranos das guerras), na utilização de edifícios e lugares públicos como espaços de oração, na gestão qualitativa do

---

208 Cf. Talcon Parsons, *Action Theory and the human condition*, New York, The Free Press, 1978, p. 246 ss.

209 "When Americans turn to god, which god is it?", *cit.*

210 Cf. "Conversation avec Régis Debray", http://www.sens-public.org/article_paru1.phap3?id_article=54, 08-10-2005.

calendário, etc. Por outras palavras: ela traduz-se em símbolos (como os hinos e as bandeiras), em ritos (como as sessões solenes, os discursos inaugurais, as paradas), em múltiplas expressões iconográficas, em fortes investimentos comemorativos, bem como num intenso culto cívico dos mortos na guerra e na frequente sacralização da linguagem político-ideológica, em particular quando se qualifica o sentido do destino histórico da América.

O paradigma bíblico, com a sua promessa no advento da Jerusalém Celeste, tem sido a fonte por excelência do discurso político americano. Este tende a imitar o modelo da jeremíada, isto é, "o sermão puritano que consistia em denunciar implacavelmente os desvios do tempo para mais persuasivamente anunciar a certeza do cumprimento do destino e da missão eternos". Mas, se era o Reino de Deus a referência principal da jeremíada europeia, a americana, explica Bercovitch, "não perde nunca de vista os objectivos políticos deste mundo"[211].

Na religião civil encontra-se ainda um apelo transubstanciador comum a este tipo de representação:

---

211 Maria Irene Ramalho de Sousa Santos, "The city upon a hill': destino e missão na literatura americana", in AA.VV., *O Imaginário da cidade*, Lisboa, Fundação Calouste Gulbenkian, 1989, p. 386. A autora refere-se, sobretudo, aos estudos de Sacvan Bercovitch, *The American jeremiad*, Madison, University of Wisconsin Press, 1978, e *The Puritan origins of american self*, New Haven, Yale University Press, 1975.

transformar a "população" num "povo", e, neste caso, não só numa Nação, mas nos "Estado Unidos da América". Como bem escreveu Elise Marienstras[212], ela põe em prática o papel primitivo dos mitos: da Revolução ao nascimento e consolidação do Estado-Nação, estes foram sendo conjugados, de uma maneira mais sintética do que sincrética, em ordem a que a configuração simbólico-ritual, a que deram corpo, pudesse agir sobre as consciências, pondo em cena uma narrativa sacralizadora das origens e do destino nacional.

É verdade que estas características se encontram, em maior ou menor grau, nos principais ritos cívicos promovidos por todos os Estados-Nação modernos. Porém, nos EUA, elas não serão compreendidas se não se relevar as suas especificidades. Aqui, a religião civil prolonga uma velha tradição bíblica, que se plasma na sua estruturação, seja para reivindicar mitos de origem, seja para qualificar o *manifest destiny* do povo americano como "povo eleito", criador de um "novo mundo", um "novo tempo" e um "homem novo"[213]. Por isso, é

---

212 Elise Marienstras "Mythes modernes, entre révolutions et nations: l'exemple des États-Unis", http://www2.univ-reunion.fr/~ageof/text/74c21e88-614.html, 11-09-2005.

213 Em 1782, Hector St. John de Crèvecoeur, cidadão de Nova Inglaterra, concluía que a fusão de indivíduos, vindos de todas as nações, estaria a formar uma nova raça de homens, os quais, pela acção e pela sua progenitura, iriam produzir, um dia, grandes mudanças no mundo, porque o americano seria "um homem novo,

lógico que boa parte da sua retórica seja bebida no Livro (em particular no Antigo Testamento) e tenha na sermonária o seu género de oratória com mais sucesso.

Em termos históricos, a génese desta tradição é situada no famoso sermão (*A Model of christian charity*) que, em 1630, o puritano John Winthrop proferiu ainda a bordo do *Arbella* a caminho do Massachusetts, e onde usa um passo de Mateus (5:15) para comparar a construção de um novo mundo com a da "cidade da colina" (para alguns, uma referência à Jerusalém Celeste), o espaço localizado entre a terra e o céu: "for we must consider that we shall be as a *City upon a Hill.* The eyes of all people are upon us"[214]. Os discípulos de Winthrop seguiram-no como um novo Moisés a conduzi-los para a Terra Prometida. E, num eco evidente do *Sermão da Montanha* (Mateus, 5: 1), a passagem do Atlântico aparecia-lhes, metaforicamente, como a repetição da travessia do Mar Vermelho e do Jordão, numa expectativa que representava o Massachusetts como um novo Israel e um novo Sião[215].

---

que age segundo novos princípios", numa terra prometida a todos os povos que buscam a liberdade, a dignidade e a felicidade. Cf. Emilio Gentile, *ob. cit.*, pp. 67-68.

214 John Winthrop, "A model of christian charity", http://www.libertynet.org/winthrop.html, 12-03-2006. Os itálicos são nossos.

215 Cf. Maria Irene Ramalho de Sousa Santos, *art. cit.*, pp. 382-387.

Este tipo de símile transformar-se-á na qualificação mítica da América. Daniel Marsh, da Universidade de Boston, no seu livro *Unto the generations. The roots of true americanism* (1968), explanou o seu núcleo forte. Sob o signo da analogia, pode dizer-se que a religião civil também tem o seu *Genesis* (o "Mayflower Compact"), o seu *Exodus* (a Declaração da Independência), os seus Dez Mandamentos (a Constituição, o *Bill of Rights*), o seu período profético e fundacional, o seu *laós* eleito, etc.[216].

Indo ao fundo das coisas, pode mesmo sustentar-se que ela põe em acção uma mundividência, pois contém uma arquetípica mitificação das origens[217] (caracterização da América como um novo mundo, a "city upon a hill"), representa o início de uma nova ordem do tempo (o culto dos *Founding Fathers*), encerra uma *história da salvação* – que conta como Deus protege os americanos dos seus inimigos –, e fomenta ritos (discursos, inaugurações, funerais nacionais, etc.) que elegem e promovem os seus *santos* (Washington, Jefferson, Lincoln e outros), iconograficamente popularizados como heróis e mártires (em Washington D. C., as suas ima-

---

[216] Cf. William Inboden, "'One cheer' for civil religion?" http://www.modernreformation.org/wi04onecheer.htm, 12-04-2005.

[217] Segundo Harold Bloom, esta obsessão com as origens é mesmo uma das características mais fortes da imaginação literária americana. Cf. Maria Irene Ramalho de Sousa Santos, *art. cit.*, p. 394.

gens estarão mais profusamente espalhadas do que as dos santos católicos em Roma). Além disso: não dispensa um *corpus* sagrado de textos, cuja hermenêutica vai sendo renovada; enfatiza a dimensão sacrificial do serviço à Pátria (o seu modelo é o martírio de Lincoln, não raro comparado ao de Cristo) e, sobretudo, o culto cívico dos mortos, no qual o cemitério de Arlington é o "lugar de memória" mais importante; também sacraliza *objectos*, sendo o mais cultuado a bandeira nacional, a qual, por sua vez – e como sintoma da nacionalização do sagrado – se encontra exposta nos altares das igrejas; invoca um credo maior – a liberdade –, que deve ser defendido sob o exemplo cristológico, pois, como diz a canção, "As He died to make men holy, let us die to make men free"[218]. E para que tudo isto ganhe sentido e seja mobilizador, a dimensão escatológica da religião civil transporta consigo uma esperança simultaneamente transcendente, secular e histórica – um *manifest destiny*.

Este horizonte ajuda a inteligir melhor o sucesso da imagem da edificação da América como a "city upon a hill". Permanentemente descontextualizada[219], amiúde,

---

218 "When Americans turn to god, which god is it?", cit. No mesmo sentido, leia-se Elise Marienstras, *Les Mythes fondateurs de la nation américaine*, Paris, Complex, 1992.

219 Com efeito, como se escreveu recentemente, "Winthrop's sermon is on the subjet of charity and mutual self-transcendence. There is here no reference yet either to the celestial New Jerusalem

ela tem sido utilizada na retórica da religião civil. E, mesmo nos nossos dias, Clinton e, sobretudo, Ronald Reagan[220] gostavam de a citar, não obstante a frase de Winthrop não se referir explicitamente à Jerusalém Celeste e, muito menos, à construção de qualquer Estado-Nação[221]. Neste paradigma bíblico, também se percebe por é que a ideia de "povo eleito", forte no Velho Testamento, surge encarnada no novo povo americano, crente de que é portador de uma *vocação* (no sentido weberiano do termo) que lhe dita o cumprimento de

---

or to a terrestrial facsimile in America; the call is rather to an imminent 'duty of love' by which 'we must love brotherly withouth dissimulation, we must love one another with a pure heart fervently, we must bear one another's burdens, we must not look only on our own things but also on the things of our brethren' [...] These words did not find their way into the presidential candidate's address" (David Lyle Jeffrey, "Civic religion and the First Amendment", Marjorie Garber e Rebecca L. Walkowitz, *One Nation under God? Religion and american culture*, New York-London, Routledge, 1999, p. 31, nota 5).

220 Por exemplo, Ronald Reagan, no seu Farewell Adress to the Nation, de 11 de Janeiro de 1989, afirmou: "The past few days when I've been at that window upstairs, I've thought a bit of the 'shining city upon a hill' [...] I've spoken of the shining city all my political life, but I don't know if I ever quite communicated what I saw when I said it. But in my mind it was a tall proud city built on rocks stronger than oceans, wind-swept, God-blessed, and teeming with people of all kinds living in harmony and peace", http://www.ronaldreagan.com/sp_21.html, 09-10-2005.

221 Cf. William Inboden, "'One cheer', for civil religion?", www.modernreformation.org/wi04onecheer.htm, 12-04-2005.

um *manifest destiny*. E é ainda neste mesmo contexto que aparece como lógica a consagração de divisas nacionais como *One Nation under God*, ou *In God we trust*, suportes de uma fé a que já alguém chamou "messianismo secular"[222]. Mas este carácter electivo e gracioso do Fundamento obriga a que se pergunte se, afinal, o Deus da *indiferença* deísta (o Deus-relojoeiro), não se consubstanciou num Deus providencial e teísta, activamente envolvido nos negócios do mundo e, em particular, nos que dizem respeito aos interesses da América.

Esta maneira de pensar reflecte-se na perspectiva americana sobre a raiz dos próprios direitos do homem. De acordo com algumas interpretações, estes não provêm, exclusivamente, da natureza humana, mas terão sido colocados por Deus nas mãos de um novo "povo eleito": o povo americano. E foi esse mesmo imperativo sacral que o terá levado, qual mão invisível, à Independência, de acordo com a tradição puritana, segundo a qual existe uma coincidência entre os interesses específicos dos Estados Unidos e os interesses do Bem[223]. Assim sendo, quando o Presidente G. W. Bush afirma

---

222 Cf. R. Ladous, "Le christianisme en Amérique du Nord anglophone", J.-M. Mayer *et al.*, *Histoire du christianisme*, tomo XII, Paris, Desclée-Fayard, 1990, pp. 833-932.

223 Cf. Pierre Hassener, "L'empire de la force ou la force de l'empire?", *Cahier de Chaillot*, n.° 54, 2002, e Alain Franchon e Daniel Vernet, *L'Amérique messianique. Les guerres des neo-conservateurs*, Paris, Seuil, 2004, p. 33.

(declaração proferida em 26 de Junho de 2002), sem hesitações, que os direitos dos Estados Unidos vêm tanto de Deus, como da Declaração de Independência, limita-se a reactualizar, à luz dos valores mais conservadores, o pressuposto da representação que a religião civil faz da própria Nação. E foi esta mesma transversalidade que já tinha levado o único Presidente católico, John F. Kennedy, a afirmar (discurso de 20 de Janeiro de 1961): "The same revolutionary beliefs for which our forebears fought are still at issue around the globe – the belief that the rights of man come not from the generosity of State but from the hands of God"[224].

É apanágio do religioso e do sagrado colocar as suas epifanias para lá do tempo e do espaço profanos, insinuando-se que pertencem à ordem do eterno. Por imitação, o mesmo é sugerido nas autolegitimações das religiões civis. Mas basta analisá-las numa perspectiva histórica e sociológica, para que as marcas da decisão humana na "fabricação" e "invenção" dos seus conteúdos sejam detectadas. E não se errará muito se se afirmar que, no caso da americana, existem três conjunturas fundamentais nesse trabalho: a primeira, que coincide com o período das Colónias e com a Independência, lançou as sementes desta ideia fortemente arreigada – teria nascido uma nova Nação, movida pela

---

[224] http://www.facsnet.org/issues/faith/civil_religion1.htm, 3-06-2005.

Providência, e cujo destino será o de iluminar os demais povos da Terra; a segunda, ligada à expansão para o Oeste e à guerra contra o México (1846-1848), tem o seu momento alto na Guerra Civil e nas suas imediatas consequências; a terceira, é inseparável da luta político-ideológica que alimentou o clima de guerra contra o nazismo e, depois, a Guerra Fria, cuja vitória era apresentada como a grande prova do cumprimento dos desígnios divinos.

Com efeito, durante as duas Grandes Guerras, foi essencialmente a função sacerdotal do Presidente que reactualizou a tradição da religião civil americana, graças, principalmente, ao esforço de Franklin D. Roosevelt (1932-1945). Usou-a para mobilizar as reservas emotivas e míticas das populações à volta do *New Deal* e da luta contra o nazi-fascismo, invocando, não raro, o exemplo paradigmático de Lincoln. Contudo, foi durante a Guerra Fria que ela se reforçou na luta ideológica contra o comunismo[225]. Não por acaso, foi esse o tempo em que ganhou peso a doutrinação empenhada em demonstrar que existe um "american exceptionalism", ou melhor, foi essa a altura em que, entre outros, "the sermons of Norman Vincent Peale, Billy Graham, and Fulton Sheen, delivered from television studios as well as traditional pulpits, proclaimed the doctrine of

225 Cf. Emilio Gentile, *ob. cit.*, p. 245.

American exceptionalism, imbued with the conviction that God had selected America as the beneficiary of His special blessings"[226].

Mitos de fundação

América! Terra abençoada e fértil, a quem os pobres e foragidos deviam agradecer a hospedagem. Devido à força mitológica desta dívida, nasceu o *Dia de Acção de Graças*, rito de fundação e de fertilidade que virá a transformar-se no grande epicentro da religião civil americana[227]. Na sua génese está o regozijo pela dádiva de uma boa colheita depois de um Inverno agreste, manifestado por alguns dos *Pilgrims*, festa a que associaram representantes dos índios Wampanoag. Tudo terá ocorrido em 1621. Os rituais pelas boas colheitas eram comuns a todos os povos agrícolas, sendo de presumir que os colonos os tivessem trazido para o novo mundo com a sua memória inglesa. Por outro lado, eles também não seriam estranhos aos costumes dos próprios nativos. Mas a decisiva influência foi o entendimento da vida à luz do paradigma bíblico.

---

226 Susan Jacoby, *ob. cit.*, pp. 302-303; Sébastien Faith, *Dieu bénisse l'Amérique. La religion de la Maison-Blanche*, Paris, Seuil, 2004, pp. 65-67, 89-92, 103-105, 132-134, 149-151.

227 Cf. *idem, ibidem*, p. 297.

A primeira acção de graças, historicamente documentada, terá acontecido em 1578, onde hoje fica New Foundland, e deve-se a um inglês, Martin Frobisher, que a promoveu para agradecer o sucesso da sua travessia do Oceano. O atestado de nascimento mais popular situa-a, porém, em Plymouth, e data-a de 1621, quando o governador William Bradford proclamou "a day of thanksgiving". A sua fonte – somente descoberta na década de 1820 – é o relato feito por Edward Winslow, um dos líderes da Colónia, que descreveu a celebração e a abertura hospitaleira aos indígenas nestes termos: "Many of the Indians coming amongst us, and among the rest, their greatest King Massasoil, with some ninety men, whom for three days we entertained and feasted". Mas terá sido somente em 1841 que o escritor Alexandre Young ligou a celebração em honra das boas colheitas às jornadas de acção de graças[228]. E, de acordo com a cultura puritana – que terá marcado a cerimónia a partir de 1623 –, a festa devia ser, nos seus primórdios, muito mais frugal do que faz crer a sua actual simbolização de fartura.

Dir-se-á que ela também soa a rito de fertilidade, com ressonâncias pagãs. Para evitar tais interpretações, frequentemente se reivindica as raízes bíblicas do agradecimento a Deus, citando-se: de João (10:22), o episó-

---

228 http://www.thanksgiving-traditions.com/html/history.html, 21-07-2005.

dio da presença de Jesus numa festa judia – a da purificação do Templo; ou estas palavras do rei David, insertas nos *Salmos* (95:2; 100: 4): "Let us come before His presence with thanksgiving, and make a joyful noise unto Him with psalms", e "Enter into His gates with thanksgiving, and into His courts with praise: be thankfull unto Him, and bless His name"; ou estas outras, de Paulo: "Be careful for nothing; but in every thing by prayer and supplication with thanksgiving let your requests be made known unto God" (*Fil.* 4: 6), e "Giving thanks always for all things unto God and the Father in the name of our Lord Jesus Christ" (*Éf.* 5: 20)[229].

A inserção do *Thanksgiving* na religião civil americana dar-se-á sob mediação política, seguindo um caminho que, como ficou sugerido, só mais tarde será articulado com o rito das colheitas e com o exemplo de Plymouth. Conhece-se que, no século XVIII, jornadas de acção de graças tiveram lugar em várias regiões. Entre 1777 e 1783, a mando do Congresso, o *Thanksgiving* era cultuado em Dezembro. Contudo, depois de nove anos de interregno, foi George Washington quem decidiu incentivar o povo americano a observar "a day of public thanksgiving and prayer". Em 3 de Outubro de 1789, o Presidente assinou um decreto, intitulado "General Thanksgiving", que fazia da Quinta-Feira, 26 de No-

229 http://www.thercg.org/articles/syctd.html, 11-07-2005.

vembro, o dia "to be observed by acknowledging with grateful hearts the many and signal favors of Almighty God"[230]. Quanto ao seu significado explícito, os objectivos da cerimónia eram dominantemente políticos, pois agradecia-se a Deus o facto de ter possibilitado que o povo americano fosse uma Nação livre.

A renovação da jornada dependia de determinações presidenciais. E, no decurso da primeira metade do século XIX, vários Estados observaram o "Thanksgiving holiday". Faltava-lhe, porém, estatuto nacional, e a escritora Sarah J. Hale lançou-se numa campanha para esse efeito. Só passados trinta anos conseguiu convencer um Presidente, sintomaticamente na conjuntura da Guerra Civil. A 3 de Outubro de 1863, Lincoln lançou ao povo americano a célebre *Thanksgiving Proclamation*, convocando-o a respeitar a observância de, na última Quinta-Feira de Novembro, "a day of Thanksgiving and Praise to our beneficent Father who dwelleth in the Heavens". E, com os olhos postos nos efeitos da guerra e na necessidade de soldar a unidade nacional quebrada, recomendava: "to them that while offering up the ascriptions justly due to Him for such singular deliverances and blessings, they do also, with humble penitence for our national perverseness and desobedience, commend to His tender care all those

---

230 Para uma leitura integral, veja-se http://www.pilgrimhall.org/ThanxProc1789.htm, 28-02-2006.

who have become widows, orphans, mourners, or sufferers in the lamentable civil strife in which we are unavoidably engaged, and fervently implore the interposition of the Almighty Hand to heal the wounds of the nation and to restore it, as soon as may be consistent with the Divine purpose, to the full enjoyment of peace, harmony, tranquillity, and Union"[231]. Ora, apesar do propósito de se pôr Deus ao serviço da reunificação, a jornada não ganhou um imediato carácter nacional, pois, no Sul, algumas regiões não a cumpriam.

Em 1939, 1940 e 1941, Franklin D. Roosevelt, por razões económicas, transferiu-a para a terceira Quinta-Feira de Novembro. Mas, perante os protestos, veio a recolocá-la na data anterior, sinal de que o dia já estava fortemente enraizado nos costumes americanos.

Para o objectivo deste estudo, não interessa saber se o seu modelo actual corresponde ao arquétipo, ou se o seu real sentido é compreendido pelos seus milhões de participantes. No entanto, o *Thanksgiving Day* continua a manter características de índole fundacional, por mais que a sua apropriação consumista as recalque. Se, ao contrário do Natal, as pessoas não oferecem prendas, a festa não deixa de ter uma função sociabilitária, centrada na família. É que o seu momento mais solene é a refeição, composta por alguns alimentos que são

---

[231] A proclamação de Lincoln pode ser lida em http://members.aol.com/calebj/proclamation.html, 11-07-2005.

claros símbolos de boa colheita. E a reunião é iniciada por uma reza de acção de graças.

A família junta-se à volta da mesa, posta com as melhores loiças e decorada com velas, para uma refeição onde o peru ocupa uma posição de destaque (a popularização da ave deve-se à sua abundância e a sua dignidade parece ter sido impulsionada por Benjamin Franklin, que terá pensado elevá-la a símbolo nacional, devido às suas qualidades de rapidez na corrida, previdência e firmeza, tidas por virtudes americanas). O peru – preparado com um molho denso (*gravy*) – é acompanhado por um outro molho avermelhado, feito com arando, bem como por um prato de *yams* (uma espécie de batata doce de cor alaranjada), puré de batata e bolo salgado de milho. Como sobremesa, serve-se torta de abóbora (*pumpkin pie*), ou de nozes (*pecan pie*). Trata-se, em suma, de uma ementa com comida forte e farta, numa representação mítica da fertilidade da terra, desde que mediada pela acção do trabalho, esse valor que o calvinismo puritano tanto santificou, e que tão profundamente marcou a mentalidade americana.

Nesta encenação das origens, releva-se a sacralização da natureza (mas sem se esquecer a história). Outros mitos irão privilegiar a génese de uma nova ordem do tempo, seja através da institucionalização do *Colombus Day* (evocação do momento primordial da descoberta), seja com a mitificação arquetípica dos *Founders Fathers* – bem plasmada em Mount Rushmore –, seja com a glorificação de mártires refundadores (como Lincoln), de heróis das lutas cívicas em prol do cumprimento do sonho americano (Martin Luther King), ou da solenização do nascimento de Presidentes exemplares (George Washington, Lincoln).

Como acontece nas demais religiões civis, também na americana a instituição dos feriados nacionais é um bom barómetro acerca dos valores ou do perfil dos grandes homens que as políticas da memória elegeram para cume do seu Olimpo cívico. Deixando de lado outro tipo de comemorações anuais, os feriados americanos são os seguintes: o *Ano Novo* (1.° de Janeiro); *Dia de Martin Luther King* (terceira Segunda-Feira de Janeiro); *Dia do Presidente* (terceira Segunda-Feira de Fevereiro); *Dia da Memória* (última Segunda-Feira de Maio); *Dia da Independência* (4 de Julho); *Dia do Trabalho* (primeira Segunda-Feira de Setembro); *Dia de Colombo* (segunda Segunda-Feira de Outubro); *Dia dos Veteranos* (11 de Novembro); *Dia de Acção de Graças* (quarta Quinta-Feira de Novembro); *Natal* (25 de Dezembro).

Retirando os que não podem ser deslocados, por razões economicistas, para qualquer Segunda-Feira seguinte à data canónica (ex: o Natal), não deixa de ser indício de importância cívica o facto de, não obstante as tentativas feitas naquele sentido, alguns continuarem a respeitar a data tradicional, como acontece com o *Thanksgiving Day*, o *Veteran's Day* (até certo ponto) e o *Independence Day*. Sobre o primeiro, o que se escreveu ajuda a entender as causas desta fidelidade. Mais à frente, estudar-se-á o *Dia dos Veteranos*. Por agora, fixar-nos-emos na análise do significado de um dos feriados mais importantes do calendário cívico americano: o *Fourth of July*.

Antes da sua formalização, os cidadãos de Williamsburg (Virgínia) já tinham celebrado uma vitória local contra os ingleses com paradas militares e fogo de canhões. E um dia depois da assinatura da Declaração da Independência (4 de Julho de 1776), os habitantes de Filadélfia festejaram o nascimento da nova Nação com paradas, músicas, fogo de artifício e o troar dos canhões. Por sua vez, em 1777, o jornal *Virginia Gazette* (18 de Julho) propunha: "Thus may the 4th of July, that glorious and ever memorable day, be celebrated through America, by the sons of freedom, from age to age till time shall be no more. Amen and Amen"[232]. Mas a primeira medida legislativa para oficializar a comemoração surgiu no Massachusetts, em 1781, embora tenha sido somente após a Guerra Civil, ou melhor, a 4 de Julho de 1870, que o Congresso dos EUA instituiu a data como feriado nacional (não pago) para os empregados públicos.

É sina de todas as revoluções transformarem-se em comemoração[233]. Por vias diferentes, foi assim com o

---

232 http://www.american/edu/heintz/fourth.htm, 10-07-2005.

233 Sobre o comemoracionismo na América, veja-se John Gil-

14 de Julho, em França, e com o *4 de Julho*, nos EUA. Consequentemente, não é por acaso que as suas liturgias procuram simular a ordem que domesticou o novo que aquelas inauguraram, mediante espectáculos adequados à sua representação (o desfile, a parada). Ao mesmo tempo, insinua-se a luta que lhes deu origem, mas transformando-a em competição lúdica, ou em espectáculos de luz e som.

No essencial, o *4 de Julho* americano, com as suas especificidades, também não foge ao modelo, pois a celebração foi sendo montada de acordo com este figurino: organizam-se desfiles, promovem-se sessões públicas de cunho patriótico, e realizam-se, sobretudo à tarde, provas desportivas (baseball) e, à noite, feéricas explosões de fogo de artifício; a festa também congrega a família, sendo habituais os passeios ao campo com piquenique.

Cantando a génese, consolidação e expansão de um povo a querer cimentar-se como Nação, a religião civil sustenta-se numa cosmogonia, de fundo bíblico e providencialista, e aponta para a necessidade do cumprimento de um desígnio outorgado pelo Ser Supremo. Daí que, em nome do criacionismo (hoje designado "intelligent design"), ela fomente alguma resistência às

---

lis (ed.), *Commemorations. The politics of national identity*, Princeton, Princeton University Press, 1994.

teses evolucionistas e transformistas[234], e que, simultaneamente, narre tanto o parto de um "mundo novo", como a irrupção de uma "nova era", pelo que o *4 de Julho* também deve ser lido como o sinal da emergência de uma *Novus Ordo Seclorum*.

Como se sabe, esta expressão foi inscrita no primeiro "Grande Selo" (1782) com que o governo do novo Estado autenticava os seus documentos importantes, onde aparece em diálogo com outras figuras (a águia, a pirâmide, o olho luminoso dentro do triângulo) e com outras divisas: *E Pluribus Unum* e *Annuit Coeptis*. Não iremos entrar na interminável discussão acerca da influência maçónica em tudo isto, suscitada, quer pelo facto de alguns revolucionários serem pedreiros-livres, quer pela evidente analogia existente entre estes símbolos e alguns outros da Ordem (sobretudo a dos "Iluminados"). Para o intento de agora, importa assinalar, ainda que resumidamente, o teor das suas interpretações oficiais, tanto mais que são estas que acabam por enformar a consciência nacional.

Logo após a assinatura da Declaração da Independência, o Congresso Continental encarregou Benjamin Franklin (um maçon), John Adams e Thomas Jefferson de apresentarem o desenho do *Great Seal* do novo

---

234 Para uma síntese da longa querela (incluindo a dos tribunais) sobre este embate, leia-se Susan Jacoby, *ob. cit.*, pp. 124-148.

Estado. Significativamente, a proposta de Franklin e Jefferson representava Moisés a atravessar o Mar Vermelho e, para justificar o direito à revolta contra a injustiça, continha esta divisa: "Rebelion to Tyrants is Obedience to God"[235]. A iniciativa ficou estagnada e só cerca de seis anos depois (1782) os desenhos foram submetidos à apreciação de Charles Thomson, secretário do Congresso. Este preparou uma nova versão, a qual, com pequenas alterações, foi oficialmente aprovada em 20 de Junho de 1782[236].

No verso, surge uma águia, tendo no ventre um escudo com treze tiras, pintadas alternadamente de vermelho e branco, e que correspondem às treze Colónias que constituíram o novo Estado; ele é completado, na parte superior, por uma barra azul, que representa o Presidente e o Congresso. O escudo está colocado sem qualquer suporte, para significar que os EUA confiam na sua própria virtude. A divisa nacional *E Pluribus Unum* está escrita numa tira, suspensa do bico da águia, e cujo significado remete para a ideia de uma união nascida da vontade de vários. Nas unhas da pata direita, a águia agarra um ramo de oliveira com treze folhas (tantas quantas as Colónias fundadoras) e, nas da esquerda, treze setas, símbolos, respectivamente, da

---

[235] http://www.greatseal.com/committees/firstcomm/index.html, 20-06-2005.

[236] http://www.greatseal.com/symbols/index.html, 1-07-2005.

paz e da guerra, embora a colocação do ramo de oliveira do lado direito manifeste a preferência pela paz. Tudo isto aparece encimado por uma nuvem, que circunda uma constelação de treze estrelas brancas, inseridas num fundo azul, representando a nova Nação a tomar o seu lugar no concerto das outras Nações. E, como mandam as regras da heráldica, a águia tem os olhos voltados para o lado direito.

Por sua vez, as cores dominantes (que, tal como as tiras pintadas e as estrelas, também são as da bandeira nacional) terão a seguinte semântica: o branco, a da pureza e da inocência; o vermelho, a da firmeza e do valor; o azul, cor da liderança, a da perseverança, justiça e vigilância.

O reverso contém uma pirâmide de treze estratos (tantos quantos as Colónias primordiais) e conota ideias como a força e a duração, tendo escrita, na sua base, como que a sustentá-la, a data fundacional, sintomaticamente em alfabeto romano: MDCCLXXVI. A pirâmide está encimada por um olho – o Deus do deísmo?; o Grande Arquitecto do Universo? – que contempla quem o fita, irradiando luz dentro de um triângulo. E uma tira sobrevoa o conjunto, tendo escrita a divisa *Annuit Coeptis*, numa reafirmação da crença segundo a qual a panóptica e permanente vigilância do Deus-Providência protege a causa americana. Por baixo, em semicírculo, uma outra tira, com as pontas voltadas para cima, mostra este mote: *Novus Ordo Seclorum*. As frases foram presumivelmente inspiradas em Virgílio, como a querer dizer que, sob o amparo iluminador e benevolente do Ser Supremo, o berço da Nação americana também significava a chegada de um "tempo novo".

Diga-se que esta simbólica virá a receber uma popularização ainda maior quando, em 1935, foi impressa nas notas de 1 dólar. A decisão foi tomada pelo ministro-governador Henry Agard Wallace, que mais tarde será Vice-Presidente dos EUA sob F. Roosevelt. Wallace era um maçon e fazia uma leitura esotérica do significado do *Great Seal*, isto é, não tinha dúvidas sobre o papel que o Grande Arquitecto do Universo havia atribuído ao povo americano. Mais especificamente, escreveu: "It will take a more definite recognition of the Grand Architect of the Universe before the apex stone [da pirâmide] is finally fitted into place and this nation in the full strength of its power is in position to assume leadership among the nations in inaugurating 'the New Order of the Ages'"[237]. E um seu biógrafo confirma esta convicção: Deus tinha escolhido a América para liderar o mundo, e Wallace apresentava-se a si mesmo como o Messias dessa certeza[238]. Neste horizonte, tam-

---

237 Henry A. Wallace, *Statesmanship and religion*, New York, Round Table Press, 1934, pp. 78-79, e http://www.wealth4freedom.com/dollarbill.html, 18-06-2005.

238 Cf. Dwight MacDonald, *Henry Wallace. The man and the myth*, New York, Vanguard Press, 1948, p. 116 (in *ibidem*).

bém não espanta que, na década de 1950, o renovamento espiritual que então ocorreu – provocado pela intensificação da luta contra o ateísmo e o comunismo – acabasse por dolarizar a divisa *In God we trust*, a outra face da suposição da América como *One Nation under God*.

"In God We Trust"

A raiz da expressão *In God we trust* filia-se em vários textos bíblicos, em particular nestes, extraídos dos *Salmos* (56:11 e 37:3-5): "In God have I put my trust: I will not be afraid what man can do unto me"; "Trust in the Lord, and do good; so shalt thou dwell in the land, and verily thou shalt be fed. Delight thyself also in the Lord; and he shall give thee the desires of thine heart. Commit thy way unto the Lord; trust also in him; and he shall bring it to pass"; ou nestes passos de Isaías (31: 1): "Woe to them that go down to Egypt for help; and stay on horses, and trust in chariots, because they are many; and in horsemen, because they are very strong; but they look not unto the Holy One of Israel, neither seek the Lord!"[239].

Se a matriz bíblica é clara, para o nosso propósito interessa compreender a sobredeterminação patriótica

---

[239] In http://www.christianlaw.org/in_God_we_trust.html, 25-04-2005.

que ela recebeu, mudança tardia, não obstante – e como se viu – a Declaração da Independência (1776) conter o apelo a um fundamento que não deixará de ter futuras consequências, ao consignar que todos os homens foram criados e dotados pelo seu Criador ("endowed by their Creator") de direitos inalienáveis. Todavia, passado pouco tempo, Deus não aparece no texto constitucional, bem como na sua Primeira Emenda (1791), que introduziu a separação entre as Igrejas e o Estado. E esta orientação explica que a primeira divisa nacional americana – *E Pluribus Unum* –, forjada nesta conjuntura, não tenha qualquer conotação de índole religiosa.

Como se viu, o Congresso encarregou John Adams, Benjamin Franklin e Thomas Jefferson de prepararem o "Great Seal of the United States". Na primeira proposta (16 de Agosto de 1776), constava aquela fórmula, embora ela não tenha ficado imediatamente institucionalizada; sê-lo-á alguns anos depois: em Julho de 1782, foi-lhe acrescentado o símbolo da águia, datando a sua cunhagem de 1795.

A semântica destes símbolos foi criada numa época em que a utilização, como arma política, de argumentos religioso-cívicos ainda era débil. Compreende-se. Foi quando se clarificaram as relações entre as Igrejas e o Estado, com a Primeira Emenda à Constituição, e a expressão *E Pluribus Unum* referenciava bem a federalização dos Estados que tinham reunido esforços para formarem uma Nação indivisível. Não se pense, porém, que a sua vigência foi fugaz. Ela durará quase um século. Em 1837, estava escrita em todas as moedas, vindo somente a ser secundarizada no período da Guerra Civil, isto é, quando a crise que esta provocou fez intensificar os investimentos simbólicos de índole explicitamente religiosa. Foi esse, de facto, o momento em que a fórmula *In God we trust* começou a sobrepor-se-lhe.

Este último mote, de origem bíblica, já tinha alguma circulação de âmbito secular, tanto mais que constava da célebre canção "The Star-Spangled Banner", escrita por Francis Scott Key, em 1814, no contexto dos bombardeamentos britânicos do Fort McHenry, e que se tornou num hino muito popular. Com efeito, aí se cantava:

> "Oh! thus be it ever, when freemen shall stand
> Between their loved homes and the war's desolation!
> Blest whith victory and peace, may the heaven-rescued land
> Praise the Power that hath made and preservered us a nation.
> Then conquer we must, when our cause it is just,
> And this be our motto: 'In God is our trust'."

No entanto, recorde-se, ela somente será elevada a hino nacional em 1931, isto é, depois da grande publicitação possibilitada pelo alargamento da educação escolar e da influência dos meios audio-visuais.

A história do relevo daquela última frase na religião cívica americana é conhecida. A 13 de Novembro de 1861, M. R. Watkison, um reverendo da Pennsylvania, escreveu ao secretário do Tesouro de Lincoln – Salmon P. Chase[240] – para propor "the recognition of the Almighty God in some form on our coins", em ordem a criar-se uma "beautiful coin, to which no possible citizen could object. This would relieve us from the ignominy of heathenism. This would place us openly under the Divine protection we have personally claimed. From my hearth I have felt our national shame in disowning God as not the least of our present national disasters".

Se as vicissitudes da guerra impossibilitaram uma imediata resposta, o alvitre acabará por ter seguimento, pois a ideia também vinha ao encontro do clima psicológico da época e da orientação de Chase, o mais ortodoxo membro do gabinete de Lincoln em termos religiosos. Com efeito, depois de várias sugestões, ele concordou com a proposta (9 de Dezembro de 1863), mas nestes termos: "I approve your mottoes, only suggesting that on that with the Washington observe the motto should begin with the word OUR, so as to read

---

[240] Acerca das relações de Chase com Lincoln, veja-se Susan Jacoby, *ob. cit.*, p. 106 ss.

OUR GOD AND OUR COUNTRY. And on that with the shield, it should be changed so as to read: IN GOD WE TRUST"[241]. Finalmente, a 22 de Abril, o Congresso deu-lhe luz verde e, em 1864, a frase começou a circular nas moedas de 2 cêntimos, medida alargada a outras, nos anos e décadas seguintes.

O período da Guerra Civil também foi aquele em que se consolidou o mote *One Nation under God*, pressão que se traduzirá numa ofensiva tendente a cristianizar a própria interpretação da ordem constitucional. Num jovem país, dilacerado por lutas fratricidas, o renovamento da sua auto-representação edénica, assim como as necessidades de exorcização dos dilaceramentos internos e de refundação do contrato social, reforçaram os apelos à protecção divina. Urgia, em suma, recristianizar as bases da Nação.

Não por acaso, Chase também não foi alheio à maior consagração da divisa *One Nation under God*, então ocorrida, já que, tanto quanto se sabe, foi sob sua influência que Lincoln citou Deus na parte final da *Emancipation Proclamation*, a qual, na sua primeira versão, estaria assim redigida: "and upon this act, sincerely believed to be an act of justice, warranted by the Constitution, upon military necessity, I invoke the considerate judgment of mankind". Ora, por recomendação de Chase,

---

[241] http://www.ustreas.gov/education/fact-sheets/currency/in-god-we-trust.html, 21-05-2005.

o Presidente terá acrescentado a frase "and the gracious favor of Almighty God".

O mesmo Chase também não terá sido estranho à presença da expressão "under God" no célebre *The Gettysburg Address* (19 de Novembro de 1863). Perante os túmulos de milhares de soldados mortos na Guerra Civil, Lincoln, numa das suas melhores peças de oratória, afirmou: "It is rather for us to be here dedicated to the great task remaining before us – that from these honored dead we take increased devotion to that cause for which they gave the last full measure of devotion – that we here highly resolve that these dead shall not have died in vain – that this nation under God shall have a new birth of freedom – and that government of the people, by the people, for the people shall not perish from the earth". As palavras "under God" não apareciam no primeiro e segundo manuscritos do discurso; o seu autor tê-las-á introduzido de improviso, e só depois as consignou nas novas cópias que fez da mencionada alocução[242].

Memorial Day

O papel exorcizador, refundador e unificador deste tipo de sacralização é evidente, o que dá mais clareza

---

242 Cf. Susan Jacoby, *ob. cit.*, pp. 106-107.

às motivações da institucionalização de um dia dedicado ao culto dos mortos na guerra. Tal como, na mesma época, acontecia na Europa (Guerra da Crimeia, Guerra Franco-Alemã), os Estados-Nação começavam a fomentar evocações de heroicidades colectivas, movimento que levará ao culto dos anónimos caídos no campo de batalha, maneira de consagrar e de fazer radicar – em paralelo com a realização de funerais apoteóticos de grandes heróis individualizados – o dever de se "morrer pela Pátria"[243].

No caso americano, o *Memorial Day* – inicialmente denominado *Decoration Day* – nasceu para homenagear todos os que perderam a vida ao serviço da Nação. E se existem divergências acerca do seu exacto começo, elas desvanecem-se, porém, quando se trata de indicar a conjuntura que o fez nascer e de definir a sua função. Durante a Guerra Civil, em numerosas localidades, intensificou-se o culto aos soldados mortos. Mas foi o general Logan, comandante-geral do exército da República, quem o proclamou em 5 de Maio de 1868. A sua primeira observância deu-se logo em 30 desse mês, quando, em Arlington, foram colocadas flores nos túmulos de combatentes de ambos os lados da contenda, num gesto simbólico de pacificação e de união nacional.

---

[243] Sobre esta dimensão sacrificial, leia-se Philippe Contamine, "Mourir pour la patrie", Pierre Nora *et al.*, *Les Lieux de mémoire II. La Nation,* Paris, Gallimard, 1986.

Não é este o local próprio para se fazer a história do percurso da comemoração, nem o das resistências que ela sofreu antes de se transformar numa jornada verdadeiramente nacional. Sublinhe-se que, ainda em 1890, se o dia era guardado em todos os Estados do Norte, o Sul continuava a honrar os seus mortos separadamente. Todavia, foi-se caminhando para uma comemoração síntona, a 30 de Maio de cada ano, até que, em 1971, Nixon a fixou na última Segunda-Feira de Maio.

A celebração passou a envolver a homenagem a todos os que "morreram pela Pátria" nas várias guerras em que os EUA têm participado. Pode mesmo afirmar-se que este culto constitui uma das facetas mais marcantes da religião civil americana, tanto na ordem do tempo como do espaço, já que certas necrópoles e memoriais ganharam o estatuto de *lugares* revestidos de respeitosa consagração religioso-cívica (Gettysburg, Cemitério Nacional de Arlington). E a importância que é dada a este tipo de investimento simbólico comprova-se pela inauguração, em Washington, e na presença de cerca de 200000 pessoas, de um memorial nacional da II Guerra, cuja construção foi determinada pelo Congresso (*Público*, 3-1-2004).

A mobilização dos sentimentos – finalidade de toda a religião civil – tem a sua mais acabada assunção nos deveres para com a Pátria, incluindo o de se morrer por ela, como Rousseau não deixou de salientar. Por isso, o culto dos heróis e dos grandes acontecimentos é imprescindível a este processo de interiorização de valores. E se o herói individual aparece como um encarnador das virtudes colectivas (Hegel, Comte), nas sociedades de massas começou-se a enaltecer, igualmente, a heroicidade colectiva, numa simbolização da nobreza do povo anónimo, o corpo substancial da Nação.

Assim, em todas as nações beligerantes, a figura do "soldado desconhecido" foi sacralizada, sobretudo a partir da I Guerra. O britânico entrou em Westminster, e o francês foi depositado no Arco do Triunfo em 1920. Os EUA também participarão intensamente neste movimento glorificador e, em 1921, inauguraram o túmulo ao "*Unknown soldier*", no Arlington National Cemetery. Mas o conteúdo do epitáfio que se fez gravar no monumento é diferente: "Here rests in honored glory an american soldier known but to God"[244]. Dir-se-ia que, nesse anonimato, se procurava convencer que o julgamento do mérito está garantido, porque tutelado pelo olhar divino.

A exaltação das virtudes cívicas, maximamente testadas no sacrifício pela Pátria (qualquer que seja a sua *fronteira*), tem o seu complemento lógico na criação do *Veteran's Day*, cuja origem remonta ao fim da I Guerra

---

244 http://www.arlingtoncemetery.net/tombofun.htm, 1-06-2005.

Mundial (11 de Novembro de 1918), sendo então designado por *Armistice Day* e tendo a sua primeira manifestação ocorrido em 11 de Novembro de 1919. Em 1938, o Congresso transformou a jornada em feriado nacional. Por sua vez, a necessidade de integração das recentes memórias da II Guerra Mundial, da Coreia, do Vietname e do Golfo fez do *Veteran's Day* uma homenagem aos heróis de todas as batalhas. Em 1968, a data foi transferida para a quarta Segunda-Feira de Outubro. Contudo, em 1978, devido a sucessivos protestos, o Congresso fez regressar a celebração ao 11 de Novembro[245], dia em que se agradece a paz, se recorda os que combateram e morreram nos tempos de guerra, e em que, por todos, se recomenda a guarda, às 11 horas da manhã, de um minuto de silêncio, simbolizando-se o momento da assinatura do armistício em 1918.

Juramentos e culto da bandeira

Rito forte é o do julgamento da tomada de posse do Presidente, inalterável desde 1789. Reza assim: "I do solenny swear that I will faithfully execute the Office of President of the United States, and will try to the best

---

245 Todavia, hoje, tendo em vista garantir efeitos pragmáticos, o *Veteran's Day* é celebrado na Segunda-Feira mais próxima do 11 de Novembro.

of my ability, to preserve, protect and defend the Constitution of the United States". George Washington acrescentou, porém, a frase "so help me God" ao fim do juramento. E, até hoje, todos os seus sucessores a têm repetido.

A memória da Guerra Civil está ainda na base de um dos outros principais ritos da religião civil: *The Pledge of Allegiance*. A sua primeira fórmula deve-se a Francis Bellamy, pastor baptista que, nos seus sermões, costumava defender ideias sociais avançadas. Em 8 de Setembro de 1892, publicou um "Pledge" no *The Youth's Companion*, um magazine de grande circulação. A popularização do juramento deu-se, ainda sob sua influência directa, com a celebração do centenário de Colombo (1892), em particular quando foi recitado na cerimónia de saudação à bandeira. Era assim a prédica: "I pledge allegiance to my Flag and to the Republic for which it stands, one Nation, indivisible, with Liberty and Justice for all"[246].

Facilmente se verifica que o texto não contém qualquer menção a Deus, nem sequer aos Estado Unidos. Pode mesmo sustentar-se que ele se limita a dar forma ritual a alguns dos valores essenciais da cultura republicana e, num eco evidente do trauma provocado pela Guerra Civil, dá ênfase ao ideal de Nação indivisível,

---

246 http://en.wilkipedia.org/wiki/Pledge_of_Allegiance, 22-05-2003.

princípio que urgia permanentemente renovar, como Webster e Lincoln não se tinham cansado de repetir.

A consolidação dos EUA como grande potência após a II Guerra Mundial e as necessidades de luta ideológica contra o comunismo darão nova actualidade à sacralização dos valores cívicos, como o alargamento do campo de aplicação da divisa *In God we trust* cabalmente ilustra. Posta a circular, em 1864, através das moedas de 2 cêntimos, e, depois, de 1/4, 1/2 e 1 dólar, ela será inscrita em todas as moedas de ouro até 1866, nas de 1 cêntimo em 1909, e nas de 10 cêntimos em 1916. Contudo, foi somente no auge da Guerra Fria, e dentro de um entendimento ainda mais teísta e providencialista da religião civil, que o Congresso estendeu a gravação da divisa às demais moedas e notas (11 de Julho de 1955)[247]. E as motivações ideológicas da medida não eram escondidas. Ela impunha-se, porque, como afirmou um congressista da Flórida, "in these days when imperialistic and materialistic communism seeks to attack and destroy freedom, we should continuously look for ways to strengthen the foundations of our freedom. At the base of our freedom, our faith in God and the desire of Americans to live by His will and His guidance. As long as this country trust in God, it will prevail. To serve as a constant reminder of

---

[247] A primeira nota de dólar com a inscrição somente entrou em circulação em 1957 e, em 1966, ela passou a estar em todas.

this truth, it is highly desirable that our currency coins should bear these inspiring words 'In God We Trust'"[248].

Com isto, Deus – afinal, há muito cotado na bolsa – atingia a sua máxima circulação fiduciária, embora fique por saber se o acto sacraliza a moeda, ou se, ao contrário, é esta quem fetichiza a representação de Deus. Aliás, em 1907, um dos Presidentes mais religiosos dos EUA – Theodore Roosevelt – pôs reservas à inscrição, pois, se achava apropriada a sua utilização nos grandes monumentos nacionais, nos templos legislativos e de justiça, ou em edifícios como West Point ou Annapolis, no dinheiro, porém, parecia-lhe constituir uma irreverência, "which comes dangerously close to sacrilege"[249].

Em suma: naquela conjuntura, em consequência dos ataques (liderados pelo senador McCarthy) contra o pensamento "liberal" interno e contra o ateísmo-comunismo (encarnado pela União Soviética), as interpretações mais seculares da Primeira Emenda, assim como o respeito pelas liberdades fundamentais, viveram sob um clima de "caça-às-bruxas".

Esta torrente acabou por secundarizar, de vez, a centenária fórmula *E Pluribus Unum*. Em 1956, Eisenhower fê-la substituir, como divisa nacional, pelo

---

248 http://www.christianlaw.org/in_God_we_trust, 24-05-2005.

249 http://www.religioustolerance.org/nat_mott.htm, 24-05-2005.

mote *In God we trust*, dando uma nova vida ao princípio providencialista, segundo o qual a América é *One Nation under God*[250]. Significativamente, esta crença também invadiu (em 1954) a versão inicial do *Pledge of Allegiance*, com aprovação de 99% da Câmara dos Representantes e com a unanimidade do Senado. Compare-se. Na sua primeira versão, o conteúdo do juramento limitava-se a convocar a República e o conceito da Nação indivisível; agora, a alteração sacralizava o patriotismo, através desta redacção: "I Pledge allegiance to the Flag of the United States of America and to the Republic for which it stands, one Nation under God, indivisible, with liberty and justice for all". Não por acaso, também esta nova precisão surgiu no contexto da "era McCarthy"[251]. E, com as alterações feitas ao juramento, este tornou-se, na prática, numa "patriotic oath and a public prayer"[252]; ou melhor: "in 1954, at de urging of President Eisenhower, Congress voted to add the words 'under God', no doubt a slap at 'Godless communism' and a sign that 'the American way of life' for some was inseparable from a particular way of religion. The new words made explicit a connection bet-

---

250 In *idem, ibidem*.

251 Cf. Susan Jacoby, *ob. cit.*, pp. 287, 308-309, 351.

252 John W. Baer, "The Pledge of Allegiance. A short history", http://history.vineyard.net/pledge.htm, 19-05-2005.

ween patriotism and 'God' that their sponsors argued that was already there"[253].

Esta profissão de fé era reforçada por um outro rito: o culto da bandeira, a expressão mais estética do simbolismo nacional. De velha tradição, também para este foi pensada a criação de um "dia", ideia que ganhou força nos finais do século XIX e que, desde logo, apostou na mobilização das crianças. Depois de várias décadas de evocações da "Flag Resolution" de 1777, o "dia" foi oficialmente reconhecido pelo Presidente Woodrow Wilson, em 30 de Maio de 1916, isto é, no contexto patriótico da I Guerra Mundial. Mas foi somente Truman, ao assinar, em 3 de Agosto de 1949, um acto do Congresso, quem instituiu o *14 de Junho* de cada ano como o *National Flag Day*[254]. E, na década de 1950, a sua promoção será fortemente incrementada.

É um facto que a suposição da América como *One Nation under God* ganhou raízes mais sólidas no decurso da Guerra Fria. Mas, se a diminuição da força do adversário – o comunismo –, podia tornar a graça mais dispensável, a emergência de outras ameaças, como a moderno antiamericanismo de fundo islâmico, veio redobrar a sua importância, principalmente após o 11 de Setembro de 2001. Só que, se, anteriormente, ela se opunha à ausência de Deus, tida por social e etica-

---

253 Marjorie Garber e Rebecca L. Walkowitz (eds.), *ob. cit.*, p. IX.

254 http://www.usflag.org/history/flagday.html, 6-07-2005.

mente perigosa, agora, confrontam-se interpretações antitéticas sobre o Ser Supremo. Por isso, só quem não releve a importância da religião civil americana pode surpreender-se com o teor de discursos como aqueles que George W. Bush pronunciou depois do mencionado acontecimento, e com o modo como ele, em nome de Deus, demarcou o "axis of Evil"[255]. Por exemplo, ao decretar (13 de Setembro de 2001) a observância de um *National Day of Prayer and Remembrance*, em honra da memória dos milhares de vítimas dos atentados, o Presidente, citando a Bíblia ("blessed are those who mourn for they shall be comforted"), apelou para toda a "American family and the family of America", tendo em vista sacralizar o reforço da unidade nacional, dizendo: "We will persevere through this national tragedy and personal loss. In time, we will find healing and recovery; and, in the face of all this evil, we remain strong and united, 'one Nation under God' "[256].

É prática comum a todo o ritualismo cívico o recurso a cerimónias capazes de suscitarem *momentos síntonos*, convocados por sinais sonoros (toque de sinos, de sirenes, de apitos de combóios e de automóveis, etc.), e que

---

[255] Esta expressão entrou na retórica política americana a partir de Janeiro de 2002. Ao que parece, ela foi forjada, neste contexto, por Michael Gerson, *speech-writer* do presidente George W. Bush. Cf. Sébastien Fath, *ob. cit.*, p. 287.

[256] http://www.whitehouse.gov/news/releases/2001/09/20010913-7.html, 1-06-2005.

possam ser concretizadas através de imobilizações colectivas e de guarda de minutos de silêncio, à hora marcada, nos quais se suspende o tempo profano, mediante a criação de cadeias de solidariedade imaginárias. São instantes de comunhão quase mística, em que os indivíduos se sentem comparticipantes de uma totalidade unificada.

Na sua versão americana, um bom exemplo destas cerimónias encontra-se no *National Day of Prayer and Remembrance* (14 de Setembro de 2001), que teve lugar sob a fortíssima comoção provocada pelos ataques às torres do World Trade Center e ao Pentágono. Nele se cumpriu aquilo que o poder político, pelo punho de George W. Bush, solicitou: "I ask that the people of the United States and places of worships mark this National Day of Prayer and Remembrance with noontime memorial services, the ringing of bells at that hour, and evening candlelight remembrance vigils. I encourage employers to permit their workers time off during the lunch hour to attend the noontime services to pray for our land"[257]. Este pedido vinha ao encontro de uma prática bem arreigada nos costumes americanos: a celebração do *National Day of Prayer*.

Os defensores da institucionalização desta jornada remetem a sua génese: para 1775, quando o Primeiro

257 *Ibidem.*

Congresso Constitucional decretou um dia para oração; para uma decisão de George Washington – que, em 1795, declarou o 19 de Fevereiro como "Day for Prayer and public thanksgiving" –; e para James Madison, que criou, em 1813, um *Day of Prayer*. Também recordam: que, em 1863, Abraham Lincoln assinou uma resolução do Congresso, que decidia a realização, a 13 de Março, de um dia de oração; que, em 1952, Truman promulgou uma lei, unanimemente aprovada pelos congressistas, na qual se proclamava um *National Day of Prayer* (NDP), a escolher, anualmente, pelo Presidente; e que, em 1988, Ronald Reagan determinou dever a jornada ocorrer na primeira Quinta-Feira do mês de Maio. Para o seu sucesso anual, milhares de voluntários organizam-se em comités, visando a mobilização da opinião pública.

Qual o objectivo da cerimónia? Com ela, pretende-se congregar, em orações transversais às várias religiões, meditações à volta de um tema, geralmente retirado do Antigo e do Novo Testamento, mas descontextualizado e escolhido de modo que sejam sugeridas analogias com a vida política do tempo presente. Assim, o assunto eleito em 2003, sob o impacto da intervenção no Iraque, foi este: "Righteousness exalts a nation", elaborado a partir deste passo dos *Provérbios* (14:34): "Righteousness exalts a nation, but sin is a disgrace to any people". Ao sugerir-se, acriticamente, a comparação entre o conceito bíblico de "nação" e o de Estado-

-Nação, a sacralidade é, de uma maneira quase subliminar, posta ao serviço do patriotismo.

Em termos rituais, procura-se pôr os americanos a rezar, na linguagem das várias religiões que perfilham, pelo sucesso da Nação e dos seus líderes. Esta intenção encontra-se inequivocamente explicitada na oração que, em 2001, Billy Graham – o mais carismático pregador evangelista e a figura que, qual "Papa protestante", desde a presidência de Eisenhower se impôs como "o amigo obrigatório" de todos os inquilinos da Casa Branca e como o grande propagador da religião civil americana[258] – ofereceu aos EUA, e que reza assim: "Our Father and Our God. We praise You for Your goodness to our nation, giving us blessings far beyond what we deserve. Yet we know all is not right with America. We deeply need a moral and spiritual renewal to help us meet the many problems we face. Convict us of sin. Help us to turn to You in repentance and faith. Set our feet on the path of Your righteousness and peace. *We pray today for our nation's leaders.* Give them the wisdom to know what is right, and the courage to do it. You have said, 'Blessed is the nation whose God is the Lord'. May this be a new era for America, as we humble our-

[258] Jacques Gutwirth, *L'Église électronique. La saga des télévangelistes*, Paris, Bayard, 1998, p. 24; Sébastien Fath, *ob. cit.*, pp. 65-65, e *Billy Graham, pape protestant ?*, Paris, Albin Michel, 2002.

selves and acknowledge You alone as our Savior and Lord. This we pray in your holy name, Amen"[259].

Igual finalidade se capta na recente reactualização do *National Prayer Breakfast.* Este rito, de cariz mais elitista, existe desde 1935 (foi lançado por um pastor metodista, Abraham Vereide). Consiste numa leitura pública da Bíblia. Depois, a jornada estendeu-se a muitas municipalidades e foi adoptada, a partir de 1942, por alguns Representantes e Senadores. Como é natural, o renovamento da religiosidade civil, incrementado durante a Guerra Fria, repercutiu-se, igualmente, nesta iniciativa. E, em 1970, institucionalizou-se o *National Prayer Breakfast.*

Como nas celebrações congéneres, procura-se promover orações em conjunto, onde se solicita a protecção divina para a Nação e seus líderes. Esta intenção dita a maneira como o Presidente da República costuma terminar a intervenção que faz no paradigmático *National Prayer Breakfast* promovido pelo Congresso. O seu estilo inspira-se na prédica religiosa, e o remate – como foi o da cerimónia que, em 7 de Fevereiro de 2002, celebrou o 50.° aniversário dessa sessão – tende a obedecer a esta fórmula: "May God bless you, and God continue to bless America"[260] (G. W. Bush).

---

[259] http://www.christianitytoday.com/holidays/ndop/features/whatsnew.html, 23-05-05.

[260] http://whitehouse.gov/news/releases/2002/02/20020207-1.html, 20-5-2005.

Perante tudo o que ficou escrito, também aparece como lógica a transformação de uma canção – *God bless America* – numa das divisas maiores da "american civil religion". Sabe-se que, em 1834, com este título, uma outra tinha circulado, mas sem grande sucesso. Porém, o mesmo não irá acontecer àquela que, em 1918, foi escrita por Irving Berlin, sobretudo quando, em 1938, a retomou, numa conjuntura em que ela vinha ao encontro de um clima já ensombrado pela ameaça nazi e, depois, pela II Guerra. Tudo isto consolidou a sua popularidade, sufragando-a como uma espécie de hino nacional oficioso.

O uso deste tipo de linguagem parece ultrapassar o "wall of separation". Daí, os frequentes contenciosos jurídicos acerca da sua constitucionalidade. Para os sectores mais conservadores, a vigilância exercida pelo Supremo Tribunal dos Estados Unidos – expressa em decisões de inconstitucionalidade relativas a tentames para se impor a obrigatoriedade da reza de orações religiosas nas escolas públicas de certos Estados[261], ou

---

[261] No essencial, a doutrina em vigor ficou estipulada em 1995, no "Religious Expression in Public Schools", que clarificou a lei no que respeita ao problema. Segundo aquele documento, "students can certainly pray in school, but teachers or administrators cannot lead students in prayer. Schools can teach religion, but not advocate any particular religion. Schools can teach about religious holidays, but not observe religious holidays" (Diana L. Eck, "The multireligious public square", Marjorie Garber e Rebecca L. Walkowitz (eds.), *ob. cit.*, p. 13).

para se afixar os Dez Mandamentos nas salas dos tribunais – é apresentada como uma das principais causas da secularização da sociedade americana após a II Guerra Mundial, campo onde, apesar de todas as pressões, a jurisprudência tem vindo ao encontro de uma interpretação quase laica (à francesa) acerca da presença e do ensino do "facto religioso" naqueles espaços[262]. Ora se, no terreno das ofensivas estritamente religiosas contra a Primeira Emenda, a defesa da liberdade e da igualdade das confissões por parte desta instituição tem sido quase intransigente – o que explica os actuais esforços dos meios mais fundamentalistas para alterarem a correlação de forças internas –, a sua posição no que toca ao uso político de símbolos e ritos, que caem no âmbito da religião civil, é diferente. Os assentos descartam interpretações estritamente religioso-eclesiásticas sobre o seu significado, remetendo-o para a herança cultural e para o foro da educação cívica, como, por exemplo, se decidiu a propósito do célebre caso *Newdon*: o juramento de fidelidade, bem como o seu conteúdo, não foram considerados orações nem práticas religiosas; serão, tão-só, a manifestação de um

---

[262] Sobre a evolução e as vicissitudes desta posição dominante, leia-se George M. Thomas, "Les États-Unis, la plus religieuse et la plus sécularisée des nations", Jean-Paul Willaime e Séverine Mathieu (dir.), *Des Maîtres et des Dieux. Écoles et religions en Europe*, Paris, Belin, 2005, p. 213 ss.

costume patriótico, que inclui uma breve referência ou declaração de índole espiritual[263].

Resumindo o sentido das sentenças proferidas, ultimamente, pelo Supremo Tribunal dos EUA – incluindo a que se pronunciou sobre a constitucionalidade da fórmula que abre as audiências judiciais: *God save the United States and this Honnorable Court* –, pode dizer-se que elas consideram não ferir o espírito e a letra da Primeira Emenda práticas como: o discurso presidencial por ocasião do *Thanksgiving* (que, desde o tempo de George Washington, contém referências religiosas); a frase que anuncia a abertura das sessões do Supremo Tribunal (que remonta aos inícios de século XIX) e as divisas *In God we trust* e *One Nation under God*[264].

Um *manifest destiny* como *frontier*

Tendo a América sido escolhida por Deus[265], a sua história só pode ser a da objectivação de um *manifest des-*

---

263 Cit. por Daniel O. Conckle, *art. cit.*, p. 173.

264 Cf. *idem, ibidem, ob. cit.*, pp. 168-169. A citada obra, coordenada por Élizabeth Zoller, contém vários estudos em que são mencionadas algumas das decisões do Supremo Tribunal mais importantes sobre a matéria aqui em causa.

265 John L. O'Sullivan, "Manifest destiny", http://www.mtholyoke.edu/acad/intrel/osulliva.htm, 24-06-2005.

tiny, ideia já subjacente aos grandes mitos americanos, embora a expressão seja tardia: ela foi primeiramente usada por John L. O'Sullivan[266], num artigo escrito em 1839, mas só publicado em 1845. Com efeito, aí se defendia que "our national birth was the beginning of a new history [...] America is *destined* for better deeds [...] The far-reaching, the boundless future will be the era of America greatness. In its magnificent domain of space and time, the nation of many nations is *destined to manifest* to mankind the excellence of divine principles [...] Yes, we are the nation of progress, of individual freedom, of universal enfranchisement [...] Who, then, can doubt that our country is destined to be the *great nation of futurity*?"[267]. Em termos concretos, reivindicava-se o direito de os EUA ocuparem todo o Continente, em nome da realização dos valores consignados nos seus textos fundadores. Com isto, o conceito sintetizava as promessas do messianismo secular, há muito semeadas pela religião civil.

Não será errado afirmar que a sustentabilidade do *manifest destiny* entronca na velha visão providencial da América, cujo futuro exigia, por isso mesmo, o alargamento das suas fronteiras, sem limites de área ou de

---

[266] Sobre este jornalista e democrata, leia-se Robert Sampson, *John L. O'Sullivan and his time*, Kent, Kent State University Press, 2003.

[267] John. L. O'Sullivan, *loc. cit.* Os itálicos são nossos.

região. A frase reactualizava a velha analogia puritana, que comparava a permanente construção da América com a da "city upon a hill", modelo agora secularizado e apresentado como um destino simultaneamente pragmático (o expansionismo), religioso e utópico[268]. E estas duas últimas componentes encontram-se exemplarmente expressas no célebre discurso de Martin Luther King, proferido a 28 Agosto de 1963: "I still have a dream. It is a dream deeply rooted in the American dream. I have a dream that one day this nation will rise up and live out the true meaning of its creed: 'We hold these thruths to be self-evident: that all men are created equal' "[269].

A ideia de *manifest destiny* começou a ser popularizada na década de 1840, pois ela justificava bem a política expansionista contra o México (1846-1848), ao mesmo tempo que legitimava a aniquilação ou o controlo dos índios, maneira de sacralizar a ofensiva a caminho do Oeste, ou melhor, a construção de uma Nação do Atlântico ao Pacífico. Esta vocação não deixará de ser permanentemente reactualizada. Poder-se-á mesmo defender que, se ela nasceu numa conjuntura específica, ultrapassou-a, pois condensa alguns dos ele-

---

268 Cf. Michael T. Lubragge, "Manifest destiny. The components of manifest destiny", http://odur.let.rug.nl/~usa/E/manifest/ manifxx.htm, 6-07-2005.

269 In http://www.facsnet.org/issues/faith/civil_religion1.htm, 3-06-2005.

mentos nucleares da ideologia americana, nomeadamente a reivindicação da índole excepcional da sua experiência histórica, a exaltação dos valores nacionalistas, o direito ao expansionismo. E tudo isso supõe a existência de um povo eleito para a concretizar, porque superior aos que não receberam a graça[270], convencimento enraizado no fundo milenarista da cultura americana. E se, em certas conjunturas da sua política externa, ela serviu para justificar um destino isolacionista e separatista em relação aos *outros* (vistos como a encarnação do mal), noutras, é invocada para alentar sonhos de expansão e de universalização do cumprimento de um imperativo, acreditado como sagrado, e que, por isso, terá de envolver toda a humanidade[271]. Nesta vertente, estamos perante uma teleologia em que o destino da América tem de ser o destino do Mundo. Por palavras de George Bush Jr., no *Inaugural Adress* de 2005: "We are led, by events and common sense, to one conclusion: the survival of liberty in our land increasingly depends on the sucess of liberty in other lands. The best hope for peace in our world is the expansion of freedom in all world. History has an ebb and flow of

---

270 "Manifest destiny", http://en.wikipedia.org/wiki/Manifest Destiny, 5-07-1005.

271 Anders Stephanson, *Manifest destiny. American expansionism and the empire of right*, New York, Hill and Wang, 1995.

justice, but history also has a *visible direction, set by liberty and the Author of Liberty*[272].

Assim sendo, não será abusivo articular a fé no *manifest destiny* com o conceito de *frontier*, elaborado por Frederick Jackson Turner e exposto na comunicação que, em 1893, fez à American Historical Association. E se outros argumentos não pudessem ser aduzidos para credibilizar a ligação, relembre-se que Turner o pensou levando em conta o contributo que a expansão para Oeste trouxe para a formação do carácter americano.

É famoso o seu ponto de partida: "Up to our own day American history has been in a large degree the history of the colonization of the Great West. The existence of an area of free land, its continuous recession, and the advance of American settlement westward, explains American development"[273]. Mais do que uma demarcação topográfica ou geográfica, o conceito de *frontier* refere a existência de uma linha invisível, "the meeting point between savagery and civilization [...] The American frontier is sharply distinguished from the European frontier – a fortified boundary line running through dense populations. The most significant thing about the American frontier is that it lies at the

---

[272] http://www.facsnet.org/issues/faith/civilreligion2.htm, 09-10-2005. Os itálicos são nossos.

[273] Frederick Jackson Turner, *The Frontier in american history*, Tucson, The University of Arizona Press, 1986, p. 1.

hither edge of free land"[274]. Como quem diz: a fronteira "is the line of most rapid and effective Americanization", porque foi ela quem modelou os valores essenciais do carácter nacional americano, a saber: o individualismo, a mobilidade física e social, o espírito de inovação, o ideal de auto-realização, a persistência, o espírito de iniciativa, a atitude preventiva em relação à autoridade, o voluntarismo reflexivo e organizado, a sinceridade, o senso prático e optimista, o *self-government*, a fé na tecnologia, a crença nos valores rurais[275]. E o acesso à "terra livre" que ela possibilitou, tanto por parte da população americana, como de muitos imigrantes europeus, terá ajudado a implantar o respeito pelos valores individuais e pela democracia, num e noutro lado do Atlântico.

A chegada ao Pacífico significou o fechamento da fronteira, ou melhor, o advento da América à sua maturidade. Mas o expansionismo e a exploração da "terra livre" – esquecia-se que, há séculos, ela estava ocupada pelos índios – também provocaram um autêntico renascimento, pois, se marcaram "the closing of a great historical movement", também possibilitaram um "perennial rebirth, this fluidity of American life, this expansion westward with its new opportunities, its

---

[274] *Idem, ibidem*, p. 3.

[275] Cf. "F. J. Turner's frontier theory 'characteristics'", http://www. uta.fi/FAST/US2/REF/fjt.html, 13-07-2005.

continous touch with the simplicity of primitive society, furnish the forces dominating American character. The true point of view in the history of this nation is not the Atlantic coast, it is the Great West"[276].

Não será arriscado sustentar que, para além da conjuntura histórica em que se forjou, o termo constitui a metáfora da própria auto-compreensão da América. Linha divisória entre a civilização e a barbárie, a *fronteira* também é um lugar, sempre móvel, de encontros e de conflitos. Daí, as suas múltiplas reactualizações, mediadas por interesses vários, muitos deles de cariz conjuntural. Por exemplo, em 1960, John F. Kennedy, ao aceitar ser candidato à presidência da República pelo Partido Democrático, exortou o povo americano a buscar novas *fronteiras* (do conhecimento, espirituais), e, desde esse tempo, o mesmo desafio tem sido amiúde repetido, prova de que o conceito (afinal, bem distinto do de *border*) se mantém como símbolo mobilizador e legitimador um século depois do desaparecimento da experiência histórica que lhe deu origem[277].

De certo modo, a expansão para o Ocidente confirmava a "national pride in accomplishment" e dava continuidade ao sonho da edificação da "city upon a hill"[278]. E, como metáfora, não será exagero detectar a

---

276 Frederick Jackson Turner, *ob. cit.*, pp. 2-3.

277 "Closing the American Frontier", http://www.digitalhistory.uh.edu/database/article_display.cfm?HHID=184, 13-07-2005.

278 "F. J. Turner, frontier theory 'characteristics' ", cit..

presença da ideia de *frontier*, mesmo que implícita, em muitas das justificações do actual destino da América, sejam elas expressas como "choque de civilizações"– recorde-se que a *frontier* é a linha de separação entre o mundo civilizado e a barbárie –, ou apareçam hegelianamente enroupadas no prognóstico do *fim da história*, o lá onde a fronteira, sem exterior, se nega a si mesma, consumando-se como Império.

Uma religião civil interiorizada?

Rawls, ao referir-se à cultura americana, definiu o valor da tolerância como a sua característica mais marcante[279]. E, dentro dela, a precoce introdução do "wall of separation" entre as Igrejas e o Estado foi fundamental para a afirmação e consolidação do respeito pelos direitos fundamentais dos indivíduos. No entanto, é igualmente verdade que todos estes pressupostos não estão imunes às implicações do funcionamento de uma religião civil, de origem dominantemente WASP (isto é, branca, anglo-saxónica e protestante) e de matriz bíblica, onde o Antigo Testamento exerceu uma influência decisiva. Por isso, se o Deus que ela postula é o Deus de todas as religiões (e mais qualquer coisa), a

---

279 Cf. J. Rawls, *Political liberalism*, New York, Columbia University Press, 1995.

conquista da tolerância por parte de outras religiões minoritárias não foi isenta de lutas. De qualquer modo, o Princípio tem sofrido reactualizações, movidas pela necessidade de se garantir um capital mítico-simbólico mínimo capaz de ligar as múltiplas componentes do *melting-pot* americano, realidade que as constantes correntes imigratórias complexizam ainda mais. Isto não impede, porém, que os fundamentos e funções da religião civil, bem como os ritos que lhe dão vida, acabem por concordar com os condicionamentos que pensadores politicamente tão distintos como Locke e Rousseau colocaram aos efeitos políticos da liberdade de consciência, a saber: a crença num Deus transcendente como fundamento último de sociabilidade. De facto, e a despeito da existência da liberdade religiosa, nos EUA soa a quase impossibilidade que um candidato agnóstico ou ateu seja eleito Presidente da República, tanto mais que, para além do ritual a que está sujeito (que inclui o teor dos seus juramentos e discursos), boa parte dos americanos acredita que a América é uma terra abençoada por Deus, premissa da própria democracia.

Não deixando de levar em conta as muitas opiniões que são fruto da rotina e da banalização de ideias e valores dominantes, sondagens recentes (*Gallup*, 1994 e 2002) mostram que metade dos americanos acredita que a sua terra está sob protecção divina, e quase dois terços (61%) vêem na fé generalizada num Deus, ou num Ser Supremo, a condição necessária para a sobrevivência da democracia[280]. Partindo deste horizonte, isto é, desta forte propensão religiosa, percebe-se por que é que, nos EUA, não foi difícil passar da afirmação confessional, ao nível individual, para um credo político, nomeadamente quando este não contradiz a assunção subjectiva da fé, antes a complementa, desparticularizando-a e centrando-a à volta do ideal de Pátria[281]. E é esta intercomunicação e "permuta de serviços" que dá vitalidade à religião civil.

Outras razões complementares reforçam ainda mais a sua presença: uma primeira diz respeito à circunstância de os Estados Unidos não se terem formado contra as Igrejas, pelo que não passaram (como em França) pelos conflitos da laicidade, o que deu continuidade às tradições religiosas; em segundo lugar, a importância do fomento da coesão, através de símbolos e ritos compartilhados, é muito forte numa sociedade sem raízes multi-seculares (ao contrário das europeias), investimento que se traduziu numa mais intensa sacralização das instituições e dos fundadores, assim como em representações que suspendem o tempo, para que a América apareça como uma Nação não sujeita à decadência, como se vivesse num perpétuo presente, garan-

---

280 Cf. Micheline Milot, "Séparation, neutralité et accommodements en Amérique du Nord", Jean Baubérot (dir.), *ob. cit.*, pp. 121-122.

281 Cf. Ghislain Waterlot, *ob. cit.*, p. 123.

tido pela constante revivificação das origens; por fim, os EUA são o único império cuja auto-representação, como "povo eleito", não foi ferida no seu narcisismo, já que, apesar do Vietname, não sofreu qualquer relativização do seu lugar no mundo, imposta pela superioridade do *outro*. Simultaneamente, a sua constante renovação demográfica tem garantido a permanência desta idealização, porque, como concluiu Marcel Gauchet, não são os imigrantes do Terceiro Mundo, da América Latina, do Oriente, ou da Europa de Leste que irão confrontar "les Américans dans leur sentiment que leur pays est toujours la terre promise: formidable continuité symbolique depuis la fondation"[282]. E, como é lógico, a sua elevação ao estatuto de única grande potência e de polícia do mundo veio reforçar, ainda mais, esta certeza.

---

282 Marcel Gauchet, *Un Monde desénchanté?*, p. 207.

CAPÍTULO VI
A França: uma Pátria no lugar de Deus

Diferentes serão, em França, os nexos da religião com o poder político devido a vários factores: o combate do Rei contra o poder eclesiástico (Filipe-o-Belo); a dissociação, em ruptura com o princípio *cujus regio, ejus religio,* da pertença nacional em relação à religiosa (Édito de Nantes); a impossibilidade de um pluralismo religioso pacífico após a revogação deste último acordo (1685); a contestação dos dogmas religiosos lançada pela filosofia das Luzes, em nome da razão crítica[283]; e, por fim, a ruptura entre a Igreja católica e a Revolução.

Se a tomada de consciência de que a religião, em vez de pacificar, provocava guerras, fomentou a reflexão sobre a tolerância civil e aconselhou a disjunção da esfera política da religiosa, não se pode esquecer, porém, os que propunham, para fins análogos, vias distintas das oferecidas por Locke. Referimo-nos àqueles que

---

[283] Cf. Jean Baubérot, *Histoire de la laïcité française*, Paris, PUF, 2000, *passim.*

atribuíam ao Soberano um papel decisivo nessa matéria, reactualizando teses como as de Marsílio de Pádua – para quem, em nome da paz, o Príncipe devia ter o controlo da religião no seu território –, ou de Bodin, que distinguiu o Estado e a religião, mas para a colocar (como o farão todos os regalistas) nas mãos do Magistrado. Também para Espinosa e Hobbes, nas suas ópticas próprias, o direito de regular as coisas sagradas e, consequentemente, a paz, devia pertencer ao poder temporal[284]. Na verdade, para o autor do *Leviathan*, os dissídios religiosos constituíam uma permanente ameaça de morte, decorrente da luta de todos contra todos. Daí que o Estado devesse garantir a existência de um espaço público pacificado, no qual a religião teria lugar, desde que a título privado e na condição de que os seus princípios morais e o seu proselitismo não perturbassem as regras do direito ditadas pelo Soberano.

Em suma: nas regiões em que prevaleceram os princípios *cujus regio, ejus religio* e, sobretudo, *une foi, une loi, un roi* – divisas alheias ao caso americano –, desenvolveram-se experiências históricas que transformaram a *religião de Estado* em *razão de Estado*, ficando a fidelidade religiosa dissociada, mas subordinada, à fidelidade ao Soberano e, depois, ao Estado-Nação. Mais concretamente, a decadência da concepção tomista acerca do pacto social e político (Deus→povo→Monarca) e a

---

[284] Cf. Julie Saada-Gendron, *ob. cit.*, pp. 211-213.

correlata reivindicação (regalista) da sacralidade directa do poder régio contribuirão para um efeito aparentemente contraditório, a saber: a relativa autonomia da esfera política perante a espiritual, pois tanto o Absolutismo como o novo Estado-Nação tudo farão para secundarizar e tutelar o poder eclesiástico e para se aurearem com uma sacralidade própria.

A "hostilidade" francesa perante a Igreja

Ter-se-á de ter presente que as várias guerras religiosas fortaleceram – a partir da primeira metade do século XVII – uma tendência que, sendo contemporânea das cisões protestantes, impulsionará a revolução política que estará na base da génese (com alguma prioridade em França e, depois, em muitos países europeus) do *Estado*, no seu sentido mais estrito. Falamos da emergência – teorizada por muitos juristas régios, depois das últimas décadas do século XVI – do Estado soberano, ou melhor, do Estado do Rei "de direito divino". Este Estado impôs-se, em França, como "Estado da razão de Estado" e, para se justificar, agitava a necessidade da pacificação civil, desiderato que somente seria concretizável se ele se sobrepusesse às Igrejas, em nome de uma legitimidade própria, inferida, num primeiro momento, da autoproclamada relação directa do Soberano com Deus e, depois, da teoria da soberania popular (ou nacional), vista, por muitos, como uma mera inversão secularizada das concepções jusdivinistas.

Pretende-se sustentar que, nestes casos, a conquista da independência do poder temporal perante Roma passou a ser premissa para se atingir a paz terrestre e salvar a cidade dos homens. Isto obrigou a componente eclesial do religioso e, em alguns casos, a sua própria matéria dogmática a ficar sob a alçada da "razão" de Estado, como a vigência do josefismo, do galicanismo e do regalismo em muitos países católicos europeus dos séculos XVII e XVIII patenteia. Daí que, neles, a secularização do político tivesse desencadeado (recíprocas) "hostilidades" com a religião dominante, não só a propósito dos fundamentos e do papel da soberania, mas também das ideias e valores que deviam orientar a vida dos indivíduos, agora apelados a serem, antes de tudo, cidadãos. Assim se compreende que, com a Revolução – e passada a ilusão de ser possível republicanizar a Igreja –, os ataques contra esta visassem "descristianizar" a sociedade. Percebe-se, também, por que é que a criação de uma nova ordem política e económico-social deu origem a uma forte corrente anticlerical e anticongreganista inspirada na versão maçónica e, depois, livre-pensadora do iluminiomo.

Como Roma não estava interessada em reconhecer a autonomia dos indivíduos, da sociedade e da política, como resposta, o Estado reivindicará para si, cada vez mais, o exercício de *acções positivas*, especialmente no campo da economia (nacionalização dos bens eclesiásticos) e da educação (gratuita, obrigatória e, posteriormente, laica). Para isso, entrou nos domínios temporais da Igreja com o objectivo de construir a cidadania, isto é, de enraizar nos indivíduos um sentimento de pertença à Nação, anterior a quaisquer outros, incluindo os religiosos. Será neste clima de recíprocos antagonismos que se trilhará um acidentado percurso que, hoje, alguns designam por "excepção" francesa, no seio da qual a secularização ganhará contornos de laicidade. Como é lógico, o cariz "hostil" desta experiência repercutiu-se, igualmente, na religião civil instalada pelo novo Estado-Nação e explica por que é que, apesar de um ponto de partida aparentemente comum, aquela acabou por se diferenciar da americana.

Uma Pátria no lugar de Deus

Veja-se que, pelo menos no que toca à exigência de se acreditar na existência de um Deus e na imortalidade da alma, bem como às características das suas traduções ritualistas, a religião civil americana tem pontos de contacto com as propostas de Rousseau[285]. E algo de parecido ocorreu com alguns dos principais protagonistas da Revolução francesa, particularmente com

---

285 Cf. Emilio Gentile, *ob. cit.*, p. 74 ss.

Robespierre e Danton[286]. A necessidade de promoção de ritos cívicos foi logo inscrita na Constituição de 1791, a qual, no seu Título I, prescrevia: "Il sera établi des fêtes nationales pour conserver le souvenir de la Révolution française, entretenir la fraternité entre les citoyens et les attacher à la Constitution, à la patrie, aux lois". Deve ainda sublinhar-se que, em 1794, os jacobinos propuseram a institucionalização de 36 festas anuais. Outras semelhanças podem ser destacadas, a começar pelos Direitos do Homem e do Cidadão (sacralizados) e pelo reconhecimento da liberdade religiosa no quadro da aceitação primordial da liberdade de consciência. Por outro lado, ambas as experiências pretendiam pôr em acção um capital mínimo de ideias e valores com capacidade para integrar as diferenças, ou de ligá-las através de um simbolismo que pudesse ser amplamente reconhecido pelos indivíduos-cidadãos[287], a base última da cultura republicana.

No entanto, a Revolução Francesa, ao dar à luz uma nova ordem política e social, teve de fazê-lo dentro de

---

[286] Cf. Roger Barny, "Robespierre, Rousseau et le problème religieux. De la 'religion civile' à l'époque révolutionnaire", *La Pensée*, n.° 337, janvier-mars, 2004, pp. 7-25.

[287] Tudo o que se irá expor sobre as festas revolucionárias e cívicas, bem como a sua transformação em comemoracionismo, desenvolve o que escrevemos em *A Militância laica e a descristianização da morte em Portugal. 1868-1911*, 2 vols., Coimbra, Faculdade de Letras, 1988, pp. 48-75, 891-906, e em "Festa cívica, história e política", *Vértice*, 2ª série, n.° 28, Julho 1990, pp. 25-32.

um legado regalista e em confronto directo com o poder (espiritual, político e económico) da confissão dominante, um dos alicerces do Antigo Regime. Pelo que, enquanto a separabilidade americana – filha da memória das guerras religiosas europeias e de um Estado estranho às tradições galicanas – sempre coabitou com as Igrejas, a via gaulesa[288] (apesar de, ao nível dos princípios, reconhecer a liberdade de consciência e de religião), para concretizar a secularização do Estado, sofreu o antagonismo das religiões históricas e, sobretudo, da Igreja católica.

Tal tonalidade ajuda a contextualizar esta característica: a imposição, em França, de um conceito de Estado republicano unicitário, integrativo e inclusivo, conduziu a que a proclamação dos Direitos do Homem e do Cidadão arrastasse consigo uma política de "descristianização"[289], torrente que tentou implantar uma religião civil. Também aqui Rousseau serviu de modelo. Porém, aquela, perante as dificuldades internas e externas, rapidamente evoluiu para uma religião política de cariz intolerante, apostada em reactualizar

---

[288] Sobre estas diferenças, veja-se Jean Baubérot, *Laïcité 1905--2005, entre passion et raison*, Paris, Seuil, 2004, *passim*, e "États Unis et laïcité. France et États Unis, deux modèles de séparation Églises--État", e http://jeanbauberotlaicite.blogspirit.com/archive/2005//01/08etats_unis_et_laicite.html.

[289] Cf. Michel Vovelle, *Religion et révolution. La déchristianisation de l'an II*, Paris, Hachette, 1976.

o velho consenso ao redor da divisa *une foi, une loi, un roi*, ou aquele outro que teria vigorado com a religião do cidadão. Aliás, foi à luz deste projecto unanimista que o revolucionário Boisy d'Auglas defendeu a institucionalização de uma religião nacional inspirada na da "Cidade Antiga", "l'époque bénie où religion ne faisait qu'un avec l'État", relembrando que a "religion des anciens fut toujours politique et nationale"[290]. E se esta intenção dominou aquando da "efervescência revolucionária", na mesma conjuntura outros, como Condorcet, já alertavam para o facto de a nova "religião civil" poder vir a violar a liberdade, nos seus direitos mais sagrados, sob o pretexto de os ensinar a defender[291]. Como quem diz: a liberdade dos modernos exigia a não dissolução do indivíduo na *polis*, mas a sua relação *comunicativa*.

A secularização dos fundamentos da religião civil revolucionária

O "comité revolucionário" que elaborou a Constituição Civil do Clero (1790) ainda pretendia reconduzir o cristianismo à sua "pureza primitiva", ao mesmo tempo que, dentro da tradição regalista, pensava ser possível

[290] In Emilio Gentile, *ob. cit.*, p. 319.

[291] Cf. Olivier Ihl, *La Fête républicaine*, Paris, Gallimard, 1996, p. 39.

instalar uma Igreja republicana, sonho que não durou muito tempo. A oposição do papado e do clero acelerou o propósito de se liquidar o poder das Igrejas tradicionais. O que deu origem à implantação de muitos cultos alternativos (Teofilantropia, culto da Razão, etc.)[292] – que Robespierre tentou sintetizar no culto do Ser Supremo e na crença na imortalidade da alma[293] – e a novas expressões rituais (Panteão, festas cívicas, música coral patriótica, novas fórmulas de juramento), tendo em vista abolir, ainda que mimeticamente em relação ao adversário, o papel que o cristianismo (e o catolicismo) tinha exercido na "formação das almas". Pode dizer-se que, nesta experiência, a herança da religião civil de Rousseau desenvolveu todas as suas potencialidades para se transformar numa estrita religião política, tornando-se mais integrista e intolerante[294], não só em face dos ateus, mas também, e sobretudo, das religiões tradicionais.

Para combater os adversários, a nova liturgia foi acompanhada por outras medidas: a abolição dos delitos de ordem religiosa (como a blasfémia) e o reconhecimento do livre exercício dos cultos (1791); a transfe-

---

[292] Cf. A. Mathiez, *La Théophilantropie et le culte décadaire. Essai sur l'histoire religieuse de la Révolution. 1796-1801*, Genève, Slatkine, 1975 (a 1ª ed. data de 1903).

[293] Cf. A. Aulard, *Le Culte de la Raison et de l'Être Suprême*, Paris, F. Alcan, 1892.

[294] Emilio Gentile, *La Religion fasciste*, p. 319.

rência do registo do estado civil dos padres para os municípios; a instauração do casamento civil e da possibilidade do divórcio (1792); a separação das Igrejas do Estado (votada em 1795, mas de aplicação parcial). E não escapou, sequer, a descristianização da ordem do tempo, conforme exemplarmente se verifica na abolição do calendário católico e na sua substituição por um calendário republicano. Materializou-se, assim, um processo que Michel Vovelle definiu nestes termos: "l'originalité de la France dans l'histoire religieuse des chrétientés occidentales à l'époque moderne – est bien d'avoir eu, seule, l'expérience d'une rupture brutale, sous la Révolution, non seulement en termes de luttes contre l'Église-institution – telles que le joséphisme avait pu les connaître, ou que l'Italie et l'Allemagne du Kulturkampf les pratiqueront à la fin du XIXe siècle –, mais plus radicalement sous la forme d'une alternative opposant à l'héritage chrétien les affirmations reformulées de religions civiques, substituant aux vérités transcendantes le culte de la Patrie et des valeurs nouvellement proclamées, Liberté ou Raison"[295].

Como se verifica, não se tratava de separar, somente, o Estado das Igrejas, mas de lutar para o distinguir da própria religião. E este choque não só transformou o problema de uma religião particular no problema da

---

295 Michel Vovelle, "Cultes révolutionnaires et religions laïques", Jacques Le Goff e René Rémond, *Histoire de la France religieuse, XVIII-XIX siècle,* vol. 3, Paris, Seuil, 1991, p. 510.

religião em geral, como provocou a procura de alternativas religioso-cívicas às próprias religiões, embora sem as eliminar. Desde que separadas, estas poderiam reorganizar-se, mas cingidas à esfera da sociedade civil[296]. Pelo que o desejo teórico de possibilitar a tolerância e a liberdade culminou em consequências que quase não se encontram em países de influência protestante, incluindo os Estado Unidos, a saber: a adopção de políticas de "descristianização", ou inspiradas num anticlericalismo político-ideológico que se prolongará por mais de século e meio.

Nesta conflitualidade, o Estado não se limitará a uma atitude de indiferença perante os que considerava seus adversários, mas agirá para conseguir nacionalizar as consciências. E isto ajuda a compreender por que é que, em França (e nas experiências históricas que ela influenciou), esta estratégia foi qualificada através de termos derivados de *laico*, solução que, como mais à frente se explicará, não teve sucesso na terminologia político-religiosa dos países anglo-saxónicos.

De qualquer modo, no seu ponto de partida, os revolucionários franceses também reclamavam princípios e expectativas transcendentes para santificar o contrato social. E é por isso que se tem de ser cauteloso no que concerne às teses que defendem distinguir-se a

296 Cf. Marcel Gauchet, *La Religion dans la démocratie. Parcours de la laïcité*, p. 51, nota 1.

Revolução Francesa das demais pelo facto de, pela primeira vez, o horizonte escatológico cristão ter sido secularizado devido à necessidade de se destruir o passado e se gerar uma nova idade de virtude criada pelas mãos do próprio homem. É que este anelo só ganhou relevo após as mudanças que a religião civil revolucionária irá sofrer no decurso de Oitocentos. Nos seus primórdios, ela tinha como fonte a pressuposição da existência de um Ser Supremo – mais deísta do que teísta – e a crença na imortalidade da alma e no julgamento final, prova de que, à maneira de Rousseau, a Revolução, em particular no seu momento jacobino forte, fundou e institucionalizou "une nouvelle religion, une théocratie civique dont la vocation n'était autre que remplacer les cadres traditionnels de la croyance"[297].

Nos princípios da década de 1790, com a entrada explícita da Igreja e do clero no campo contra-revolucionário, irrompeu, com mais força, esta lógica sucedânea, na qual a secularização do político passava, igualmente, pela socialização de novas ideias e valores cívicos, numa clara exploração da analogia entre a religião civil e aquilo que ela pretendia substituir. Pode mesmo dizer-se que a nova República se firmou como uma espécie de contra-Igreja, ou melhor, como um

---

297 Yves Deloye e Olivier Ihl, "Deux figures singulières de l'universel: la République et le sacré", Mara Sadoun (dir.), *La Démocratie en France. 1. Idéologies*, Paris, Gallimard, 2000, p. 142.

catolicismo sem *cristianismo*[298], objectivado como religião civil à francesa, à qual, como não podia deixar de ser, não faltava o seu Panteão, a sua martiriologia, a sua hagiografia, a sua liturgia (multiforme e ambígua), os seus templos, as suas estátuas, frescos e nomes de rua, os seus manuais escolares, os seus mitos e ritos que a nova educação nacional devia permanentemente reactualizar[299].

Estas produções simbólicas serão herdadas pela cultura republicana oitocentista, mesmo quando a religião civil deixou de recorrer a princípios transcendentes, limitando-se a sacralizar o secular, ao mesmo tempo que laicizava o religioso. Recorde-se que a inspiração rousseauniana ainda estava bem patente na Declaração dos Direitos do Homem e do Cidadão, que proclamava: "l'Assemblée nationale reconnaît et déclare en présence et sous les auspices de l'Être suprême [...] les droits naturels, inaliénables et sacrés de l'homme". Contudo – ao contrário do caso americano –, aqui, estes não são obra de Deus, mas da própria Assembleia (Baubérot), e a Deidade nunca ganhou a conotação providencial e protectora que se encontra na religião

---

298 Cf. Jean-Paul Willaime, *Europe et religions. Les enjeux du XXIème siècle*, 2004, p. 289.

299 Sobre esta mitologia e respectivos ritos cívicos, veja-se Pierre Nora, *Les Lieux de mémoire. I. La République*, Paris, Gallimard, 1984, *passim*.

civil à americana. A indiferença deísta fazia com que os valores fundantes fossem ontológica e originariamente universais, aparecendo a Revolução, tão-só, como a sua auroral encarnação histórica.

Com o tempo, este fundo virá a sofrer uma certa "nacionalização". No entanto, a exaltação do destino da França e do papel de vanguarda da Revolução no caminho emancipatório da humanidade não apelará para a graça divina, mas para o sentido objectivo da história, trânsito que será acompanhado por um gradual silenciamento agnóstico acerca dos primeiros princípios e por uma sacralização (sem transcendência) dos valores estruturantes da própria República. O que transformará a religião civil em "religião cívica", ou, para outros, em "religião laica", ou, ainda, em "religião nacional" ou "religião secular". Quer isto dizer que a laicização – e ao contrário do que defendem laicistas como Peña-Ruiz – não deixou de segregar, como o seu outro sacral, uma "religion civile à la française" (J. Baubérot, Jean-Paul Willaime, Emilio Gentile), no seio da qual a vocação da França aparece como um ditame da história universal e o povo francês como o parteiro de um ecumenismo secular baseado na auto-suficiência da natureza humana, cujos valores a República objectivava, dispensando-se o recurso a justificações transcendentes. Mas, com isto, também se acreditava na inevitável particularização francocêntrica desse universalismo, pelo que, ao expulsar-se o Rousseau metafísico, o da religião civil do patriotismo e da virtude acabava por entrar pela janela.

Com o esvaziamento dos entusiasmos revolucionários, as necessidades de implantação da nova sociedade e do novo modelo de Estado continuaram a ser atacadas pela Igreja, revigorando o anticlericalismo. Nesta pugna, os cultos cívicos, desde que metafisicamente firmados, nunca poderiam integrar os indivíduos (cada vez mais atomizados) no consenso nacional, porque o Princípio, qualquer que Ele fosse, continuaria a dividir. Por isso, no século XIX, assistir-se-á ao funcionamento de uma religião civil cada vez mais centrada em normas ético-sociais e em evocações, símbolos e ritos promovidos, tão somente, para revestir de alguma sacralidade os alicerces e as expectativas de uma realidade sociopolítica secularizada e de cunho patriótico e democrático. (E isto apesar da grande admiração que os construtores da III República francesa votavam aos pais fundadores dos EUA[300]).

A "fé laica"

Muitos intelectuais – alguns deles oriundos do protestantismo e, às vezes, do judaísmo – tentaram mesmo criar o que pode ser designado por "religiões laicas",

300 O. Rudelle, "Présentation", Jules Ferry, *La République des citoyens*, vol. 1, Paris, Imprimerie Nationale, 1996, p. 70.

porém, com formas de sociabilidade mais próximas de sociedades de moral do que de Igrejas. Elas teriam por objectivo responder às carências religiosas dos homens, geminando-as com a defesa dos valores da democracia moderna. Entre outros, foi o caso de Charles Fauvety, Charles Renouvier e Ferdinand Buisson. Contudo, tais projectos virão a diluir-se no ideal de uma educação cívica, cujas instâncias, por excelência, tinham de ser, como os dois últimos bem destacaram, a escola e a moral laica[301].

Tudo isto mostra que, se os cultos revolucionários propriamente ditos tiveram uma vida curta, no século subsequente – com pontos altos e de refluxo, e com reactualizações várias – irá perdurar uma "fé revolucionária"[302] mais domesticada, mas que continuará a sacralizar os valores imprescritíveis da Revolução, dando continuidade a mitos, símbolos e ritos cívicos, ou melhor, a uma religião civil crescentemente articulada com um ideal demopédico de inspiração positivista e laica.

Sugere-se, assim, que este tipo de cultualismo acabou por se afastar da "ortodoxia" religiosa do modelo rousseauniano, ao abandonar o recurso a qualquer entidade divina transcendente e ao situar-se num fundo neutro, quanto aos princípios, e anticlerical e laico no

---

[301] Cf. Patrick Cabanel, *Les Mots de la laïcité*, Toulouse, Presses Universitaires du Mirail, 2004, pp. 88-89.

[302] Cf. Emilio Gentile, *ob. cit.*, p. 77.

que respeita ao relacionamento das Igrejas com o Estado. Mas a necessidade de dar corpo aos valores universais, dentro de uma *polis* específica, virá a ser particularmente dominante na segunda metade de Oitocentos e, sobretudo, após os inícios da década de 1880, quando, nas políticas de formação da consciência cidadã, Deus cedeu ainda mais o seu lugar ao culto da Pátria e à sacralização dos valores republicanos. (O impacto do desfecho da guerra franco-alemã não foi estranho ao reforço deste investimento simbólico).

Seja como for, e para além do crescente cariz racionalista, historicista e sociologista da fundamentação de um ideal de Nação como sinónimo de República, uma questão tem de ser formulada: apesar de esta exigir um Estado religiosamente neutro, ela não continuará a pedir "au sacré, voire au divin, ses mots et peut-être plus que ses mots"[303]? Sim. É que, em França, se a laicização implicou o refluxo da importância social do religioso, patente na restrição do espaço institucionalmente coberto pela religião, assim como na desinstitucionalização desta última, através das leis escolares da década de 1880 e da Lei de Separação das Igrejas do Estado (1905), o poder político republicano também se autolegitimou mediante a substantivação de ideias e valores

---

303 Claude Nicolet, *L'Idée républicaine en France*, Paris, Gallimard, 1982, p. 498.

carismados por uma clara "transferência do religioso"[304].

A centração terrena das raízes e das expectativas do homem e da sociedade trouxe, de facto, uma mudança. Contudo, esta constituiu mais uma inversão sucedânea, ou melhor, foi mais um *transfert*[305] do que uma autêntica ruptura. Processo que procurou sacralizar princípios e valores, como a consciência humana – vertente particularmente importante no espiritualismo republicano francês de inspiração neokantiana (Ravaisson, Étienne Vacherot, Jules Simon, etc.) –, ou, depois, como a crença nas capacidades que a razão (positiva e cientificista) teria para acelerar o progresso e para construir a cidadania, perspectiva que será alargada, nos finais de Oitocentos, com o aumento do peso de argumentos historicistas e sociologistas.

Isolados ou misturados, estes desaguaram na justificação do papel universalista da França, em que se misturava os de tipo racionalista (a razão era a nova "fé") com os de ordem passional. Ao contrário da América, tal missão não provinha de Deus, mas teria sido posta nas mãos dos gauleses pelos imperativos da natureza

---

304 Cf. Jean Baubérot, "Sécularisation et laïcisation. Mode d'emploi 'à la française'", http://jeanbauberotlaicite.blogspirit.com/archive/2005/02/09/secularisation_et_laicisation.html, 09-10-2005, p. 7.

305 Sobre este *transfert*, leia-se a obra fundamental de Mona Ozouf, *La Fête révolutionaire. 1789-1799*, Paris, Gallimard, 1979.

humana e pelo sentido teleológico da história e da evolução social. E basta ler-se autores republicanos como Edgar Quinet e, sobretudo, Michelet, para se confirmar a sacralização desta tarefa. Assim, dirigindo-se aos compatriotas, o grande historiador escreveu no seu *Journal* (1831): "C'est à vous que je demanderai secours, mon noble pays; il faut que vous nous teniez lieu du Dieu qui nous échappe, que vous remplissiez en nous l'incommensurable abîme que le christianisme éteint y a laissé. Vous nous devez l'équivalent de l'infini. Nous sentons tous périr l'individualité en nous. Puisse recommencer le sentiment de la généralité sociale, de l'universalité humaine, de celle du monde"[306].

De facto, com os finais do século XIX, a legitimação histórica de cariz romântico ganhará, cada vez mais, tons sociologistas, perspectiva que se tornará hegemónica nos meios intelectuais e políticos, e cuja consequência maior conduzirá a que os princípios universalistas, inferidos a partir da razão ou da consciência, tenham sido aceleradamente substituídos pela reivindicação de uma moral social tida por científica. A lição da natureza humana deu lugar aos ensinamentos ex-

---

[306] J. Michelet, *Journal*, t.° I, Paris, Gallimard, 1959, p. 58. Para uma compreensão mais global desta sacralização da história e da sociedade, leia-se, por todos, Paul Bénichou, *Le Sacré de l'écrivain. 1750-1830. Essai sur l'avènement d'un pouvoir spirituel laïque dans la France moderne*, Paris, José Corti, 1973, e *Le Temps des prophètes. Doctrines de l'âge romantique*, Paris, Gallimard, 1977.

traídos da índole das sociedades, definida por uma diacronia consequente às relações que elas mantinham entre si, com a sua história e com o seu meio (social e físico). Daí que a ética de inspiração kantiana tenha sido subsumida, ou secundarizada, por uma moral social que o sistema educativo, normatizando e harmonizando valores cívicos (fraternidade, altruísmo, amor à Pátria, à humanidade, ao trabalho, etc.) com a defesa dos direitos individuais, reproduzia e socializava. Compreende-se, ainda, que esta maneira de pensar tenha aberto as portas a um novo desfasamento entre a reivindicação específica de um papel histórico e o proclamado universalismo dos valores que a história, progressivamente, teria de cumprir, pondo o *manifest destiny* da França como a vanguarda das vanguardas da humanidade.

Vendo bem as coisas, aqui também se depara com uma certa ideia de "povo eleito", embora, neste caso, tal estatuto não fosse acto gracioso de qualquer Deidade, mas exigência inscrita no próprio devir. Pelo que um ponto de partida universalista caía no culto do patriotismo (obviamente de cariz francocêntrico), característica a que nem sequer escapou a teorização da religião da humanidade sistematizada por Augusto Comte a partir do modelo de Rousseau, mas sem teísmo e mesclando a imitação da estrutura da Igreja medieval com a experiência dos cultos revolucionários, agora recuperados em sentido conservador.

Ao propor um novo calendário, uma nova hagiografia e uma nova Igreja universal, o autor do *Cathéchisme positiviste* não deixava de eleger a França como a vanguarda da épica tarefa de internacionalizar o período positivo e, assim, regenerar não só a República Ocidental (a Europa), mas também toda a humanidade. E esta referência é importante, porque as propostas religiosas de Comte, despidas das suas versões mais ortodoxas e eclesiais, ajudaram a consolidar a religião civil praticada, ainda que de um modo mitigado, pela III República (Gambetta, Jules Ferry, Littré eram discípulos heterodoxos do autor do *Cours de Philosophie Positive*), particularmente no que diz respeito às panteonizações e aos rituais comemorativos dos "grandes homens" e dos "grandes acontecimentos"[307] encarnadores das virtudes republicanas.

Da festa-instituinte à festa-instituída

Dificilmente tais liturgias, mesmo no seu período fundador, poderiam fugir a este destino: transformar-se em *comemoração* da Revolução. Aliás, ele ficou logo consignado na própria Constituição de 1791, que mandava instituir festas cívicas precisamente para "conser-

---

307 Cf. Georges Minois, *Le Culte des grands hommes. Des héros homériques au star system*, Paris, Éditions Louis Audibert, 2005, p. 377 ss.

ver le souvenir de la Révolution française". Depois, a passagem do tempo, com conjunturas (Restauração) em que reinou uma deliberada política do esquecimento (em nome de outras memórias), veio reforçar este tom memorial, metamorfose que só poderá ser bem entendida à luz do modelo inaugural da nova festa cívica, isto é, da experiência em que ela se afirmou como construtora da própria realidade histórica.

Alguns dos seus protagonistas justificaram-na em termos quase genesíacos. Ela anunciava o advento de uma "era nova", um "homem novo", um "povo novo", numa espécie de grau zero da história que iria culminar na definitiva libertação da humanidade. Como exortava Rabaut Saint-Étienne, em 21 de Dezembro de 1792: "il faut faire des Français un peuple nouveau"[308]; ou, como defendeu Billaud-Varenne, em 20 de Abril de 1794: "Il faut pour ainsi dire recréer le peuple qu'on veut rendre à la liberté"[309], palavras em que ecoa o célebre desafio de Rousseau feito no citado passo do *Contrato Social*[310], e segundo o qual o voluntarismo demopédico poderia transubstanciar a natureza humana, fazendo do "homem velho" um "homem novo". E pode mesmo afirmar-se que este apelo rege-

---

308 In B. Baczko, *Une Éducation pour la démocratie. Textes et projets de l'époque révolutionnaire*, Paris, Garnier, 1982, p. 298.

309 In Pierre Rosanvallon, *Le Sacre du citoyen. Histoire du suffrage universel en France*, Paris, Gallimard, 1992, pp. 357, 359.

310 Rousseau, *Oeuvres complètes*, vol. 2, p. 531.

neracionista – que Mona Ozouf[311] tão bem estudou – constituiu, a partir de 1792, o *leitmotiv* dos grandes planos de educação nacional apresentados, entre outros, por Lepeletier, Romme e Barère. E como a festa cívica era inseparável desta estratégia, explica-se que o desejo de se edificar o *novo* plasmasse uma ontologia do tempo, cuja encenação tinha de transmitir uma mensagem de teor progressivo, logo, oposta à que doou sentido à festa arcaica.

Na verdade, em França (e nos países por ela mais influenciados), a expressão ritualista e lúdica da paideia cívica tem a sua fonte nos ritos e cultos que a Revolução, movida pela paixão do futuro, institucionalizou. E a sua intensidade tinha de ser forte, porque se tratava de dar parto ao novo em odre velho, e não criá-lo *ex-nihilo*, não obstante todos os voluntarismos em sentido contrário. Assim, neles, não estava em causa qualquer ilusão de uma eterna juventude suspensiva do tempo histórico (como nos EUA), nem a dramatização da sua queda ôntica, como na festa arcaica.

Esta significava, em última análise, "uma actualização dos primeiros tempos do Universo, do *Urzeit*, da era original eminentemente criadora, que viu todas as coisas, todos os seres, todas as instituições fixarem-se na sua forma tradicional e definitiva". Emergência do

---

[311] Cf. M. Ozouf, *L'Homme régénéré. Essai sur la Révolution Française*, Paris, Gallimard, 1989.

sagrado no tempo profano, ela era momento repetitivo e de furiosa exuberância, no qual a sociedade retemperava o seu ser no "reservatório das forças todo-poderosas e sempre novas"[312], alimentado pela áurea fonte de todas as origens. O rito arcaico pode mesmo ser definido como um cerimonial *ex-tático*, fusão colectiva que suspende a ordem do mundo e a ordem do tempo, representando, simbolicamente, a cosmogonia, ou melhor, o regresso ao caos, numa vivência regeneradora, ciclicamente repetida, da idade primordial. Pelo que, ao objectivar-se num tempo e espaço de eleição, ele construía uma (re)presentificação cénica de uma ontologia, que se activava contra a degradação do cosmos resultante da inexorável passagem de cronos[313].

Entende-se, agora, por que é que – seguindo Mircea Eliade –, Jean-Pierre Sironneau[314], ao estudar as tendências secularizadoras das sociedades modernas (mas com os olhos postos na experiência francesa), comparou, deste modo, a festa arcaica com a revolucionária: se a mentalidade mítica atribuía ao rito uma função em que a ressurgência simbólica dos arquétipos visava anular a história profana, a fim de a regenerar, os ritos das religiões civis (à francesa), ao contrário, dão alma,

---

312 Roger Caillois, *O Homem e o sagrado*, Lisboa, Presença, 1988, p. 105.

313 Cf. Jean-Jacques Wunenburger, *La Fête, le jeu et le sacré*, Paris, Jean-Pierre Délurge Éditeurs, 1977, p. 11.

314 Cf. Jean-Pierre Sironneau, *Sécularisation et religions politiques*, *cit.*

explicitamente, à dimensão temporal do homem; e se, em ambos, se encontra um análogo eco da matriz paradigmática, bem como uma mesma preocupação em evitar o esquecimento, o rito cívico moderno – pelo menos na sua versão mais "jacobina" – convoca as primícias, mas para as fazer (re)viver como irreversíveis pontos de partida da viagem temporal sem regresso que a humanidade estaria a percorrer a caminho da realização plena do sentido perfectível da história. Consequentemente, nele, a imitação cíclica não é nostálgica repetição, nem desejo de eternizar a origem, mas raiz historicista de uma esperança prospectiva de tipo prometeico (o historicismo moderno secularizou o velho mito de Prometeu), por isso encenada como uma espécie de teatralização da utopia. Daí, a sua relação meramente mimética (e ecléctica), tanto com as festas religiosas católicas, como com as liturgias cívicas da Antiguidade Clássica.

Prolongando a paulatina secularização da festa política propriamente dita (já visível nas entradas régias e nas festas barrocas), a Revolução Francesa, em directa oposição às festas aristocráticas e às festas católicas, instaurou, de facto, novas festividades com intenções educativas, porque movidas pela mística do *tempo novo* e pela intenção de renovar o contrato social. É que, pela primeira vez, os ritos directa ou indirectamente políticos passaram a ser tecnologias do simbólico postas ao serviço da paixão do futuro. Logo, e como se verifica na Festa da Federação (14 de Julho de 1790), não estava em causa qualquer depreciação da riqueza ôntica do tempo, ou qualquer suscitação que indicasse o regresso à mítica idade do ouro. Ela pretendia, como na lição rousseauniana, reconstituir e solenizar, sobretudo, a reinvenção do pacto social, à luz da crença na crescente perfectibilidade humana. Isto mostra, também, que os revolucionários franceses cedo perceberam que o entendimento da Nação como um grande todo exigia a síntese entre os argumentos da razão e os sentimentos do coração. Pelo que o fito da festa revolucionária seria consumar – com os seus electrizantes momentos de comunhão (ou de "efervescência", de que falavam Durkheim e Mathiez) – "cette *union-fusion* que les hommes de 1789 appellent ardemment de leurs voeux. Elles sont considérées en ce sens comme des moyens directs de production de la société"[315]. Toda a revolução como festa saldava-se, assim, em rito instituinte da própria revolução.

Mas esta simbolização do *novo* em país *velho* obrigou ao diálogo entre o presente e o passado, sobretudo com o fluxo dos anos. Aí, a festa transmudou-se em acção anamnética promovida por políticas da memória (com o seu consequente esquecimento) interessadas em socializar uma certa leitura do pretérito, inculcando-a

---

[315] Pierre Rosanvallon, *Le Modèle politique français. La société civile contre le jacobinisme de 1789 à nos jours*, pp. 37-38.

como memória histórica e nacional. O que lhe fez perder a frescura criadora dos tempos inaugurais. Por conseguinte, se, em 1789 e 1790, ela ainda gozava de alguma espontaneidade, com o tempo converteu-se numa comemoração de si mesma sujeita a uma crescente estadualização. Em certo sentido, pode definir-se este caminho como a passagem da festa-instituinte do Estado-Nação a festa movida pelo interesse político de, recorrentemente, se reforçar a sociabilidade mediante o fomento de afectividades colectivas, sentimento que o ideal de fraternidade tão bem conota e que a visão teleológica da história nacional confirmaria.

Em suma: com a passagem da festa-instituinte a festa-instituída perdeu-se em novidade o que se ganhou em propósito comemorativo, uso da história empenhado em legitimar e em revivificar uma dada ordem. No entanto, apesar da evocação periódica e cíclica de acontecimentos ou de "grandes homens" exemplares, a lição não se queria regressiva, mesmo quando, do ponto de vista funcional ou do *décor* dos ritos, se seguia o modelo das festas políticas da Antiguidade. Com os ritos, pretendia-se produzir um suplemento simbólico que fosse capaz de interiorizar, como imperativos ético-cívicos, os direitos e os deveres – ou, talvez melhor, os deveres e os direitos – e de fazer acreditar que só no apego afectivo ao grande todo nacional o indivíduo, sem nele se subsumir, realizaria a sua plenitude cívica.

Do indivíduo-átomo ao indivíduo-cidadão

Num período propício ao aparecimento de novas atitudes religiosas devido à efervescência revolucionária[316], as novas festas criavam momentos entusiasmantes de comunhão que incentivavam a uma intensiva e "eléctrica" vivência do tempo, numa fusão quase mística e antecipadora da utopia. A esta luz, intelige-se melhor o objectivo que comandava a sua encenação: esta idealizava o novo *cosmos social*, de maneira a que os indivíduos – quais átomos sociais, isolados pela destruição das sociabilidades tradicionais e dos corpos sociais intermédios – se sentissem como *sujeitos sociais e cívicos*, isto é, como cidadãos comparticipantes, num plano de igualdade de oportunidades, de uma colectividade espiritual, que os envolvia e mobilizava, chamada *povo*. Função que se traduzia numa experiência transfiguradora, não só do espaço – apreciado não tanto como um local geográfico, mas mais como um território sacro-cívico –, mas também do tempo, que o rito pontualizava de acordo com um novo calendário, numa imaginária representação da harmonia social oferecida como espectáculo simbólico[317]. Compreende-se. As festas revolucionário-cívicas foram gizadas para agir como

---

[316] Cf. Émile Durkheim, *Les Formes élémentaires de la vie religieuse*, p. 306 ss.

[317] Cf. Pierre Rosanvallon, *ob. cit.*, p. 38.

máquinas de integração, ou, no dizer de Guy Débord, como *instrumentos de unificação*[318]. Como escreveu um contemporâneo desses momentos exaltantes, "ce sont les fêtes qui impriment à la *masse sociale* un seul et même caractère, qui lui donnent un seul et même esprit [...], et qui, par conséquent, forment de tous les membres de l'État un seule et même tout"[319]. Daí, desde a sua génese, a função massificadora das religiões civis, papel que o crescimento das "sociedades de massas" tornará mais visível[320], embora, na cultura republicana, se tenha procurado uma terceira via, a fim de se evitar, simultaneamente, o atomismo individual e o holismo social totalitário.

O caso da Festa da Federação ilustra isto mesmo, pois tratou-se de criar um momento adunante, através do qual os indivíduos se sentiriam em comunhão unitiva, mas voluntária, com a totalidade, ou melhor, com uma Nação de cidadãos, ainda que só imaginada[321]. Por isso, as festas cívicas terão por fito produzir o

---

318 G. Débord, *La Société du spectacle*, Paris, Éd. Champ Livre, 1967, p. 9 ss..

319 Charles-Alexandre de Moy, *Des Fêtes, ou quelques idées d'un citoyen français, relativement aux fêtes publiques et à un culte national*, Paris, an VII, p. 2 (Pierre Rosanvallon, *ob. cit.*, p. 39). Os itálicos são nossos.

320 Cf. G. L. Mosse, *The Nationalization of the masse*, New York, H. Fertig, 1975.

321 Sobre a função instituinte desta festa e a sua inspiração rousseauniana, veja-se Jean Devalon, *art. cit.*, p. 187.

homogéneo – só se excluía as minorias, tidas por inimigas do povo –, mediante princípios e símbolos consensualizadores, porque de pretensão universal (Ser Supremo, Razão, Pátria, Árvore de Liberdade, etc.). Com o tempo, porém, esta política simbólica será cada vez mais sobredeterminada pelo culto da Pátria e dos inalienáveis valores da República fomentados pelo Estado. Como observou Raymond Aron, as "religiões seculares" tomaram o lugar, "dans les âmes de nos contemporaines [...], de la foi évanoui", localizando, "ici-bas, dans les lointains de l'avenir, sous la forme d'une ordre social à créer, le salut de l'humanité"[322]. A escatologia transcendente situava-se, agora, num horizonte histórico (e patriótico) movido, mais pelo sentimento do que pela razão.

Dito de outro modo: na sua simultaneidade colectiva os ritos cívicos incitavam o indivíduo a reconhecer-se, igualmente, como um sujeito social e a mobilizar-se como membro de uma *sociedade* vivida como *comunidade* pós-contratual. Para este trabalho, a par dos argumentos racionais, o novo Estado-Nação tinha a necessidade de inocular valores e de construir representações simbólicas, em ordem: a simular-se a renovação do contrato social; a fomentar-se afectividades em relação a ideais abstractos e colectivos; a desenhar-se perspectivas sobre o universo e a história que, em alternativa às

---

[322] In Jean-Pierre Sironneau, *ob. cit.*, p. 205.

religiões, dessem um sentido colectivo à vida individual no seio da crença na auto-suficiência da própria sociedade[323]; e a prometer-se formas sucedâneas de imortalização, nem que fosse no céu da memória colectiva[324].

Pode assim concluir-se que este tipo de mundividência não deixava de secularizar expectativas de índole escatológica. Só que estas tinham dificuldades para "aquecer" as almas. O seu além era demasiadamente terreal, elitista e aristocrático (a imortalização da aristocracia do mérito) em comparação com a esperança salvífica mais democrática oferecida pelas religiões transcendentes, que acenavam para um Julgamento Final colectivo e apontavam para uma vida *post-mortem*, a que todos, ou quase todos, podiam aspirar, enquanto que a libertação da lei da morte pela Fama – isto é, pelo Julgamento Final feito pela História – somente confirmava a vida... dos vivos. E isto explica o cariz dominantemente "frio" de todas as religiões cívicas e seculares, fraqueza que, não por acaso, a proposta teísta de Rousseau procurava ultrapassar.

Por outro modo, o seu papel era o de reforçar o carácter assimilativo da lei, pois esta propunha-se colocar, sem mediação, os indivíduos num nexo directo com

---

323 Bronislaw Baczko, "Le calendrier républicain", in Pierre Nora *et al.*, *ob. cit.*, p. 16.

324 Fernando Catroga, *O Céu da memória. Cemitério romântico e culto cívico dos mortos*, Coimbra, Minerva, 1999.

um todo abstrato. E foi por isso que o novo poder atacou toda a fragmentação e auto-suficiência das autonomias locais e corporativas, em nome dos direitos individuais que só seriam verdadeiramente cumpridos se se realizassem como cidadania, finalidade bem patente em alguns casos polémicos da sua afirmação, como foi o dos judeus. Estes deviam ser integrados na Nação somente enquanto indivíduos, já que lhes estava vedada a possibilidade de se assumirem como uma "nação", isto é, como uma comunidade específica. Como escrevia *Le Moniteur Universel*, em 23 de Dezembro de 1789, "il faut tout refuser aux Juifs comme nation; il faut tout leur accorder comme individus ; il faut qu'ils soient citoyens"[325].

Dentro deste propósito integrativo – para muitos, a causa das grandes dificuldades actuais que o conceito de cidadania à francesa revela para lidar com os problemas do multiculturalismo –, os ritos cívicos deviam *religar* os indivíduos entre si, através de sentimentos como os de *pertença* e, no dizer de Sieyès, de *adunação*[326].

---

325 Citado por Renée Neher-Bernheim, *Histoire juive de la Révolution à l'État d'Israël*, 2ª ed., Paris, Seuil, 2002, p. 69.

326 Sieyès utilizou, em 1793, tal termo para conotar esta ideia: "L'assimilation des hommes est la primière condition de la grande réunion nationale, en un peuple *un*". E, segundo Pierre Rosanvallon, o vocábulo "adunação" constitui um neologismo que aquele formou para exprimir o movimento através do qual um conjunto de indivíduos "fait nation". (Cf. Pierre Rosanvallon, *ob. cit.*, p. 29,

O que requeria o aculturamento das solidariedades afectivas polarizadas por corpos intermédios, incluindo os que podiam resultar do uso da liberdade, como se prova pelas resistências que, desde a célebre Lei Le Chapellier (2 de Março de 1791), foram avançadas contra o reconhecimento da liberdade de associação (1884, 1901)[327], suspeita de poder levar à reconstrução da velha sociedade corporativa.

Mesmo quando os ritos cívicos estavam estribados em fundamentos transcendentes – como a evolução do caso francês parece demonstrar –, as suas finalidades religiosas punham em prática uma certa *sacralização da política*[328], ou melhor, uma religião civil que funcionava "comme modèle d'*interdépendance civique*: aussi bien siège laïcisé d'une morale publique que lieu immatériel de l'appartenance politique et sanctuaire enseveli du lien social"[329]. Isto é, não obstante se ter deixado de invocar Deidades, o julgamento final e a imortalidade da alma – postulados essenciais da religião civil de Rousseau (e de Robespierre) –, o Estado continuará a pôr em cena uma espécie de religiosidade cívica "hostil" à

---

not. 1). Seja como for, em português, a expressão já era utilizada desde os meados do século XV, no sentido de unificar o que é múltiplo.

327 Cf. Pierre Rosanvallon, *ob. cit.*, pp. 59-80, 279-287, 343-349.

328 Cf. Mona Ozouf, *La Fête révolutionnaire*, *cit.*

329 Olivier Ihl, *La Fête républicaine*, p. 21.

intromissão das Igrejas na "formação das almas", articulada, por isso, com o projecto de educação nacional.

No fundo, a sua prática concretizava a política da memória que sempre esteve subjacente às festas-instituídas, transformando-as em *espectáculo*, evolução que gerou este resultado: no século XIX, a festa revolucionária decaiu para uma festa cívica montada, sobretudo, como cortejo, desfile, parada, "degradando", assim, a força instituinte do modelo. E o positivismo comtiano, despido dos seus exageros religiosos, teorizou esta necessidade, ao influenciar os ideais educativos da III República no sentido de se acasalar o progresso com a ordem. E isto apesar do referente histórico, directamente ou subliminarmente evocado, reivindicar uma (certa) leitura da memória da Revolução. Por outras palavras: os avanços, recuos e tentativas de esquecimento da herança revolucionária conduziram a que as suas festas tivessem sido domesticadas. Elas passaram a ser festas da Nação, num percurso que, todavia, não foi linear, nem isento do eco das lutas político-ideológicas que dividiam a sociedade.

Na Restauração houve mesmo uma espécie de regresso à prodigalidade monárquica anterior a 1789. Chamadas, indistintamente, "festa nacional", ou "festa patronal do rei", estas manifestações, outorgadas, constituíam ajuntamentos e não punham em prática o papel pedagógico-cívico exigido pela cultura republicana. Com a Monarquia de Julho, as solenidades sofreram alterações importantes, em particular os festejos em honra das *Trois Glorieuses*. Explica-se. Tratava-se de fazer uma certa recuperação (liberal e monárquica) da Revolução: a 27 de Julho de 1830, foi colocada a primeira pedra na coluna a erguer na praça da Bastilha; no ano seguinte, a bandeira tricolor foi adoptada, enquanto o Panteão retomou o culto dos "grandes homens". Instituiu-se, ainda, a festa do "Roi-Citoyen". Todavia, a pouco e pouco, esta deu lugar a homenagens a "Saint-Philippe", sintoma do regresso às finalidades típicas da festa monárquica, a saber: reforçar o respeito para com o rei e os poderosos. E se a II República retomou, momentaneamente, a celebração de ritos consagradores da soberania nacional, o II Império enfatizou o modelo ordeiro do desfile e da parada militar[330]. Entretanto, com a III República, reapareceu toda uma retórica exaltadora da herança revolucionária. Porém, as suas festas já só podiam ser de cariz comemorativo, promovidas, sobretudo, para serem vistas e não tanto para serem participadas[331]. É que se estava na presença de uma cerimónia instituída que, ao nível simbólico, pretendia reproduzir uma dada ordem. E se, agora, foram escolhidos acontecimentos e símbolos que, em vez de produzirem o consenso nacional, podiam dividir (o *14*

---

330 Cf. *idem, ibidem*, pp. 62-75.

331 Jean Duvignaud," La fête civique", Guy Dumur *et al.*, *Histoire des spectacles*, Paris, Pleiade, 1965, pp. 238-263.

Juillet, a *Bandeira tricolor*, a *Marseillaise*)[332], o certo é que se foi recalcando os estigmas que podiam provir da sua origem violenta e revolucionária.

Significativamente, a sua figuração e configuração segue – apesar do anticlericalismo manifesto – um inconfessado mimetismo com a religião católica misturado, contudo, com a lição de Rousseau e do positivismo comtiano. Do catolicismo, ela apropriar-se-á, em época de culto mariano, da figura simbólica e matricial da mulher, encarnada em "Marie-Marianne". Também não deixará de sacralizar a lei das suas "tábuas" – a Declaração dos Direitos do Homem –, de ter as suas festas "solsticiais" (com a plenitude e coroamento no *14 de Julho*; e com a morte, o luto e a ressurreição no *11 de Novembro*), e não se esquecerá de promover as suas liturgias de canonização (funerais nacionais, comemorações, panteonizações de "grandes homens") e de petrificar a eternização da nova hagiografia cívica em monumentos (a III República foi o período da "statuomanie"[333]), ou em inscrições toponímicas. Encenará,

---

[332] Cf. Christian Amalvi, "Les 14 Juillet. Du dies irae à jour de fête", Michel Vovelle, "La Marseillaise. La guerre ou la paix", pp. 85-93, Mona Ozouf, "Le Panthéon. L'École Normal des morts", todos em Pierre Nora *et al.*, *ob. cit.*, pp. 136-166, 921-971; e Paul Ory, "La République en fête. Les 14 Juillet", *Annales Historiques de la Révolution Française*, n.° 241, 1980, pp. 443-461.

[333] Só na cidade de Paris, foram inauguradas cento e cinquenta estátuas entre 1870 e 1914. Cf. Georges Minois, *ob. cit.*, p. 390.

ainda, rituais patrióticos decalcados do Santo Sacramento (a transformação, logo após a I Guerra, do Soldado Desconhecido no Cristo da Nação, colocado sob a chama eterna a arder no altar da Pátria – o Arco do Triunfo)[334]. E tudo isto visava concretizar este objectivo principal: construir "l'unité de la nation sous l'égide d'une République laïque et démocratique: tels sont les termes politiques de la politique festive mise en oeuvre après 1880"[335].

Este foi o período em que aqueles símbolos serão verdadeiramente institucionalizados como símbolos nacionais, consolidando uma religiosidade cívica que atingirá o seu acume a seguir à I Guerra Mundial, pois com este "grande acontecimento" intensificou-se ainda mais a sacralização do político, que a contemporânea emergência de regimes totalitários levará às últimas consequências. Por sua vez, as religiões tradicionais não ficaram indiferentes às mobilizações em prol do sacrifício pela Pátria. Assim, se, com o armistício, floresceu um forte culto cívico dos mortos – atitude que, no caso francês, se traduzirá no fomento de uma espécie de piedade laica –, esta fará reviver, com intensidade, a sacralidade das ideias republicanas, e provocará um gradual amolecimento do conflito entre as "duas Franças"[336],

---

334 Cf. Patrick Cabanel, *ob. cit.*, p. 89.

335 Olivier Ihl, *ob. cit.*, p. 115.

336 Cf. A. Prost, "Les monuments aux morts. Culte republi-

coexistência pacífica que se reflectirá nas relações entre a Santa Sé e a República laica.

Resumindo o que se escreveu, poder-se-á concluir que, para se combater as iniciais resistências da Igreja à Modernidade, e para se evitar a queda do indivíduo-cidadão no atomismo social e no egoísmo ético, seria necessário dar continuidade, se não a uma religião civil no sentido estrito e rousseauniano do termo (como alguns ainda propunham nos anos de 1870), pelo menos, a uma praticada religiosidade cívica. E esta também tinha de se expressar através de símbolos e ritos que, contudo, não se bastavam a si mesmos, nem remetiam, explicitamente, para qualquer fundamento transcendente e metafísico. Legitimava-os uma leitura teleológica da história, a qual, apesar de reivindicar o cosmopolitismo, culminava numa lição patriótica.

Pode assim sustentar-se que, na experiência francesa, a postulação da natureza do homem como ser racional e a sua necessária objectivação histórica e social, apreendida como um historicismo e um sociologismo, substituíram o deísmo ou mesmo o teísmo da religião civil à Rousseau. Dir-se-ia que não mais existiria "ni théologie ni mystère", porque "le culte patriotique détermine

---

caine? Culte civique ? Culte patriote ?", Pierre Nora (ed.), *ob. cit.*, vol. 1, pp. 195-225. Para o caso português, veja-se Fernando Catroga, "Ritualizações da história", L. R. Torgal, J. M. Amado Mendes, Fernando Catroga, *História da história em Portugal*, Lisboa, Círculo de Leitores, 1996, p. 644 ss.

avant tout une subordination des droits individuels à l'appartenance civique que pose la Nation"[337]. E, transmitida pelo novo sistema nacional de educação e de ensino (obrigatório, gratuito e laico), a moral social e cívica republicana iria exilar Deus da Escola, para nela fazer entrar o ideal (sacralizado) não só de igualdade individual, mas também de Pátria, de Nação e, supletivamente, de Humanidade.

Em certo sentido, pode igualmente defender-se que a festa revolucionária encontrou no historicismo iluminístico-romântico de Oitocentos a sua justificação domesticadora. O que se compreende, pois ela actualizava uma visão linear e acumulativa do tempo, rio no seio do qual o "grande homem" e o "grande acontecimento" emergiam aureados de uma capacidade precursora e profética. Sombras exemplares, as suas evocações (e invocações) caucionavam a acção dos vivos, inscrevendo-a numa tradição e num projecto para a Nação, mas ligado ao universal[338]. E este trabalho de glorificação e apoteose aparecia como prova ontológica de que, agindo-se de acordo com ideais altruístas e patrióticos (aceitando-se o sacrifício maior: o "morrer pela Pátria"), a conquista da imortalidade não era uma quimera.

---

[337] Olivier Ihl, *ob. cit.*, p. 82.

[338] Cf. Jean-Marie Goulemot e Eric Walter, "Les centenaires de Voltaire et de Rousseau", in Pierre Nora *et al.*, *ob. cit.*, pp. 407-408; Fernando Catroga, *ob. cit.*, pp. 547-619.

Surge como natural, portanto, que estes fundamentos e estas práticas rituais, de matriz rousseauniana-jacobina, se tenham conjugado bem com a assunção nacionalista da ideia de Pátria. E explica-se que, quando esse trabalho foi deslocado da sua base demoliberal de legitimação – que não dispensava a realização do indivíduo-cidadão –, essa tarefa tenha sido extremada pelos regimes totalitários, empenhados em impor uma "política de espírito" (Lenine-Estaline, Mussolini, Hitler, Salazar, Franco, Getúlio Vargas, etc.), posta ao serviço do combate contra os direitos individuais e subjectivos e da entificação de instâncias corporativas, ou as das próprias massas, tendo por único interlocutor o poder central, comummente encarnado por um líder carismático.

Comparando o que ficou escrito sobre as religiões civis nos EUA e em França, poder-se-á concluir que o caso americano só será "excepcional" se se escolher um outro como modelo dos modelos. Ora, ambos possuem especificidades próprias resultantes de múltiplos condicionamentos, não sendo o menor a maneira como as respectivas Revoluções se relacionaram com as Igrejas e como os direitos dos indivíduos foram, *negativa* ou *positivamente*, confrontados com o Estado. Mas isto não invalida que se procure saber se, nas diferenças, não existem características comuns a atravessá-las.

Com efeito, as duas religiões civis partem de princípios – transcendentes, ou imanentes, mas todos revestidos de sacralidade – cuja função é produzir consensos, integrando, incluindo ou religando os indivíduos (ou as comunidades) ao todo nacional. E se a via americana se tem mostrado, nas últimas décadas, mais apta para lidar com fenómenos como o individualismo liberal e o multiculturalismo, não se pode esquecer que essa capacidade é inferior à de outras experiências em que a presença da respectiva religião civil é mais fraca, como é o caso do Canadá[339]. Por outro lado, o reconhecimento da cidadania e do direito à diferença não se deu sem grandes lutas, como o testemunham as campanhas contra a escravatura e a favor da integração racial nos EUA, ou as querelas à volta de propostas culturais e científicas que colidem com as visões bíblicas do mundo e da vida, sobretudo as relacionadas com o evolucionismo e o transformismo.

Ter-se-á de aceitar que todas as religiões civis assentam em mitos, símbolos e ritos, pondo em cena cosmogonias, antropogonias e cronologias que, em termos históricos, apontam para missões de índole messiânica. Isto é, a partir de mitos fundacionais, todas anunciaram um "mundo novo", um "tempo novo" e um "homem novo", e prognosticaram futuros que trarão a

---

339 Cf. Micheline Milot, "Le Canada: laïcité silencieuse et reconnaissance de la diversité religieuse", in Jean-Robert Armogathie e Jean-Paul Willaime, *Les Mutations contemporaines du religieux*, Paris, École des Hautes Études en Sciences Religieuses-Brepols, 2003, pp. 45-60.

harmonia no interior da Pátria e, por extensão, entre toda a humanidade. Para isso, elegem, como artífice desse papel, a Nação específica que legitimam e à qual uma instância (que a ultrapassa) terá manifestado uma vocação ou um destino, provenha este do Deus-Providência, da natureza humana, dos ditames objectivamente inscritos na própria história, ou, nas suas visões mais seculares e totalitárias, da função histórica de uma classe (estalinismo), ou de uma raça (nazismo). E, quanto às suas matrizes teóricas, não será arriscado dizer que, hoje, a religião civil americana, embora caldeada com a lição de Locke e de seus seguidores, é mais rousseauniana do que a francesa. Mas também se perceberá que, afinal, a capacidade de convencimento daquilo que elas proclamam e prometem será tanto mais forte quanto maior for o poder político-militar de quem as formula e reproduz.

O complemento sentimental que as religiões civis dão à racionalização dos alicerces do Estado-Nação, quando não conduz à sacralização do próprio Estado (e dos seus detentores) – como ocorreu nos Estados militantemente ateus do século XX –, leva, pelo menos, à sacralização da Nação e, sobretudo, da Pátria. E se, no caso americano, a fonte dessa missão será divina (*One Nation under God*), o transcendentismo francês do período da Revolução foi um deísmo que evoluiu para uma caracterização agnóstica dos primeiros princípios. O que, porém, não impediu uma certa sacralização do profano que se manifesta no cariz universal dos valores fundantes da soberania popular e na "santificação" dos ideais de Pátria e República, entidades míticas que, no plano da "formação das almas", ocupam o lugar deixado pela "morte" metafísica e cívica de Deus, finalmente "exilado" para a esfera da sociedade civil.

Como por mais de uma vez ficou dito, a compreensão de todas estas metamorfoses é inseparável de uma via secularizadora que desaguou numa laicização. Fazer a história deste trânsito será o escopo das páginas que se seguem, nunca esquecendo que, por mais racionalistas que fossem os argumentos, a luta pela vitória da laicidade também foi, em última análise, um combate de "foi contre foi: ou la foi religieuse, ou la foi civique"[340].

---

340 Ferdinand Buisson, *Nouveau Dictionnaire de pédagogie et d'instruction primaire*, Paris, Hachette, 1911, p. 1403.

TERCEIRA PARTE

LAICIDADE E LAICISMO
(O CASO FRANCÊS)

CAPÍTULO VII
A Secularização como Laicidade

Diz-se que a polémica sobre a secularização e a laicidade está viciada, porque esta terminologia, tendo nascido, primordialmente, no interior da religião judaico-cristã, está refém da sua génese. Afirmar isto significa não levar em conta a origem pré-cristã dos seus radicais e não perceber que foram os seus derivados greco-latinos a recobrir a novidade religiosa e não o contrário. Amiúde, aqueles vocábulos também são utilizados como se de sinónimos se tratasse. No entanto, aqui, procurar-se-á mostrar a pertinência desta hipótese, aplicável, em particular, aos países católicos: *se toda a laicidade é uma secularização, nem toda a secularização é (ou foi) uma laicidade e, sobretudo, um laicismo.*

Esforços para clarificar os termos podem encontrar-se em alguns trabalhos recentes sobre o tema, nomeadamente em Karel Dobbelaere, que distinguiu três acepções de secularização, a saber: a que se refere ao distanciamento dos actores sociais em face das tradições religiosas; a que conota a tendência moderna para se privilegiar a pertença ao mundo terreno; e a que traduz o processo de diferenciação estrutural e funcional das instituições, a que se chamou "laicização"[341]. Outros têm ido mais longe, ao reduzirem esta última a uma especificidade francesa da secularização. Nesta perspectiva, ela implicaria tanto um intervencionismo mais directo do Estado na instituição da liberdade de consciência, como a neutralização do religioso na vida pública. Num quadro diferente, a secularização corresponderia, sobretudo, a um decréscimo da pertinência social e cultural da religião como quadro normativo; tratar-se-ia, portanto, de um fenómeno de longa duração e sem sujeito activo explícito, porque mais dependente das interacções da dinâmica interna das sociedades do que do propósito planificador da instância política[342]. Seja como for, raciocinam bem todos os que, dentro de um pano de fundo comum, separam os conceitos e aceitam que ambos se podem combinar, ou não, de acordo com as experiências históricas concretas.

Assim sendo, tem-se por um pouco restritivas as teses dos que, como Jean Baubérot, parecem reduzir a laici-

---

341 Cf. Karel Dobbelaere, *Secularization. An analysis at three levels*, Bruxelles, Presses Interuniversitaires Européennes, Peter Lang, 2002.

342 Para uma síntese destas posições, leia-se Jean Baubérot, "Le phénomène de sécularisation", Jean Baubérot (dir.), *La Laïcité à l'épreuve. Religions et libertés dans le monde*, pp. 153-157.

dade aos aspectos institucionais e jurídico-políticos, em particular quando defendem que "*la sécularisation concernerait avant tout le rôle de la dynamique sociale, culturelle (et, en conséquence, individuelle) des univers religieux par rapport à la culture commune* (ce qui n'est pas, d'ailleurs, sans impact sur les institutions)", enquanto que a laicização "concerne avant tout le lace et le rôle social de la religion dans *le champ institutionnel, la diversification et les mutations* sociales de ce champ en relation avec l'État et le politique (et *aussi la société civile*)"[343]. Ora, se esta última característica é a dominante, não se pode menosprezar este facto: o processo laicizador afirmar-se-á, com prioridade, no terreno da educação e do ensino, sinal inequívoco de que ele, se visava separar as Igrejas da Escola e do Estado, também o fazia para socializar e interiorizar ideias, valores e expectativas. Daí que as suas facetas jurídico-políticas apareçam sobredeterminadas, em última análise, por finalidades de cariz mundividencial.

O povo como *laós*

Para melhor se compreender tudo isto, acompanhe-se, então, a história das palavras. É certo que o estatuto de

343 *Idem*, *Sécularisation et laïcisation. Mode d'emploi "à la française"*, p. 3.

pessoa laica se foi autonomizando em equivalência com o de secular e em demarcação com o de clérigo. Porém, é necessário esclarecer toda a semântica que *saeculum* envolveu, assim como a de *laós*, para se inteligir por que é que, a partir de uma dada conjuntura, termos como laicidade e laicismo (e como clero, clerical e clericalismo) virão a ser utilizados, não no interior de uma comunidade de crentes organizada como Igreja, mas, precisamente, contra esta. Remontar às suas origens e entender as suas posteriores reactualizações – muitas delas ditadas pelos obstáculos que a religião organizada levantou à modernização – será o objectivo das páginas que se seguem.

Em grego, *laós* (do radical indo-europeu *lei*) teve uma origem militar, contexto em que exprimiria a relação pessoal de um grupo de homens com um chefe por consentimento mútuo, denotando, portanto, um modo de organização típico das antigas sociedades guerreiras. A palavra qualificaria o povo enquanto povo armado e dirigido por um chefe, pelo que não se aplicaria às crianças e aos velhos; designava, em suma, uma comunidade guerreira. Cedo, porém, ganhou o significado de "'povo', ou 'gente do povo'. Neste caso, trata-se de indivíduos (em geral homens) não qualificados que se distinguem pela actividade ou circunstância ocasional que os agrupa"[344]. Pelo que esta acepção não

---

344 Telmo Verdelho, *art. cit.*, p. 26.

se confundia com a de *dêmos*, conceito territorial e político que apontava, como ensinou Émile Benveniste, tanto para uma porção de terra, como para o povo que aí vivia, unido por uma comum condição social (e não por um elo de parentesco, ou por uma pertença de carácter político).

Laós distinguia-se, igualmente, de *óchlos*, que referenciava "gente", "massa", "plebe", e de *éthnos*, palavra que não se aplicava somente aos homens, mas também a animais, abelhas (contextos em que *dêmos* nunca surge)[345]. Quer isto dizer que *éthnos* tinha o sentido de grupo de humanos estritamente vinculados entre si por laços naturais, por uma história e por um espaço vital comum, abarcando, portanto, vínculos culturais ou civilizacionais.

Por sua vez, o termo *polis* era usado para exprimir uma realidade de forte acentuação política, ao querer dizer a comunidade que, organizadamente, vivia junta, mas sob uma constituição civil e jurídica, isto é, como *cidade-estado*.

Quanto a *laós*, é um facto que a palavra veio a ultrapassar a sua primitiva semântica, que Homero registou, passando a querer significar que, antes de ser *dêmos* e de se formar como *polis*, o "povo" seria *laós*, base

---

345 Émile Benveniste, *Le Vocabulaire des institutions indo-européennes*, vol. 2, Paris, Les Éditions de Minuit, 1969, pp. 90-98. Cf. Telmo Verdelho, *art. cit.*, pp. 25-26.

substancial daquelas duas outras expressões[346]. Logo, não será errado englobar no "povo", enquanto *laós*, os seres humanos que vivem em conjunto, num determinado momento, "qu'elle que soient leurs origines, leurs croyances, leurs aspirations"[347].

As versões gregas do Antigo e do Novo Testamento registam *laós* e, quando o fazem, o seu uso não é uniforme, embora, na maior parte dos casos, a palavra sirva para qualificar o antigo e o novo povo de Deus, respectivamente. Mas os pagãos são chamados, de um modo genérico, *éthnos* ou *éthné* (no plural). E não deixa de ser sintomático que o conceito que melhor caracteriza a autocompreensão do grego como "homem político", a *polis*, tenha um lugar muito secundário nos textos bíblicos.

Em suma: para assinalarem a aliança entre Israel e Javé, aos tradutores gregos do Antigo Testamento pareceu-lhes mais adequado fazer corresponder a palavra hebraica *am* a *laós*, termo que qualifica Israel como o *povo eleito* de Deus, frequentemente em contraste com a palavra hebraica *goy*, usada para denominar os pagãos (*éthné*). Por conseguinte, o que na maior parte dos casos transforma o povo judeu em *laós* é a *eleição* e a *graça de Deus*, e não as suas índoles étnicas, naturais, ou históricas.

---

346 Sobre o que se expôs, consulte-se Henri Pena-Ruiz, *La Laïcité*, Paris, Flammarion, 1998, e *Dieu et Marianne*, Paris, PUF, 1998.

347 Jean Michel Ducomte, *La Laïcité*, Toulouse, Éditions Milan, 2001, p. 20.

Laós aparece 141 vezes no Novo Testamento. E se, numa delas, é sinónimo de *óchlos*, na maior parte dos casos refere-se ao povo judaico. Todavia, em muitos outros passos verifica-se que este título honorífico – ser o *laós* de Deus – foi transferido para os fiéis da Igreja cristã. Entre os vários *éthné*, Deus escolheu um *laós* para ele. De facto, no grego tardio, *laós* deu origem a *laikós*, de onde nasceu a expressão latina *laicus* e, em português, *leigo* e *laico*[348].

Com a consolidação do dualismo entre a vida espiritual e a temporal, ou melhor, com a divisão, no interior do cristianismo, entre clérigos e seculares, o sentido bíblico de povo de Deus começará a ser usado para balizar esta nova hierarquização. Segundo alguns autores, *laikós* terá aparecido, pela primeira vez, em 96 d.c., numa carta do Papa Clemente, para qualificar um fiel, em oposição a um diácono, ou a um padre (os iniciados e detentores do saber). Com o tempo, expressões como "irmão leigo" aplicam-se a "irmão servidor", a quem eram confiados os trabalhos manuais nos mosteiros, durante a Idade Média[349]. Consolidou-se, assim, a velha dicotomia entre os detentores do poder espiritual e o mundo, num processo em que, no interior da

---

[348] Nesta síntese, seguimos o artigo "Pueblo", em Lothar Coenem, Erich Beyreuther e Hans Bietenhard, *ob. cit.*, vol. 3, pp. 437-448; e Telmo Verdelho, *art. cit.*, p. 28 ss.

[349] Cf. Yves Congar, *Encyclopédie de la foi*, Paris, La Cerf, 1967.

Igreja, leigo tendeu a ser equivalente a secular. Mas, como consequência do menor apreço pelo trabalho manual (herdado da tradição grega), aquele vocábulo também foi recebendo conotações pejorativas.

A relação antinómica de leigo com clero ou padre está desde cedo comprovada. Depois do século XII, o termo foi utilizado tanto no sentido de "secular", como no de "ignorante"[350], embora, até ao século XIII, a palavra laico fosse rara e o seu curso não ultrapassasse uma pequena esfera de eruditos. No século XV, ela tornar-se-á mais conhecida, em particular quando aplicada aos membros de uma sociedade religiosa que não eram padres ou clérigos, não obstante todos serem considerados elementos constituintes do povo de Deus. Simultaneamente, popularizou-se o significado mais depreciativo: leigo é também o ignorante, em contraste com a sabedoria do clérigo e, mais tarde, por secularização, com a do "homem de letras".

Segundo o *Oxford English Dictionary*, a palavra inglesa *laic* teve o seu primeiro registo em 1562, e *laity* (laicado) encontra-se a partir de 1540. Em francês, *lai/laïe* recebeu, em 1606, esta definição dicionarizada: "aquele que não tem nenhum grau de clericatura" (Nicot); e o célebre dicionário da Academia (ed. de 1694) inseriu os

---

350 Cf. Pierre Fiala, "Les termes de la laïcité. Différenciation morphologique et conflits semantiques", *Mots*, n.° 27, juin, 1991, p. 46.

dois artigos seguintes: "LAIQUE. adj. de tout genre. Séculier. Il est opposé à Clerc et Ecclésiastique. *Une personne laïque, un officier laïque, de condition laïque*; Il est souvent substantif. *Un laïque, Les Ecclésiastiques et les laïques*"; "LAY, AYE. adj. Laïque. *Un Conseiller lay traduire un Ecclésiastique en cour laye. Patron lay*. On appelle, *Un frère lay, un Moyne lay*. Les frères servants qui ne sont point destinés aux Ordres sacrés: et de mesme on appelle *Soeurs layes* Les Religieuses qui ne sont point du choeur [...] Il est aussi quelquefois substantif"[351].

Em português, esta semântica encontra-se no célebre *Vocabulário* de Rafael Bluteau (1716). Assim, registando a palavra "laical", este escreveu: "cousa de leigo ou de Irmão Leigo em ordem religiosa". Ao mesmo tempo, definia "leigo" como um adjectivo que tinha por origem o "grego laós, que vale o mesmo que povo", e esclarecia: "chama a Escritura *pão leigo* ao pão não sagrado. Chama-se *leigos* a todos os que não são clérigos, nem ordenados. *Leigo* vale o mesmo que *não clérigo*".

O direito canónico consagrou a hierarquia: o leigo, ao contrário do clérigo, era o crente a quem faltava toda a participação no poder da Igreja, fosse este de jurisdição, fosse de ordenação. E este estatuto diminuído fez doutrina, pelo menos até ao Concílio Vaticano II, que dedicou todo um capítulo ao assunto. Excluindo os membros comprometidos com uma

---

351 In *idem, ibidem*, pp. 43-44.

ordem sagrada e com um estado religioso, leigos são todos os fiéis reconhecidos pela Igreja e em cujo governo devem participar. Nesta (nova) óptica, eles já não podem ser confundidos com os seculares, porque os crentes que fazem profissão de fé num instituto religioso, sejam eles clérigos ou meros fiéis, cessam de ser seculares[352]. De tudo isto se conclui que as expressões com a raiz em *laós* transitaram da tradição grega para as traduções bíblicas e, destas, para significações que o direito canónico incorporará.

O assinalado impacto da vertente jurídico-política e, sobretudo, histórico-filosófica da secularização modificou o seu campo semântico, veiculando finalidades que já não serão de mera destrinça no interior do povo de Deus, mas de aguerrida crítica ao clérigo e à própria Igreja, objectivação radical de um longo e conflituoso percurso que irá cindir ordens e poderes. É que, se, na *polis* grega, ainda se confundiam o jurídico, o político e o moral – todos estavam articulados na prossecução do bem –, a Idade Média, sob o eco do pensamento agostiniano, não só acentuou a dualidade entre a cidade celeste e a cidade terrena, como afirmou a primazia da lei divina na legitimação e arbitragem do poder temporal. Ora, posteriormente, esta carismação virá a passar da Igreja para o Soberano, que as fórmulas *cujus*

---

[352] Cf. S. Bencheik, *Marianne et le prophète. L'Islam dans la France laïque*, Paris, Grasset, 1998, pp. 23-25.

regio, ejus religio, ou *une foi, une loi, un roi*, exprimirão. O que, como se assinalou, teve este efeito aparentemente paradoxal: como a origem jusdivinista do poder absoluto estava em consonância com a vitória das teses regalistas, a sacralização do Monarca não só o alforriou do poder da Igreja, como validou, teologicamente, a imposição da sua soberania a todas as ordens, incluindo a dos clérigos, abrindo-se, assim, o caminho para a *territorialização* do poder e, por inerência, da religião "nacional".

Ao mesmo tempo, a cesura entre o político e o religioso (Locke, Bayle), e entre a política, a moral e a religião (Maquiavel), a afirmação do princípio da soberania (do Soberano ou da Nação) e da separação dos poderes, tal como a radicação do Estado de direito, serão, igualmente, condicionantes da secularização. Para o avanço deste movimento modernizador também não foram somenos os combates travados pela nova filosofia, ao reivindicarem o exercício autónomo da razão crítica liberto de todos os dogmatismos, e ao reclamarem, como a primeira das liberdades, a liberdade de consciência e o livre-pensamento[353].

---

[353] Cf. René Rémond, *L'Invention de la laïcité. De 1789 à demain*, Paris, Bayard, 2005, p. 34. Para o caso francês, veja-se a síntese de Jacqueline Lalouette, "Laïcité et liberté de conscience", AA.VV., *Laïcité et sécularisation*, Paris, École Doctorale de l'Institut Catholique de Paris, 2003-2004, pp. 1-24.

Por sua vez, se tudo isto foi comum a muitos países europeus, em alguns deles – não por acaso, dominantemente católicos –, chamar-se-á laicidade à institucionalização da diferença entre o espiritual e o temporal, o Estado e a sociedade civil, o indivíduo e o cidadão[354]. E foi para nomear tais propósitos, e para lutar por eles, que os progressistas franceses criarão, a partir da raiz de velhos vocábulos como *lai/laïe*, novos conteúdos, a fim de identificarem adversários e melhor significarem os seus sonhos de autonomia e emancipação.

As palavras como armas

Com efeito, a nova terminologia, que será proposta a partir dos radicais que deram origem a "leigo" e a "laico", indiciam as diferenças de caminhos que o processo acabará por trilhar. É que, se o radical *leig* deu leigo, dele também saíram outros vocábulos, que virão a ser usados num clima mais erudito, porque morfologicamente mais aptos "para a criação de derivados cultos, formados com os sufixos do amplo mundo da abstracção ideológica (*laical*; *laicalismo* ou *laicismo*; *laicização*;

---

354 Cf. Nicolas Baverez, "Le principe de laïcité face aux choses et aux crises du XXIème siècle", *Archives de Philosophie du Droit*, t.° XLVIII, 2004, pp. 250-251.

laicizar)", tudo expressões que "puderam ser adoptadas pelo discurso positivista para significar em primeiro lugar a oposição a *clerical* e a *clericalismo* e depois, de modo mais geral, a oposição a todo o universo de referência confessional ou simplesmente religiosa"[355].

Este tipo de desenvolvimento ocorrerá, com mais força, nas áreas político-culturais em que o Iluminismo e as experiências revolucionárias modernas colidiram com as Igrejas detentoras de poderes (económicos, políticos, culturais) que se opunham à modernização. Como se sabe, esse foi o caso da França e, em maior ou menor grau, o dos países católicos do Sul da Europa por ela mais influenciados. Também aqui "laico" e os seus derivados serão transferidos do seu contexto religioso e sujeitos a uma releitura sobredeterminada pelos ideais de racionalidade, autonomia, emancipação, progresso e democratização; o que deu acolhimento a palavras como "laicidade" ou "laicismo". Quer isto dizer que, nestas regiões, as especificidades da secularização foram inseparáveis do confronto de Roma com a Modernidade (e, reciprocamente, dos defensores desta com a Igreja), antítese bem ilustrada pelas anatematizações lançadas pelo Papado desde os finais do século XVIII.

---

[355] Telmo Verdelho, *art. cit.*, p. 28.

As anatematizações da Modernidade

Alguma teologia contemporânea tem recorrido aos conceitos de "fundamentalismo" e de "integrismo" para definir a oposição das Igrejas à Modernidade. Mas utilizar tais designações como sinónimos será não ponderar as suas origens distintas, já que a primeira nasceu no seio da ortodoxia protestante, enquanto a segunda brotou da reacção católica contra os vários modernismos. Porém, não se pode esquecer que ambas possuem notas comuns, nomeadamente: a intolerância e a crítica à modernidade, à autonomia individual, ao liberalismo, ao espírito crítico e à hermenêutica bíblica. De qualquer maneira, e para além das intenções, os seus apelos restauracionistas também são, na antítese, um sintoma da própria realidade que contestam, pois, nas sociedades tradicionais de tipo monista, em que o religioso estava imbricado na sociedade, eles não teriam razão de ser, pelo menos nas suas formas mais agressivas. Com efeito, os fundamentalismos e os integrismos (cristãos, muçulmanos, budistas, hindus) nasceram, em boa parte, porque a modernização começou a relegar o religioso para a esfera da sociedade civil e a secundarizar o seu papel instituinte das normas morais e das leis que pautam a vida individual e social[356].

---

[356] Cf. Sébastien Fath, "Le Fondamentalisme", Jean Baubérot (dir.), *La Laïcité à l'épreuve. Religion et libertés dans le monde*, pp. 163-164;

Concretize-se, então, a génese histórica do fundamentalismo protestante. Ela ocorreu nos finais de Oitocentos, impulsionada pelo ciclo de conferências organizado, em Niagara (Ontário), de 1883 a 1897. Entre 1910 e 1915, doze fascículos – com uma centena de artigos teológicos e com uma tiragem de três milhões de exemplares – foram publicados sob o título *The Fondamentals: a testimony to the truth.* Neles se criticava o liberalismo protestante e as novas exegeses do texto bíblico, às quais se opunha a necessidade de se preservar os princípios "fundamentais" da fé: a encarnação de Jesus, Deus e Filho de Deus, a realidade do pecado (que torna a expiação necessária), a salvação pela graça, etc.

Com o tempo, esta corrente foi-se radicalizando e, depois de 1979, começou a investir forte na mediatização da sua mensagem. Exemplo: a acção do televangelista Jerry Falwell, fundador da Moral Majority, e a de Pat Robertson, criador da Christian Coalition. E esta pregação passou a ter objectivos políticos de claro cariz conservador, desiderato que, como se assinalou, não deixou de provocar os seus efeitos, mesmo que indirectos, na vida dos EUA[357], através das suas articulações com a religião civil americana.

Jean-Louis Schleger, *La Loi de Dieu contre la liberté des hommes*, Paris, Seuil, 2003.

[357] Um fundamentalismo mais asséptico e menos político pode ainda ser detectado em orientações como as perfilhadas pela Universidade Fundamentalista Bob Jones, situada na Carolina do Sul,

A confusão entre o conceito de fundamentalismo e o de integrismo é recente, fruto do esquecimento de que o primeiro enfatiza a revelação da Bíblia e os "fundamentais" da fé cristã, enquanto o segundo se refere à tradição da Igreja e à "integralidade" da doutrina católica. Esta última qualificação terá aparecido, pela primeira vez, em Espanha, nos finais do século XIX, no seguimento de divergências ocorridas no interior do carlismo. Daí nasceu o movimento integrista de Remón Noudal, personalidade que, em 1902, publicou um "credo político-religioso" inspirado no *Syllabus*. Levando tudo isto em conta, pensam bem os que têm articulado esta contra-revolução católica com a contra-revolução política, ideal depois prosseguido por correntes como a Action Française ou o Integralismo Lusitano.

A emergência do integrismo religioso é indissociável dos efeitos provocados pela relativa novidade do magistério de Leão XIII, em particular da sua política de "ralliement" em relação à III República francesa – quando, em 1892, recomendou a aceitação do regime republicano por parte dos católicos franceses – e da sua doutrinação social. Desta última, emanou o chamado movimento social católico e a acção católica. Recorde-se que esta corrente militava por uma nova evangelização, numa época em que o crescimento da sociedade

---

ou como o "fundamentalismo solidarista", de base rural, ou o fundamentalismo "pietista-ortodoxo", como o cultivado pelo Dallas Theological Seminary (Texas). Cf. Sébastien Fath, *art. cit.*, pp.165-166.

industrial e urbana estava a colocar novos desafios no interior do catolicismo. Estes darão origem a tensões entre os que aceitaram o "ralliement" e os "refractários", e exprimir-se-ão, igualmente, como tendência para se consolidar a autonomia dos laicos (dentro da Igreja) e se desconfessionalizar as organizações, conflitos que irão diferenciar os católicos "integrais" e os "sociais". E se estes acusavam os primeiros de cegueira perante os novos problemas da sociedade, os integrais criticavam os seus adversários por serem "modernistas", incompatibilidade que se exacerbará entre 1909 e 1914 e logo após a I Guerra Mundial, numa reacção liderada por M.gr Umberto Benigui, um prelado que contava com o apoio de Pio X[358].

Entende-se que os contestatários do integrismo denunciassem como precursoras desta posição: a Igreja tridentina e jesuíta e, sobretudo, a doutrinação de Papas como Pio VI (1775-1799), que qualificou os direitos de liberdade e igualdade como insensatos (carta *Quod aliquantum*, de 10 de Março de 1791) e, dois anos depois, vinculou o catolicismo ao Absolutismo, prognosticando que os princípios consignados na Declaração dos Direitos do Homem e do Cidadão levariam à barbárie; ou as críticas ao pensamento liberal que nortearam a encíclica *Ubi primum* (1824), ou, ainda, a doutrinação de

---

358 Sobre o que se acabou de sintetizar, veja-se Émile Poulat, "Intégralisme", Jean Baubérot (dir.), *ob. cit.*, pp. 159-162.

Gregório XVI (1831-1846), que condenou Lamennais, na *Mirari vos* (15 de Agosto de 1832), e que, na *Singulari nos* (1834) exprobou o galicanismo, o racionalismo e o indiferentismo, assim como as liberdades de consciência e de opinião, vistas como um "delírio" e como o mais pernicioso de todos os erros. O mesmo aconteceu com Pio IX (1846-1878), que reafirmou teses análogas na encíclica *Noscitis et nobiscum* (1849) e na *Quanta Cura*, seguida do *Syllabus* (1864). Com efeito, nestes documentos, não só fulminou o indiferentismo, o panteísmo, o naturalismo, o racionalismo absoluto, o racionalismo moderado, o comunismo, as sociedades secretas, as sociedades bíblicas, as sociedades liberais, a autonomia das leis morais em relação à lei divina, a autonomia da filosofia e da ética, as liberdades de consciência, pensamento, opinião, religião e cultos, como censurou a reconciliação com o progresso, afirmando que o Pontífice Romano não podia nem devia transigir "com o liberalismo e com a civilização moderna". A par destas declarações, o mesmo reinado impôs a dogmatização da Imaculada Conceição (1854) e, no Concílio Vaticano I (1870), consagrou a já praticada infalibilidade papal.

Leão XIII (1887-1903) manteve análogas críticas à Modernidade, pois redefiniu a religião católica como a única verdadeira, rejeitou o princípio da tolerância (porque o seu relativismo colocaria as religiões num plano de igualdade), atacou o liberalismo e o socialismo em nome do corporativismo, e defendeu que as liberdades de pensar, de escrever e de culto não seriam direitos que a natureza deu ao ser humano, embora aceitasse que eles pudessem ser moderadamente tolerados (*Quod apostolici muneris*, de 28 de Dezembro de 1878, e *Libertas praestantissimum*, de 1888).

Pio X (1903-1914) confirmou as condenações anteriores no *Juramento antimodernista* (1 de Setembro de 1910) e, através do Decreto do Santo Ofício *Lamentabili* (1907) e da encíclica *Pascendi domini gregis* (1907), afastou os mais importantes teólogos modernistas (Alfred Loisy, Edouard Le Roy, Ernst Dimmet e Albert Houtin), impôs juramentos de fidelidade aos clérigos e colocou 150 obras no *Index*[359].

Neste clima polémico, também não espanta que, nos países de hegemonia católica, se tenha solidificado a geminação antitética entre integrismo e laicismo, dado que os defensores da laicização consideravam a primeira corrente como a expressão mais radical do clericalismo. Mas, como é que se dicionarizou e consolidou a terminologia que deu voz à crítica ao fundamentalismo e ao integrismo (transformado em tradicionalismo depois do Concílio Vaticano II), e como é que, num contexto de luta político-ideológica tão forte, vocábulos como laicidade e laicismo vieram oferecer novos conteúdos semânticos?

---

[359] Acerca deste tipo de fundamentalismo católico, consulte-se Juan José Tamayo, *ob. cit.*, pp. 81-87, 182.

A dicionarização de laicidade e de laicismo

Em Inglaterra, a primeira ocorrência de que há conhecimento acerca do vocábulo *laicism*, derivado do latim *laicus*, data de 1796. Por sua vez, em França, o suplemento do *Dictionnaire* da Academia, de 1842, utilizou os neologismos *laïcisme*, *laïciste*, ainda para nomear a doutrina religiosa "qui reconnaît aux laïques le droit de gouverner l'Église, d'ordoner les prêtres, d'élire les évêques, et, en certains cas, d'administrer les sacrements". E esta acepção será reproduzida na edição de 1869 do célebre *Dictionnaire* de Littré. Porém, ela ir-se-á modificar sob o impacto das lutas (e controvérsias) ligadas às tentativas da II República (1848) para fazer aprovar um projecto de lei sobre a escola primária republicana – avançado pelo ministro Hippolyte Carnot, que previa a obrigatoriedade, a gratuitidade e a laicidade do ensino – e das reacções contra a Lei Falloux (15 de Março de 1850), combates que serão retomados durante a Comuna de Paris e a contestação à Ordem Moral (coligação conservadora e monárquica que, até 1876, tentou bloquear a republicanização do regime saído da queda do II Império).

De facto, como atitudes precursoras das críticas ao clericalismo e da defesa da laicidade costuma-se citar a oposição de Victor Hugo e de Quinet à Lei Falloux. O poeta proferiu, então, um discurso na Câmara dos Deputados em que, de certo modo, antecipou a exigência da separação, sobretudo quando declarou: "Je veux, je le déclare, la liberté de l'enseignement: mais je veux la surveillance de l'État, et comme je veux cette surveillance effective, je veux *l'État laïque, purement laïque, exclusivement laïque*"[360]. E em sentido análogo se pronunciou Edgar Quinet, ao defender "la séparation complète de l'enseignement laïque et de l'enseignement d'un dogme particulier", no contexto de um embate entre dois princípios que achava irredutíveis: "ou la société laïque s'asservit à l'Église, ou l'Église à la société laïque. La seule moyen de conciliation est de tracer entre elles une ligne qui descende jusqu'aux entrailles du globe"[361].

A dicionarização dos novos termos não foi, todavia, imediata. Só a partir de 1871 emergiu "laicidade", palavra logo integrada, em 1873, no *Grand Dictionnaire Universel*, de Larousse, que esclarecia: "Laïcité: Caractère de ce qui est laïque, d'une personne laïque: la laïcité de l'enseignement. Il fut un temps où la laïcité était comme une note d'infamie. Laïque: Qui n'est ni ecclésiastique, ni religieux: juge *laïque*. 'Il ne doit pas y avoir un citoyen, clerc ou *laïque*, qui soit soustrait à l'action

360 In Gérard Delfau, *Du Principe de laïcité. Un combat pour la République*, Paris, Les Éditions de Paris Max Chaleil, 2005, p. 36. Os itálicos são nossos.

361 Discurso reproduzido em Edgar Quinet, *L'Enseignement du peuple suivi de la Révolution au XIXème siècle*, Paris, Hachette, 2001, pp. 91, 169.

des lois' (Dupin). *Habit laïque – Biens laïques – Enseignement laïque.* 'Le Dieu vivant est désormais plutôt avec le monde *laïque* qu'avec le monde ecclésiastique' (Quinet). 'L'esprit du gouvernement est un esprit *laïque*, la loi est indifférente' (E. Laboulaye)". Com isto, e como bem sintetizou René Rémond, estabeleceu-se, mesmo no campo terminológico, "une relation spéciale entre école et laïcité, que les a comme soudée. Le lien privilégié est encore vivace de nos jours"[362].

Littré regista-a (no suplemento de 1877, do seu *Dicionário*), ao citar o jornal *La Patrie* (de 11 de Novembro de 1871), que noticiou um debate, ocorrido no Conselho Geral do Sena (8 de Novembro), nestes termos: "Laïcité. Caractère Laïque [qui n'est ni ecclésiastique ni religieux]. Au sujet de l'enseignement laïque.... le Conseil [général de la Seine] a procédé au vote sur la proposition de laïcité, qui a été repoussée' ". E, em 1888, Larousse dicionarizou *laïcisation* e *laïciser* com a seguinte definição: "Rendre laïque, indépendent à l'égard de tout confession, de tout principe à caractère religieux".

Presumivelmente por influência da política francesa, em Inglaterra encontra-se um eco (curto) desta evolução semântica. Por exemplo, *laicization* teve algumas ocorrências a partir de 1881, e *laicize*, de 1870. Não por mera coincidência, a sua aplicação também privile-

---

362 René Rémond, *ob. cit.*, p. 28.

giava o campo da educação e do ensino. No entanto, e como se sabe, esses termos não terão longa vida nas línguas anglo-saxónicas, onde habitualmente são traduzidos por palavras da família de "século".

A ligação ao problema da educação é compreensível. Foi nos inícios da década de 1870 que o ideal de laicidade voltou a ter curso dentro da querela sobre a secularização do ensino. Contudo, o termo ainda soava a novidade. Não por acaso, o jornal que publicitou o mencionado debate parisiense (havido no Conselho Geral do Sena) punha-o entre parêntesis, escrevendo: "le conseil a procédé au vote sur la proposition de *laïcité*, qui a été repoussée"[363]. Mas a sua imediata dicionarização (Larousse, Littré) também indica a sua operatividade não só lexical, mas, sobretudo, de ordem político-ideológica[364], o que não ocorreu além-Mancha. É que, aqui, "la *laïcité* demeure en fait le concept le plus difficile à comprendre de tous. C'est simple, ni le mot ni la philosophie qui le sous-entend n'est existant dans le contexte britannique, car il n'y a rien dans cette

---

363 In Pierre Fiala, *art. cit.*, pp. 49-50, n. 1.

364 Sobre os combates pela secularização e laicidade em França, vejam-se: o clássico estudo de Georges Weill, *Histoire de l'idée laïque en France au XIXème siècle*, Paris, Alcan, 1929; Louis Capéran, *L'Invasion laïque. De l'avénement de Combes au vote de séparation*, Paris, Desclée de Brower, 1935; *idem*, *Histoire contemporaine de la laïcité française*, 3 vols., Paris, Marcel Rivière, 1957, 1959, 1961; Jacqueline Lalouette, *La Libre-Pensée en France. 1848-1940*, Paris, Albin Michel, 1997; Jean-Marie Mayer, *La Question laïque XIX-XXe siècle*, Paris, Fayard, 1997.

société que nous puissons qualifier de laïque, et sourtout pas l'école ou l'État"[365]. E é a verificação desta realidade que levou o Conselho de Estado da República Francesa a reconhecer, não há muito tempo, que "le terme de laïcité sera intraduisible dans d'autres langues, hors les langues latines, et c'est peut-être pourquoi la laïcité est souvent présentée comme 'une exception française'"[366].

Portugal não fugiu a esta influência. Ao que parece, expressões como as de Estado laico ou laicismo não apareceram com muita frequência até aos princípios do século XX. A primeira foi detectada, em 1885, num jornal republicano e anticlerical (*O Século*), mas a sua maior utilização, na linguagem erudita, foi um pouco mais tardia: somente se deu por volta de 1902, isto é, quando se agudizou a crise (religiosa, política, social) que terminará na revolução republicana de 5 de Outubro de 1910[367].

Essa foi a conjuntura em que, em França, o termo *laicisme* também ganhou autonomia, não se confundindo, por inteiro, com o de *laïcité*, pois ambos se foram

---

365 Grace Davie, "Le Royaume Uni, un modèle comunitariste anti-laïque?", Jean Baubérot (dir.), *ob. cit.*, pp. 65-66.

366 Conseil d'État, "Rapport public 2004. Un siècle de laïcité", *Études et documents*, n.° 55, Paris, La Documentation Française, 2004, p. 245.

367 Cf. Mário Vilela, "Leigo e secular. Estudo semasiológico e onomasiológico (1850-1910)", *Sillages*, n.° 50, 1977, p. 16.

distinguindo no decurso da primeira metade do século XX. Se a laicidade referia a neutralidade do Estado no que toca às crenças religiosas, ela também bramia armas contra o anticlericalismo[368], em prol de uma revolução cultural militantemente apostada no enraizamento dos direitos de cidadania. E estes só seriam realizáveis se todos fossem capacitados para o bom uso da razão crítica, autónoma e emancipada.

Nos países católicos do Sul da Europa, termos como sociedade laica, Estado laico, ensino laico, laicidade, laicismo, laicizar, laicização impuseram-se como vocábulos que também constituíam instrumentos de luta contra a influência do clero e da Igreja católica e, nas suas versões mais radicais (agnósticas e ateias), contra a própria religião. No plano inverso, tais palavras zumbiam aos ouvidos dos católicos – na expressão do senador Delsol (1879), ao atacar Jules Ferry, depois de este ter utilizado o neologismo "laïcisation" – como invenções ímpias, isto é, como "*Barbara res, barbara vox*"[369], qualificação que o contestatário não alterou, mesmo quando o ministro a corrigiu, esclarecendo que ela era empregue como sinónimo de "laïcité".

De qualquer modo, a nova terminologia não irá rejeitar ou substituir a que tem origem em *saeculum*. Em

---

368 Cf. Guy Bedouelle e Jean-Paul Costa, *Les Laïcités à la française*, Paris, PUF, 1998.

369 In Pierre Fiala, *ob. cit.*, p. 49.

Portugal, por exemplo, o termo secularização continuará a ser aplicado, mesmo pelos sectores anticlericais, como equivalente a laicização, ambiguidade que, aliás, ainda hoje se mantém. No entanto, a ênfase que se punha em laicidade e seus derivados tinha por finalidade dar um sentido mais político e militante à demarcação entre o religioso e o profano, o público e o privado. Dir-se-ia que não bastava realizar a separação. Ter-se-ia de ir mais longe, pois o Estado devia ser chamado a desempenhar acções *positivas* – sobretudo ao nível da luta pela hegemonia no campo do poder espiritual –, em ordem a laicizar-se[370] a sociedade, isto é, a criar-se as condições (culturais, político-jurídicas e sociais) necessárias à concretização das promessas emancipatórias do indivíduo-cidadão.

Como se escreveu no lugar próprio, a França, a partir dos valores republicanos subjacentes à Revolução, reivindicou, em nome da "civilização", o exercício de uma vocação universal na história da humanidade. Logo, a Igreja não foi somente atacada pelo seu poder económico (bens eclesiásticos) e político, mas, principalmente, pela sua forte influência cultural e pelo seu ultramontanismo, colisão que remonta a algum regalismo e à Revolução e, no plano do ensino, ao conceito

370 Renan utilizou esta expressão, em 1887, para caracterizar "la tendance que porte le 19ème siècle à tout laïciser" (in Pierre Fiala, *art. cit.*, p. 51 nota 3).

secularizado de Universidade, implantado por Napoleão[371]. É que, como afirmou Alain Renaut, "les français ont rejeté l'Église au nom de la culture, et ils ont défini l'éducation selon sa fonction nationale"[372]. E se esta estratégia já se encontra bem visível no decorrer da Convenção (Condorcet), ela terá o seu pleno desenvolvimento na reforma napoleónica da Universidade e, principalmente, a partir da consolidação da III República.

Todavia, a evolução semântica de vocábulos ligados a laico também mostra que, a par da *questão do ensino*, foi no terreno do concomitante combate pela desconfessionalização do poder político que eles se consolidaram (algo sem sentido em Inglaterra). Littré aplicou o termo laicidade para qualificar o Estado enquanto instituição religiosamente neutra. E o *Dictionnaire de pédagogie et d'instruction primaire* (publicado a partir de 1882) reforçou a ideia segundo a qual o conceito dizia bem a independência que o poder político, democraticamente legitimado, teria de manter em relação às Igrejas e a todas as crenças. Para o seu autor, o vocábulo laicidade "est nouveau et, quoique correctement formé, il n'est pas encore d'un usage général. Cependant le néologisme est nécessaire, aucun autre terme ne permettant

---

[371] Cf. René Rémond, *ob. cit.*, p. 93 ss.

[372] Alain Renaut e Alain Touraine, *Un Débat sur la laïcité*, Paris, Stock, 2005, p. 26.

d'exprimer sans périphrase la même idée avec ampleur"[373]. Não admira, dado que, para Ferdinand Buisson, ele seria, sobretudo, o resultado da secularização do Estado e dos seus efeitos na esfera escolar, pelo que a sua consagração indicava que a cesura entre o temporal e o espiritual começava a entrar, a pouco e pouco, nos costumes franceses.

A consciência de que certas palavras não eram politicamente irrelevantes também pode ser ilustrada através da controvérsia havida entre dois deputados republicanos da Constituinte portuguesa de 1911, a propósito do ensino e onde o exemplo francês está bem patente. Se, em relação à adjectivação do novo Estado republicano, a maioria irá optar pelo qualificativo "neutro", em vez de "laico", alguns outros lembravam que este último foi criado para significar, explicitamente, "o ensino livre de doutrinas religiosas. Depois esse termo foi desvirtuado pelo catolicismo, que o apoda de sectário". Um deputado mostrou-se mesmo intransigente declarando-se-lhe fiel, porque, através dele, a República Portuguesa conservaria "a sua pureza primitiva, pensando que o ensino leigo é de facto neutro em matéria religiosa"[374]. Em suma: para este sector, "o termo *laico* [em itálico no original] não é senão uma delimitação, uma melhor

---

[373] In *Mots*, n.º cit., p. 52.

[374] *Diário da Assembleia Constituinte, sessão n.º 31, de 26 de Julho de 1911*, pp. 16-17.

definição de *neutro*" – que, etimologicamente, queria dizer "nem um, nem outro" –, e terá sido fixado, pelo menos, "desde os célebres discursos de Ferry, na Câmara francesa, em 1881"[375].

A dicionarização desta semântica revela, ainda, algo indiscutível: foi a *questão do ensino* que a forjou, num contexto de afirmação da prioridade da liberdade de consciência e de pensamento sobre as demais. A sua evolução, contudo, irá para além da acepção de *indiferença*, impondo-se como um projecto *positivo*, que exigia acções supletivas do Estado, em particular no campo da educação e na criação das "infra-estruturas" jurídico-políticas necessárias à implantação da liberdade religiosa, direito que devia ser estendido a todas as confissões. E pode dizer-se que o cumprimento desta tarefa traduzia o papel seminal que a cultura republicana (à francesa)[376] atribuía à educação e ao ensino como motores de socialização das virtudes cívicas.

Do exposto se conclui que a laicização consistiu na libertação do Estado dos seus nexos com as Igrejas e confissões religiosas, a fim de ser possível instituir, mediante um sistema de ensino obrigatório, gratuito e

---

[375] João de Barros, *A Educação moral nas escolas primárias*, Paris-Lisboa, 1914, p. 19. Cf. Fernando Catroga, *O Republicanismo em Portugal. Da formação ao 5 de Outubro de 1910*, 2.ª ed., Lisboa, Editorial Notícias, 2000, p. 252.

[376] Cf. Claude Nicolet, *L'Idée républicaine en France. Essai d'histoire critique*, Paris, Gallimard, 1982, *passim*.

laico, uma orientação comum a todo o *laós*, ou melhor, a toda a Cidade. E esta opção virá a ser tomada, em maior ou menor grau, em outros países da Europa de influência católica (e pelo México e Turquia). Para se concretizar uma estratégia que, em última análise, visava elevar o indivíduo, antes de tudo, a cidadão, ter-se-ia de entender o *laós* "*par-delà* leurs différences culturelles et philosophiques. Ces différences s'en sont trouvées jusqu'à nos jours situées hors de la sphère publique"[377].

É verdade que, tal como em França, também nos países em que esta orientação mais se repercutiu (Espanha, Itália, Portugal, Bélgica)[378], o caderno reivindicativo da laicidade veio a concretizar-se, em certas conjunturas conflituosas, como um laicismo. Significa isto que, na sua aplicação, o conceito ultrapassou a esfera da neutralidade e da indiferença. Ao apelar para a necessidade de o ensino ministrar uma educação moral e social comum, ele exigia a partilha de ideias e valores comuns acerca do mundo e da vida (incluindo a própria morte), mundividência que a acção activa do poder político ("Estado-pedagogo", ou, segundo outros, "Estado-reitor") teria de tornar hegemónica para se poder "fazer" cidadãos patriotas e racionalistas. O que,

---

377 Alain Touraine, em Alain Renaut et Alain Touraine, *ob. cit.*, p. 19.

378 Cf. AA.VV., *La Laïcité*, Paris, 1960.

como se viu, não dispensava o papel socializador, se não de uma religião civil (como nos EUA), pelo menos de uma espécie de "religião laica"[379] ou "cívica".

Entende-se, assim, que um dos principais doutrinadores do conceito de laicidade – Ferdinand Buisson – tivesse sentido a necessidade de invocar a etimologia do termo para relembrar a génese democrática do projecto e o valor fundante do respeito pela liberdade de consciência. Para isso, sublinhou que, para além da fonte latina *laicus*, laicidade vinha da palavra grega *laós*, que designava o "povo" e, em concreto, a massa popular, de onde o clero se foi hierarquizando no seio das comunidades cristãs primitivas. Esse seria o verdadeiro significado de *laïque*, que se opunha, portanto, a *clérical*, como *lai* a *clerc*[380].

Como se vê, a evolução destes termos estava sobredeterminada pela luta contra o "espírito clerical", isto é, contra aquilo que Buisson caracterizou como "la prétention d'une minorité à dominer la majorité au nom d'une religion". Diferentemente, o mundo laico seria todo o povo, ou melhor, "c'est le peuple, c'est la masse non mise à part, c'est tout le monde, les clercs exceptés, et l'esprit laïque, c'est l'ensemble des aspirations du peuple, du laos, c'est l'esprit démocratique et

---

379 J-M Mayer *et al.*, *Libre-Pensée et religion laïque en France*, Strasbourg, Cerdic, 1980.

380 In Pierre Fiala, *art. cit.*, p. 53.

populaire"[381]. Tadavia, como a laicidade se tinha de afirmar num campo atravessado por intensos conflitos político-ideológicos – não sendo o menor a oposição do clericalismo à modernização da sociedade e da política –, este parto doloroso tornou débeis as suas fronteiras com o laicismo, resposta totalizadora às pretensões, igualmente globais, do clericalismo.

Clericalismo, anticlericalismo, descristianização

É verdade que as reacções contra os clérigos são antigas e de motivação variada. Durante séculos, elas situaram-se no "interior" da própria comunidade dos crentes, limitando-se a canalizar descontentamentos perante os abusos de poder e a imoralidade de alguns sacerdotes[382]. Estas atitudes são habitualmente apelidadas de "anticlericalismo popular" ou "anticlericalismo de leigos", mas não podem ser confundidas com as que, nos países católicos, e a partir do século XVIII, não só se situarão "fora", mas também "contra" a Igreja. Por outro lado, também existiu algum "anticlericalismo" entre o próprio clero (regular e secular). E a longa herança do

---

381 In *Idem, ibidem.*

382 Cf. P. A. Dykema e H. A. Oberman (eds), *Anticlericalism in the late and modern Europe*, Leiden, E. J. Brill, 1993.

"anticlericalismo popular", alicerçada na denúncia dos costumes dos eclesiásticos e numa certa sexualização do seu comportamento (concentrada na confissão), prolongar-se-á, podendo mesmo dizer-se que a vertente mais politizada, que surgirá nos países católicos no decurso de Oitocentos, se servirá do seu imaginário, predominantemente masculino, para alargar a sua receptividade[383]. Porém, os combates pela secularização e a laicização da sociedade e do Estado trouxeram novos significados a estas críticas, mudança que dará origem a um vocabulário próprio, tendo o termo "clericalismo", ao que parece, precedido o de "anticlericalismo". No entanto, ambos funcionavam como irmãos siameses, já que, como salientou Alfred Loisy, o primeiro teve necessariamente de gerar o segundo[384]. E não deixa de ser relevante o facto de este anticlericalismo político ter frutificado mais nos países de domínio católico do que protestante.

Não que, nestes, ele não se tivesse manifestado. Mas, dir-se-ia que a desclericalização, realizada pelos várias reformas dos séculos XVI e XVII, evitou o prolongamento desse tipo de pugna, ao mesmo tempo que, em

---

383 Cf. Julio de la Cueva Merino, *Movilización politica e identidad anticlerical*, Rafael Cruz (ed.), "El anticlericalismo", *Ayer*, n.º 27, 1997, pp. 120-121.

384 Cf. Alfred Loisy, *L'Église et la France*, Paris, Émile Nourry, 1925, p. 114.

certa medida, "secularizou" o exercício do múnus pastoral. Por outro lado, as novas Igrejas irão medrar em harmonia com o Estado, enquanto que, nos países católicos, a política absolutista e, depois, a do Estado-Nação procurarão subordinar a gestão do religioso, mas sem o subsumir. Daí que, nas chamadas áreas protestantes, se tenha potenciado o desenvolvimento de uma "lógica de secularização" facilitada pela circunstância de as novas confissões terem ficado sem o poder que, nos séculos XVIII e XIX, a Igreja católica, apesar das orientações regalistas, mantinha no Sul da Europa. Simultaneamente, o facto de, ali, ter deixado de existir oposição entre o Estado e a Igreja possibilitou o desenvolvimento da componente subjectiva da vivência da sacralidade, o que, a par de teorias como a predestinação, facilitou o crescimento da "secularização interna".

Nas regiões de hegemonia católica, se, devido à progressão do regalismo, a Igreja foi – pelo menos em matérias não dogmáticas – colocada sob a tutela do poder político, o certo é que ela também manteve a sua relativa autonomia, bem como muito do seu poder e da sua estrutura transnacional. Por isso, continuará a reivindicar um estatuto de independência e, até, de superioridade em relação ao Estado-Nação, luta que a levará, durante o século XIX, a ser ainda mais ultramontana, antimoderna e monolítica. De onde resultou o recrudescimento do conflito anticongreganista e anticlerical, e o concomitante empenhamento das forças modernizadoras em fazerem do Estado a instância instituinte do pluralismo religioso e da separação entre a sociedade política e a sociedade civil.[385]

Em síntese: a Reforma contribuiu para o desencadeamento de uma espécie de "secularização interna" do cristianismo, realidade que, por sua vez, retardou a "secularização externa" das suas sociedades. Ao invés, a laicidade surgiu onde existia uma mais clara oposição entre o mundo eclesial e o mundo político. Em parte, isto explica por que é que, em muitas experiências históricas dos países do Sul da Europa (e em alguns da América Latina), a afirmação da Modernidade deu origem a um forte sentimento anticlerical, aparecendo a secularização inseparável da luta contra o poder que a Igreja-instituição mantinha sobre a sociedade e os indivíduos. Daí que expressões como clericalismo e, obviamente, anticlericalismo, tenham aparecido na mesma conjuntura em que laico e laicidade alargaram a sua semântica.

"Clericalismo" terá vindo ao mundo nos meados da década de 1850, nas páginas de periódicos ligados ao emergente movimento livre-pensador belga. E o primeiro uso das novas conotações, com impacto na opi-

---

[385] Cf. François Champion, "Interférences de la laïcité et de la démocratie, fragments d'histoire européenne", Fabienne Randaxhe e Valentine Zuber, *Laïcités-Démocraties. Des relations ambiguës*, Turnhout, Brepols Publishers, 2003, p. 6.

nião pública, foi feito por Sainte-Beuve, no Parlamento (1868). O cardeal Donnet reprovou o facto de ele, por várias vezes, ter falado em "clerical" de um modo injurioso, tendo o visado retorquido que a palavra "estava em circulação"[386]. Porém, o substantivo só ganhou uma maior visibilidade no discurso político dos inícios da década de 1870, isto é, no tempo da Comuna de Paris e das suas acções secularizadoras (lideradas pelos blanquistas) e, sobretudo, a partir do célebre grito de combate lançado por Gambetta em 1877: "le cléricalisme, voilà l'ennemi!"[387]. A dicionarização deste campo semântico também se deveu a Littré que, em 1877, deu guarida aos neologismos "cléricalisation", "cléricaliser", "anticlérical" e, como se sabe, "laïcité". Logicamente – tanto mais que ele foi um dos principais ideólogos da III República –, "l'engagement idéologique est ici sensible. Tous ces termes fourniront dans les

---

386 Os meios católicos mostraram uma grande relutância em relação ao qualificativo "clericalismo". No entanto, isso não obstou a que alguns outros, de pendor mais tradicionalista, nele se reconhecessem, ou interpretassem a expressão como substitutiva do verdadeiro alvo dos livres-pensadores: o catolicismo. Cf. Jacqueline Lalouette, "L'anticléricalisme", Benoît Pellistrandi (éd.), *L'Histoire religieuse en France et en Espagne*, Madrid, Casa de Velásquez, 2004, pp. 333-352.

387 Gambetta ter-se-á inspirado nestas palavras, proferidas pelo seu amigo Alphonse Peyrat em Janeiro de 1876: "Ce qui est redoutable, c'est le parti clérical; voilá l'ennemi!" (in Jacqueline Lalouette, *art. cit.*, p. 334, nota 5).

décennies suivantes les supports lexicaux des grands débats polémiques entre républicains laïcisateurs et conservateurs cléricalistes"[388].

Alguns adeptos da laicidade não deixaram de se interrogar, porém, acerca da utilidade de termos tão marcados pelas tensões que lhes deram origem. Foi o caso de Ferdinand Buisson, que via o anticlericalismo como uma expressão reactiva, que soava a palavra de guerra, logo, pouco apta para objectivar propósitos construtivos. No entanto, também acabava por reconhecer que o seu sucesso lexical exprimia um dos aspectos mais marcantes da mentalidade francesa dos finais de Oitocentos e inícios do século XX[389].

Pelo exposto, compreende-se que o anticlericalismo se tenha definido em correlação com o diagnóstico que os seus adeptos faziam do clericalismo, conceito que, segundo Joseph Leclerc, referencia "la propension d'une Église ou d'une société spirituelle à s'immiscer dans les domaines temporels pour transformer l'autorité publique en instrument de ses desseins"[390]. Esta qualificação peca por ser um pouco limitada, pois não equaciona a circunstância de a vida social não se reduzir à

---

[388] Pierre Fiala, *art. cit.*, p. 49.

[389] Cf. Ferdinand Buisson, "La crise de l'anticléricalisme", *Revue Politique et Parlamentaire*, Octobre, 1903, p. 6.

[390] Cf. Joseph Leclerc, "Anticléricalisme", Gabriel Jacquement (dir.), *Catholicisme hier, aujourd'hui, demain*, t.e II, Letouzey et Ané, 1954, col. 1235.

esfera pública e de o poder não se esgotar no poder de Estado. Defende-se, assim, que, para o entendimento do fenómeno, se impõe relacioná-lo, igualmente, com a privacidade (dos indivíduos e dos grupos) e com a complexidade dos poderes, pois, como salientou René Rémond, se é certo que o clericalismo (e, por conseguinte, o anticlericalismo) travou as suas principais "guerras" no terreno directamente político, não se pode olvidar que estas tinham em vista conquistar, em última análise, a hegemonia na "formação das almas", mãe de todos os poderes.

Na verdade, na antítese entre clericalismo e anticlericalismo, as incidências políticas somente pontuam a trama mais visível desse combate, pelo que a *questão religiosa* – tal como se reacendeu em França (ou em Portugal, Espanha e Itália) nas últimas décadas de Oitocentos – tem de ser equacionada como uma espécie de nó górdio em que os problemas político-ideológicos, económico-sociais, culturais e simbólicos tensionalmente confluíram. Por isso, a laicidade (em particular no Sul da Europa) foi logo inscrita nos programas políticos que desejavam acelerar o processo secularizador, sendo simultaneamente apresentada como o único caminho que conduziria à autonomia e à emancipação dos indivíduos e do viver em comum.

Em nome da prioridade absoluta da liberdade de consciência e de pensamento, assim como do princípio da soberania nacional, o anticlericalismo integrou os legados do anti-ultramontanismo, antijesuitismo e anticongreganismo anteriores, inserindo-os, porém, num projecto político-cultural em que já não bastava pugnar, como havia pedido Voltaire, para que se esmagasse a "infame". Nas últimas décadas de Oitocentos, a sua corrente mais forte identificou-se, em geral, com o livre-pensamento "descristianizador".

O termo "descristianização" foi posto a circular por alguns estudos saídos no período da II Guerra Mundial e, depois, pelo Centre de Sociologie des Religions (dirigido por Gustave Le Bras), para referenciar o crescimento da irreligiosidade nas massas urbanas de Paris e seus arredores[391]. Todavia, a sua validade – defendida por autores como Michel Vovelle[392] – foi contestada por Delumeau[393], sobretudo quando aplicada às relações entre as elites cultas dos séculos XVII e XVIII e o catolicismo. É que, independentemente da sua pertinência histórica, o vocábulo também cria ambiguidades conotativas, pois os fundamentos ou intenções de muitas atitudes secularizadoras e laicas continuavam a reivindicar uma filiação judaico-cristã, isto é, não deixavam de

---

391 Cf. Jean-Pierre Sironneau, *ob. cit.*, p. 137.

392 Cf. Michel Vovelle, *Piété Baroque et déchristianisation. Les attitudes devant la mort en Provence au XVIIIème siècle*, Paris, Hachette, 1976.

393 Cf. Jean Delumeau, "Au sujet de la déchristianisation", *Revue d'Histoire Moderne et Contemporaine*, t.° XXII, janvier-mars, 1975, p. 57 ss.

relembrar a herança (reactualizada) de uma cultura a que, para a distinguir das suas concretizações religioso-eclesiais, Émile Poulat chamou "christianitude".

Tudo isto mostra que a história de palavras como clericalismo, laicidade, laicismo é inseparável das condições político-ideológicas que lhes deram luz. Daí que – e como o caso português também mostra[394] –, elas tenham aparecido para significar, não algo interior à comunidade dos crentes, mas "o mundo de ideias não religiosas, ou mesmo anticlericais e anti-religiosas". Produtos "do liberalismo e do naturalismo, do positivismo e do livre-pensamento", expressões como laico, laicidade, laicismo "andavam no ar, caíram sobre *leigo* que sobrecarregavam de adjectivos ou substantivos como contextos sintagmáticos explicativos"[395]. E, como se sabe, em países católicos, a agudização da *questão religiosa* nos finais do século XIX e inícios do século XX – relembre-se, em França, o célebre *caso Dreyfus* – conduziu à sua crescente articulação com a *questão social*, com a *questão cultural* e com a *questão do regime*; o que fomentou o amadurecimento de uma ideologia laicista que obrigava ao exclusivismo de um termo. Por outro lado, o seu uso trazia "tal conotação de luta, de ideologias e de argumentos presos ao fr. *laic* e *laïque* e ao it. *laico*, que

---

394 Cf. Fernando Catroga, "O laicismo e a questão religiosa", *Análise Social*, n.° 100, 1988, pp. 211-274.

395 Mário Vilela, *art. cit.*, p. 16.

servir-se do significante era amuleto contra os adversários e identificação para os apaniguados"[396].

Quaisquer que tenham sido as "excepções" e a durabilidade dos processos históricos para instaurar a laicidade, é um facto indiscutível que, a partir da Revolução e, em particular, nas últimas décadas de Oitocentos e inícios do século XX, a experiência francesa foi marcante nos países católicos do Sul da Europa e da América Latina. E, recorde-se, as razões que ditaram o que, para alguns, constitui uma "especificidade", são muitas. Em primeiro lugar, sabe-se que o confronto entre a Igreja católica e o poder político, acerca dos respectivos papéis na estruturação da sociedade, possibilitou que muitas concepções filosóficas e políticas críticas da religião (livre-pensamento, maçonaria, racionalismo, marxismo, etc.) e defensoras de uma função activa do Estado no reforço do elo social, tivessem ganho terreno. Em segundo lugar, quer a tradição absolutista, quer a revolucionária, já tinham enfatizado esta supremacia, estadualização que investirá forte na implantação e funcionamento de um sistema nacional e laico de educação e de ensino, a fim de se democratizar a cidadania e o ideal de patriotismo. Para a concretização deste desiderato, o novo Estado irá subalternizar o poder das Igrejas, mesmo o simbólico, retirando-as da esfera, não só *política*, mas também *pública*. O que implicou consi-

---

396 *Idem, ibidem*, p. 7.

derá-las associações de direito privado, exigência que terá ganho mais força em França (e em outros países do Sul da Europa, quando viveram conjunturas de acelerada laicização) do que em outras partes da Europa[397].

São alguns destes objectivos que explicam a aliança que, no Hexágno, existiu entre os vários protestantismos (e outras religiões minoritárias, como o judaísmo) e o projecto laicizador. De facto, as confissões minoritárias não deixaram de apoiar, regra geral, as reformas que, ao garantirem a liberdade religiosa, anulavam os privilégios da Igreja maioritária. Esta confluência reflectiu-se na *questão do ensino* e traduziu-se no apoio que muitos não católicos – sobretudo de formação protestante – deram à luta pela obrigatoriedade, gratuitidade e laicidade do ensino (Jean Macé, F. Buisson), assim como à lei da Separação de 1905.

Encontra-se, ainda, uma outra afinidade electiva entre protestantes e defensores da laicidade que importa sublinhar: estes, enquanto livres-pensadores, propunham-se realizar – num quadro axiológico e institucional diferente, é certo – uma revolução cultural análoga à que os reformadores modernos do cristianismo tinham ousado fazer (também contra Roma), particularmente no que tocava à desinstitucionalização clerical do religioso, à valorização da subjectividade e à adopção de

---

397 Cf. Jean-Paul Willaime, "Peut-on parler de 'laïcité européenne' ?", Jean Baubérot (dir.), *ob. cit.*, p. 53.

uma maior tolerância perante as demais confissões. Assim sendo – e descontando todas as grandes diferenças –, poder-se-á afirmar que, à sua maneira, a laicidade pretendeu ser, nos países católicos do Sul da Europa, uma espécie de *protestantismo agnóstico*.

CAPÍTULO VIII
A laicização externa e interna

Por diferentes que tenham sido os choques entre o Estado e a Igreja católica, eles não podem fazer obscurecer os fundamentos e as expectativas que norteavam a laicidade como projecto. Parece evidente que, no plano dos princípios, este prometia criar as condições para que o indivíduo pudesse ascender, em liberdade (de consciência, pensamento, religiosa), ao gozo dos seus direitos fundamentais. De onde não surpreende que nele se encontrem alguns dos efeitos da secularização: a cesura entre a esfera política e a religiosa, a pública e a privada; a privatização das crenças; a afirmação da autonomia do indivíduo perante a justificação transcendente da ética, do conhecimento e das expectativas humanas. Por outro lado, não se estranha que os seus prosélitos tivessem como alvo polémico aqueles que, a seus olhos, simbolizavam o obscurantismo e a intolerância e que, portanto, impediam o progresso e a emancipação. E explica-se que as necessidades de legitimação histórica os levassem a destacar, como seus precursores, as ideias, os acontecimentos e as personagens que marcaram, muitas vezes de um modo trágico, os combates pela concretização do ideal de tolerância.

No campo da martiriologia da causa, exaltavam a memória das vítimas da intolerância, encarnada pelos perseguidos e condenados pela Inquisição, ou por outros despotismos. Como exemplos, citavam a matança do dia de Saint-Barthélemy (Agosto de 1572), a perseguição a Galileu, os suplícios, na fogueira, de Giordano Bruno (Roma, 1600), de Vanini (Toulouse, 1619), de Jacques Gruet (1547) e de Michel Servet (em 1553, às mãos dos calvinistas), a decapitação de Calas (1762) – que Voltaire denunciou no seu *Tratado sobre a tolerância* –, a condenação de De La Barre (1766) e as vicissitudes por que passou o Édito de Nantes, desde a sua aprovação, em 1598, até à sua revogação, em 1685, acontecimentos que tanto marcaram a história da França e da Europa.

A "filosofia" da laicidade

Os livres-pensadores faziam, igualmente, a recuperação de uma certa linhagem filosófica. Isto não quer dizer que se defenda a existência de uma filosofia exclusiva para a laicidade. Mas o apelo ao desempenho de acções positivas por parte do poder político teria de assentar numa escala de valores (mesmo que estes ficassem reduzidos a uma moral social e cívica) por onde se insinuava uma mundividência. Como defendia Ferdinand Buisson em 1883, com a laicidade os republicanos prometiam a "neutralité religieuse" e não "la neutralité philosophique, ni la neutralité politique".

Desde logo, a justificação das ideias que propunham baseava-se numa leitura interessada da própria história da filosofia. Ela partia do seu momento inaugural, com a filosofia grega, passava por todos os teorizadores da liberdade de consciência (Pierre Bayle) e de pensamento (Espinosa), pelo ideal moderno de tolerância (Bayle, Locke, Voltaire, Lessing), pelo racionalismo crítico (Descartes, Kant), pelas lições das revoltas religiosas contra Roma (que desaguaram nas Igrejas reformadas), assim como pela revolução científica e pela secularização dos fundamentos do jusnaturalismo e do jusracionalismo, em suma, por tudo o que pudesse credibilizar as batalhas contra o dogmatismo e reforçar a explicação imanente do mundo e da vida.

Mais especificamente, a laicidade colocava a génese da sua "filosofia" tanto no "conhece-te a ti mesmo" de Sócrates e na sua fidelidade aos valores éticos contra as convenções, como no racionalismo de Aristóteles e no renovamento do legado cultural greco-romano feito pelo Humanismo e pela Renascença. Nesta ressurreição, integrava, igualmente, as inquietações intelectuais de um Erasmo, de um Pico della Mirandola e de um Rabelais, a dúvida metódica de Descartes e o panteísmo racionalista de Espinosa. Fontes de onde teriam promanado a ciência moderna (Ambrósio Paré, Copérnico, Kepler, Galileu) e um conceito de Estado definido como uma entidade soberana e, portanto, superior aos poderes particulares e autónoma – como Locke havia teorizado – em relação à Igreja.

Logicamente, ela também inseria a sua visão da política em Dante, Marsílio de Pádua, Guilherme de Occam, bem como nos legistas conselheiros de Filipe-o-Belo e, como é natural, em Maquiavel, Hobbes, Bodin, Pufendorf, entre outros. Daí, a sua relevação de ideias secularizadas acerca da origem do poder e do contrato social, tivessem elas cariz optimista (Locke, Espinosa, Rousseau), ou pessimista (Hobbes). E tudo isto comprova que os seus defensores pretendiam apresentar-se como herdeiros directos dos apóstolos da liberdade de consciência e de pensamento. Legado que, na segunda metade de Oitocentos, será mediado pelo impacto de novas correntes filosóficas (espiritualismo, positivismo, naturalismo) que se queriam contrapor à "filosofia perene" de inspiração tomista. O que fez da laicidade não só uma questão institucional, como "une idéologie. Le pouvoir n'est pas neutre: la République est positiviste"[398].

De qualquer modo, será redutor alicerçar esta ideologia numa filosofia específica. A este respeito, pode

---

398 René Rémond, *L'Invention de la laïcité. De 1789 à demain.*, p. 46.

mesmo falar-se – devido ao sincretismo dos seus fundamentos – da existência de "filosofias da laicidade"[399], ainda que possuidoras de algumas notas comuns[400], mormente: uma concepção evolucionista acerca da origem do homem e da sociedade; uma teoria antidivinista sobre as origens do poder; a confinação do religioso, no quadro do respeito da liberdade de consciência, à esfera privada; a afirmação do papel activo do Estado perante a sociedade civil; a consequente promoção de ideias e valores capazes de ligar as diferenças, a começar pelas subjectivas, tendo em vista combater o atomismo social e consolidar a cidadania. Neste contexto, também se percebe por que é que o laicismo se casava bem com o republicanismo e com a entificação da soberania do povo (o *laós*), e por que é que, em termos educativos, se defendia a capacidade emancipatória da educação (que se pretendia racional e nacional), em ordem a criar-se um "espírito público", ou melhor, uma "opinião pública" simultaneamente crítica, patriótica, democrática e cosmopolita.

Por outro lado, para a consecução destes objectivos, as "filosofias da laicidade" também contestarão, cada

---

399 Pierre Macherey, "Philosophies laïques", *Mots*, n.° cit., pp. 5-21. Para um contacto com alguns dos textos decisivos na construção da laicidade, leia-se Pierre Pierrard, *Anthologie de l'humanisme laïque de Jules Michelet à Léon Blum*, Paris, Albin Michel Spiritualités, 2000.

400 Cf. Edouard Tortarolo, *Il Laicismo*, Roma-Bari, Laterza, 1998; Pierre Macharey, *art. cit.*, p. 17.

vez mais, os fundamentos éticos de inspiração transcendente, ou inferidos da autonomia da razão prática (defendida por republicanos kantianos como Barni e Jules Simon), em nome de uma moral de cariz social e cívica, mobilizada para harmonizar os direitos subjectivos do indivíduo com a sua vocação sociabilitária e humanitarista (mediada pelo ideal de Pátria). E pode dizer-se que esta finalidade teve no solidarismo dos finais de Oitocentos a sua mais marcante expressão político-ideológica[401].

Ora, se tudo isto é verdade, a laicidade também foi vivida, por muitos, como um proselitismo, característica que, na maior parte dos casos, acabará por secundarizar a racionalidade crítica que o seu discurso manifesto proclamava. Pode mesmo dizer-se que a sobredeterminava, com laivos de sacralidade secular, "*une idéologie religieuse*, porteuse d'une force de conviction irrésistible parce qu'elle est soutenue par la certitude, antérieure à toute démonstration raisonnée, du progrès collectif"[402]. Na verdade, ela foi sendo recoberta por uma certa "mística secular", ou melhor, por algo mimético em relação ao que combatia, paradoxo explicitamente assumido, aliás, por alguns dos seus mais brilhantes doutrinadores, como foi o caso de Ferdinand Buisson, autor

---

401 Cf. Jean Fabien Spitz, *Le Moment républicain en France*, Paris, Gallimard, 2005, p. 179 ss.

402 Pierre Macherey, *art. cit.*, pp. 17-18.

de uma obra sintomaticamente intitulada *La Foi laïque* (1912) e para quem a luta pela laicização era, como se assinalou, um confronto de "foi contre foi: ou la foi religieuse ou la foi civique. Ou défendre les droits de l'Église, société d'origine divine et authorisée à commander au nom de Dieu, ou défendre les droits de l'homme garantis par les institutions démocratiques"[403]. E se, no seu caso, ainda havia a consciência de que seria necessário não dogmatizar e radicalizar a laicidade, noutros, o proclamado racionalismo crítico do movimento transformar-se-á em cientificismo e a intenção de se salvaguardar a liberdade de consciência gerará novas formas de intolerância[404].

Diga-se que esta última corrente ganhou força com o peso de teses agnósticas e ateias nas críticas à religião, servindo de base ontológica aos argumentos de cariz sociologista e evolucionista, tidos, nos finais de Oitocentos, como os mais científicos. Estes vieram reforçar a crença nos ideais progressivos e emancipatórios herdados do século XVIII, finalismo optimista que conduziu à relativização do religioso e, em muitos, a previsões segundo as quais a "religião do futuro" – tema muito debatido a partir da década de 1870 – acarretaria a

---

[403] Ferdinand Buisson, *Nouveau Dictionnaire de pédagogie et d'instruction primaire*, p. 1403.

[404] Cf. R. Jöel, "La laïcité comme religion civile", *Esprit*, n.º 175, 1991, pp. 108-115.

extinção das religiões reveladas e anularia a necessidade das interrogações e atracções de índole sacral e transcendente. Embora a esta maneira de pensar se tivesse oposto uma outra tendência, formada pelos defensores da laicidade de orientação mais espiritualista (à frente dos quais se deve colocar Jules Simon[405] e, em Portugal, entre outros, Sampaio Bruno)[406], a verdade é que, naquela outra, muito influente, o princípio passará a estar filosoficamente ancorado em posições cientificistas convictas da iminente "morte de Deus". O que reforçará o seu fechamento totalizador, isto é, as suas pretensões a construir uma *Weltanschauung*, numa representação sucedânea de cosmogonias, soteriologias e escatologias de índole religiosa, mas acreditada como sendo uma verdade demonstrada.

Este optimismo emancipatório não podia satisfazer-se com um ideal de laicidade circunscrito à *laicização externa*. Esta devia ser meio para uma profunda *laicização interna*, indo mais longe do que o anticlericalismo liberal – que tinha sonhado com uma reforma do catolicismo que o compatibilizasse com a Modernidade –, ou do que o anticlericalismo republicano espiritualista de inspiração neokantiana (defensor do princípio *Igrejas*

---

[405] Cf. Jules Simon, *La Liberté de conscience*, Paris. Hachette & Cie, 1872.

[406] Cf. Fernando Catroga, *O Republicanismo em Portugal. Da formação ao 5 de Outubro de 1910*, *passim*.

livres no Estado livre), pois o seu camartelo visava a própria ideia de Deus. Para justificarem a "revolução cultural" que propugnavam, recorriam, muitas vezes em coexistência, a teorizações inspiradas quer no método histórico-filológico aplicado aos textos sagrados (Renan), quer em argumentos antropológicos (Feuerbach), quer em teses de cariz filosófico-evolutivo (Bruno Bauer, David Strauss), ou de pendor histórico e sociologista (Comte, Letourneau, Durkheim), quer de teor naturalista (em que, como em Lombroso e seus seguidores, a sobrevivência do sentimento religioso era vista como uma "monomania", ou uma "patologia", atitudes passíveis de explicações antropométricas), quer, ainda, de índole filosófico-social (Marx e, sobretudo, Proudhon), ou de base materialista (Büchner, Moleschott, etc.)[407].

Muitas destas posições confluiram na defesa de um ideal que contraditava o antidogmatismo que, simultaneamente, reivindicavam. Em nome da razão (incluindo a razão de Estado) e, sobretudo, da ciência – ou melhor, da sua exploração ideológica –, elas acabavam por usar e abusar de um conceito de verdade contrário ao cariz hipotético que esta possui no trabalho científico propriamente dito, apresentando-a como um ditado definitivo e absoluto. Interpretação que fazia da laicidade um laicismo, isto é, uma fé e um novo dog-

---

407 Cf. *idem*, *O Livre-Pensamento contra a Igreja. A evolução do anticlericalismo em Portugal*, pp. 281-282.

matismo, apto para incentivar a militância empenhada em acelerar a chegada do que se acreditava ser o inevitável sentido universal e homogenizador da história. E tudo isto, mesclado com o campo das lutas político-ideológicas em que o projecto se inseria, deu azo a que, com frequência, a proclamada tolerância se tivesse transformado em intolerância. Todavia, o contrário também foi verdadeiro: esta deriva da laicidade em laicismo foi tanto mais radical quanto mais forte foi a resistência que a Igreja, em aliança, implícita ou explícita, com as forças mais retrógradas da sociedade, opôs à realização política de ideias e valores modernizadores (incluindo o liberalismo político), mesmo quando democraticamente legitimados, actuando, nesta pugna, como se de uma nova "cruzada" ou de uma nova "guerra justa" se tratasse.

Aquela atitude não foi, contudo, uniforme, sendo apanágio, sobretudo, dos círculos mais agnósticos e ateus, no seio dos quais, como salientámos em outro trabalho, o anticlericalismo anterior, sob a influência positivista, blanquista, proudhoniana, bakuninista e marxista, se transformou numa crítica à religião como "ópio" do povo. Neste modo de ver, Deus era apresentado como o símbolo justificador de toda a opressão (social, política, cultural), pelo que não bastava dizer, como alertara Gambetta em 1877, "le cléricalisme, voilá l'ennemi". Essa divisa devia ser completada por estas outras: "ni Dieu ni prêtres" (Proudhon), ou *Homo sibi Deus* (Pi y Margall), ou, ainda, na versão mais ácrata, "ni Dieu ni maître"[408]. Como quem diz: tal como, durante séculos, o homem foi "morto" pelos poderosos para que se acreditasse num Ente Supremo, também a futura libertação da humanidade só seria possível com a definitiva "morte de Deus".

Laicismo e livre-pensamento

Se se quiser encontrar uma expressão através da qual os defensores da laicidade dos finais do século XIX gostavam de se definir é a de "livres-pensadores". Mas, se é certo que as suas fileiras contavam com os prosélitos mais radicais do anticlericalismo, também é verdade que o movimento, com as suas múltiplas formas sociabilitárias de combate, não foi filosófica, política e socialmente homogéneo. E se alguns, crescentemente minoritários, cultivavam um espiritualismo laicista, em que ainda ecoava o significado primitivo do conceito, a hegemonia das teses agnósticas e ateias, sobretudo nos países em que a laicidade foi um ideal de resistência, fez vingar um programa reivindicativo de inequívoco sentido descristianizador[409]. O que obrigou a deslocamentos semânticos.

---

[408] Cf., *idem*, *ibidem*, pp. 264, 281-282.

[409] Sublinhámos esta vertente em Fernando Catroga, *A Militância laica e a descristianização da morte em Portugal. 1868-1910*, vol. 1,

Na verdade, e como registámos em outro lugar[410], o uso do termo *freethinkers* ocorreu, pela primeira vez, em 1667, para caracterizar a atitude de membros da *Royal Society*, de Londres, pertencentes ao anglicanismo liberal. Posteriormente, alguns discípulos de Locke também foram apelidados de *freethinkers*, por defenderem o deísmo, a tolerância religiosa e a separação das Igrejas do Estado. Entre eles, contavam-se personalidades marcantes como John Tolland – autor da influente obra *Christianity of mysterious* (1696) – e Anthony Collins que, em 1713, publicou *A Discourse on freethinking, occasioned by the rise and growth of a sect call'd freethinkers.*

Durante o século XVIII, a expressão (ou as suas traduções) quase não foi utilizada fora de Inglaterra. E sabe-se que, em França, nos finais de Setecentos, *libre-pensée* ainda não existia, embora *libre penseur* tivesse aparecido, em 1784, sintomaticamente num prefácio a uma reedição do *Tratado sobre a tolerância* de Voltaire. Porém, ambas as designações só ganharão voga nos meados do século XIX, já que, nas décadas anteriores,

---

pp. 387-488 (Capítulo IV sobre "O Grande Oriente Lusitano Unido e o laicismo). Para França, veja-se Pierre Chevallier, *Histoire de la franc-maçonnerie française. La maçonnerie: église de la République (1877-1944)*, vol. 3, Paris, Fayard, 1975. Para Espanha, leia-se, entre outros, J. A. Ferrer Benimeli (coord.), *La Masonería en la España del siglo XIX*, 2 vols., Valladolid, Junta de Castilla y Léon, 1987.

[410] Cf. Fernando Catroga, *O Livre-pensamento contra a Igreja. A evolução do anticlericalismo em Portugal*, cit.

o seu curso foi quase nulo. Encontram-se em escritos do dr. Achambault (1840) e, significativamente, em Victor Hugo (1842)[411]. Depois disso, serão as preferidas para qualificar a atitude filosófica e o objectivo nuclear da laicidade.

Se este movimento caminhou a par, como se sublinhou, com a reactualização de uma certa memória iluminista e revolucionária, também foi seu motor a paulatina contestação do compromisso nascido da política concordatária inaugurada por Napoleão I. Ainda Primeiro Cônsul, o corso celebrou um tratado com Roma (1801), ao qual juntará, unilateralmente, uma "lista de artigos orgânicos". Com tal medida, o catolicismo foi integrado – dentro dos quadros regalistas – na esfera pública e estatal, nomeadamente ao nível do ensino primário e mesmo secundário. Não se tratou, todavia, de uma "restauração", tanto mais que acordos análogos foram selados entre o Estado e os dois ramos protestantes e, a partir de 1808, com a comunidade judaica[412]. No entanto, com os anos, esta estratégia, que visava submeter a Igreja aos interesses políticos e inseri-la na nova ordem – cujo modelo, em nome da religião natural, estava consignado no Código Civil

---

411 Cf. Pedro Alvarez Lázaro, *Librepensamiento y secularización en la Europa contemporánea*, Madrid, UPCO, 1996, pp. 181-183.

412 Cf. Dominique de Villepin (org.), *1905. La Séparation des Églises et de l'État. Les textes fondateurs*, Paris, Perrin, 2004, pp.46-49.

(1804) –, teria perdido validade aos olhos dos sectores mais progressistas, pois Roma também estaria a saber servir-se do Estado para fazer renascer a sua influência na sociedade francesa. E isto parecia-lhes perigoso, tanto mais que a propaganda da fé se articulava com a contestação dos fundamentos do liberalismo e da democracia, inquietações que a doutrinação de Pio IX e seus seguidores fará aumentar.

A batalha pela escola laica

Pode mesmo sustentar-se que, em França, o desenvolvimento da secularização como laicidade foi ganhando autonomia doutrinal na luta contra a influência da Igreja no campo do ensino. E esta ligação será a pedra de toque que a levará à ultrapassagem da mera reivindicação de um Estado aconfessional. Contra um ensino dogmático, ultramontano e antimoderno, impunha-se, em síntese, edificar uma "educação nacional" que fosse alfobre de cidadania.

O conceito de "educação nacional" já se encontra em La Chalotais (*Essai d'éducation nationale, ou plan d'études pour la jeunesse*, 1763) e, durante a Revolução, Condorcet virá a propor que não fosse admitido "dans l'instruction publique l'enseignement d'aucun culte", ideia retomada por Victor Cousin. Os grandes propagandistas da cultura republicana oitocentista prolongarão a defesa do divórcio entre a Igreja e a Escola, projecto potenciado, ao nível da escola primária, por leis de Guizot (1833), Durrey (1867) e Sée (1881) sobre o ensino feminino e técnico. Com o crescimento do conflito, a *questão escolar* ganhará, porém, o tom de uma "guerra" ou de uma "batalha".

Como se sublinhou no lugar próprio, na conjuntura da Revolução de 1848, Victor Hugo e Edgar Quinet reivindicaram, em nome da construção da cidadania, o ensino desconfessionalizado, em oposição ao das congregações, desiderato que o movimento republicano, na oposição sob o Império, integrará no seu programa (Belleville, 1869) e que, uma vez no poder, Gambetta e, sobretudo, Jules Ferry (com o auxílio de Jean Macé, Ferdinand Buisson e da Ligue d'Enseignement) irão concretizar, nomeadamente através da lei 16 de Junho de 1881 (que repôs o monopólio estadual dos graus e instaurou a gratuitidade absoluta do ensino primário dos 6 aos 13 anos), da lei de 28 de Março de 1882 (sobre a obrigação escolar), e da lei de 30 de Outubro de 1886, que proibiu os eclesiásticos de ensinar nas escolas públicas.

A implantação, no terreno, da escola obrigatória, gratuita e laica tinha de desencadear resistências do lado da "outra" França, temerosa dos efeitos da revolução industrial e urbana em curso desde a segunda fase do II Império. Mas esta incompatibilidade não deve ser vista como se a escola laica fosse, tão-só, fruto da colisão da escola do povo com a escola da burguesia; ela é filha do desencontro entre o ideal burguês de escola laica e o ideal de escola tradicionalista defendido pela burguesia católica[413]. Explica-se. Aquele exigia a democratização de uma "educação nacional" religiosamente neutra, pois acreditava-se que o ensino "sans prêtres et sans catéchisme" constituía o cerne de uma pedagogia cívica que devia interiorizar a primazia dos valores de cidadania. É que só o que pudesse ser comum a todos poderia realizar a pacífica tolerância filosófica, religiosa e cultural entre os indivíduos-cidadãos. E é esta estratégia que, dentro da laicidade (à francesa), fez da escola pública uma instituição vocacionada não só para ensinar, mas também para preparar um tipo de comunicação cívica entre as diferenças que só no seu exterior deviam ser assumidas. Por conseguinte, não será descabido dizer que, apesar destes propósitos, a laicidade acabou por transformar o espaço escolar num "santuário", acusação que, hoje, ganhou uma nova relevância devido aos desafios do multiculturalismo.

Dito de outro modo: a escola seria o cadinho da integração e assimilação das diferenças. Porém, Michel Gauchet tem razão quando a define como uma "institution holiste dans son principe, mais retournant l'exercice de la contrainte collective au service de son con-

---

413 Cf. Alain Renault e Alain Touraine, *ob. cit.*, p. 22.

traire: la promotion de l'individu", em ordem a que este, sem alienar os seus direitos, pudesse ascender à cidadania. E é dentro desta finalidade última que, na fase "conquistadora", a escola republicana se afirmou como o mais forte instrumento do "Estado emancipador"[414]. Este, sem a neutralização religiosa não poderia socializar valores capazes de harmonizar os direitos dos indivíduos com a sociabilidade (contratualista, ou natural) do homem. Pelo que a nova instituição teria de ser uma *Escola sem Deus* (mas não *contra Deus*), isto é, uma espécie de "Igreja cívica do povo", onde se transmitiria a dívida sagrada para com a Pátria e se asseguraria a interiorização do *religamento* dos valores colectivos[415] aos interesses individuais.

Igrejas livres no Estado neutro

Este propósito foi necessariamente síntono com aquele outro que apostolava a neutralização religiosa do Estado. Também aqui, se as raízes, teoreticamente, podem remontar a Locke, no campo da experiência francesa elas entroncam na Revolução e nas incidências da sua luta contra a oposição da Igreja, pelo menos até à Con-

---

[414] Marcel Gauchet, *La Démocratie contre elle-même*, Paris, Gallimard, 2002, pp. 115-116.

[415] Cf. *idem*, *La Religion dans la démocratie. Parcours de la laïcité*, p. 52.

cordata napoleónica de 1801 (e aos acordos celebrados com protestantes e judeus). Foram momentos fortes do embate anterior, como se sabe: a promulgação da Constituição Civil do Clero (24 de Agosto de 1790); as medidas tomadas contra as congregações, com a abolição dos votos religiosos (3 de Setembro de 1791) e a interdição da vida em comum (18 de Agosto de 1792); a autorização do divórcio; a municipalização dos registos paroquiais (20 de Setembro de 1792), que atribuiu às comunas o poder exclusivo de conservar o conjunto "des actes destinés à constater les naissances, les mariages", visando-se marcar, através dos ritos essenciais da existência (nascimento, casamento e morte), a prioridade simbólica da pertença do indivíduo à sociedade política.

No contexto da "descristianização" (1793-1794), foi mesmo instituída a primeira experiência de separação com o fim do orçamento do culto, medida confirmada por um decreto de 21 de Fevereiro de 1795 e pelo art. 354.° da Constituição do ano III (22 de Agosto de 1795), que instituíam a liberdade de cultos e estipulavam o princípio segundo o qual a República não devia subsidiar nenhum[416].

O refluxo revolucionário virá a alterar algumas destas disposições. Todavia, elas não serão definitivamente

---

[416] Cf. Jacqueline Lalouette, *L'État et les cultes. 1789-1905-2005, Paris, La Découverte*, pp. 6-7.

apagadas e manter-se-ão no imaginário dos sectores mais progressistas, havendo mesmo conjunturas, como na efémera II República ou como durante a Comuna, em que serão reactualizadas. Depois, inseridas no programa geral de laicização da sociedade e das instituições, entrarão em vigor no decurso da III República, que as aprofundará num quadro que, no entanto, queria respeitar as liberdades fundamentais. Ora, situando este processo na média duração, poder-se-á concluir, sem mais, que a secularização de 1789 culminou na Separação em 1905[417]? Em certo sentido sim, desde que não fiquem esquecidas as mutações que este último instituto irá sofrer nas décadas seguintes.

É certo que a reivindicação da separabilidade entre as Igrejas e o Estado é anterior à III República. Para além da memória da Revolução e da doutrinação de intelectuais como Victor Hugo, Quinet, Renouvier, Jules Barni, Vacherot, etc., ela já se encontra no programa dos republicanos apresentado em Belleville (1869). Porém, quando, nos finais de 1870, estes chegaram ao poder, ainda pensavam (apesar das críticas públicas) que a Concordata napoleónica, com o seu regalismo, podia trazer vantagens ao novo regime[418], pelo que

---

[417] René Rémond, *ob. cit.*, p. 35 ss.

[418] Logo em 1880, a III República atacou os jesuítas (20 de Março), que foram obrigados a fechar os seus estabelecimentos, a secularizá-los, ou a seguir o caminho do exílio. O mesmo aconte-

preferiram concentrar a sua estratégia na laicização do ensino, no fomento das práticas simbólicas da religião cívica, e em medidas anticongreganistas[419]. Estas cautelas não decorriam de quaisquer princípios teóricos, mas, sobretudo, da adopção de um certo pragmatismo político – a que Gambetta chamava "oportunismo". Daí, o fracasso das várias tentativas parlamentares para revogar a Concordata lançadas por deputados ligados ao livre-pensamento organizado[420]. Opuseram-se-lhes, entre outros, Jules Ferry, Paul Bert (apesar do seu anticlericalismo) e Littré, com este argumento: a ideia necessitava de conquistar a opinião pública. E aos que conclamavam pela adopção do modelo dos EUA, o último retorquia: "L'Église et l'État y sont séparés, et pourtant l'esprit théologique y est plus puissant et plus dominateur qu'en France; et, tout prendre, je prèfere, à cet égard, notre état social au leur"[421].

Afirmar que, em 1905, desaguou uma estratégia que teve início em 1789, sendo correcto, pode pecar por

---

ceu com outras ordens. Contudo, a maior parte dos exilados regressará a França nos finais da década de 1880 e inícios da seguinte, no contexto do "ralliement" entre a Santa Sé e a República.

419 Para uma síntese sobre os vários intentos de derrogação da Concordata até 1904, veja-se Jean Foyer, "La genèse de la loi de séparation", *Archives de Philosophie du Droit*, t.° XLVIII, 2004, pp. 77-79.

420 Cf. Jacqueline Lalouette, "La Séparation avant la Séparation. 'Projets' et propositions de loi (1866-1891)", *Vingtième Siècle*, n.° 87, juillet-septembre, 2005, pp. 41-55.

421 In *idem*, *L'État et les cultes. 1789-1905-2005*, p. 29.

restringir as implicações do processo. Como se tem assinalado, com a laicidade não só se pretendia instituir – tal como alguns liberais faziam em relação à esfera económica – uma atitude *negativa* do Estado, a fim de se garantir a liberdade religiosa; mas também se exigia que o poder político desempenhasse funções *positivas*, de molde a conseguir-se a laicização das consciências.

Os caminhos conducentes à institucionalização da separabilidade eram diversos e reflectiam os graus de intervencionismo que se pretendia seguir. Assim, para a minoria dos católicos liberais (que o Concílio Vaticano I irá isolar), a Modernidade aconselhava a realização deste princípio: *Igreja livre no Estado livre* (proposta avançada por católicos como o segundo Lamennais[422], Montalembert[423], Lacordaire, ou por políticos como Cavour, mas que tanto os católicos tradicionalistas como os anticlericais mais radicais não aceitavam). Outros, porém, reivindicavam o respeito das *Igrejas livres no Estado livre*

---

[422] Em 1848, este redigiu um projecto de Constituição, cujo art. 14.° estipulava: "chacun professe son culte avec une égale liberté. Tous les cultes sont indépendants de l'État. Il n'en salarie aucun, mais il les protége tous" (in Jacqueline Lalouette, *La Séparation avant la séparation. 'Projets' et propositions de loi 1866-1891*, pp. 41-42).

[423] Montalembert, como outros participantes nos célebres Congressos de Málines, pretendia conciliar a liberdade da Igreja com as liberdades públicas e provar que o catolicismo podia viver com a democracia, porque, dizia ele, citando Santo Anselmo, "Dieu n'aime rien tant au monde que la liberté de son Église". Cf. Jacqueline Lalouette, *L'État et les cultes. 1789-1905-2005*, p. 21.

(preceito defendido pelo espiritualismo republicano, bem representado por Jules Simon), enquanto outros, ainda, defendiam a existência de *Igrejas livres no Estado neutro*, *indiferente* ou *laico* (posição que se tornou dominante).

A III República foi gradualmente cumprindo este último programa com esta táctica: em primeiro lugar, instituiu a *separação das Igrejas da Escola*, com a proibição do uso de signos religiosos nas salas de aulas, a substituição da educação moral e religiosa pela religião moral e cívica (28 de Março de 1882), e a imposição de professores seculares (Lei Goblot, de 30 de Outubro de 1886)[424]. Depois, decretou: a *separação das Igrejas da Família*, garantida pela reintrodução do casamento civil e do divórcio (Lei Naquet, de 17 de Julho de 1884); a *separação da Igreja e da saúde*, conseguida, sob o impulso de médicos como Bourneville, com a proibição de religiosas na enfermagem e na assistência hospitalares[425]; a separação das Igrejas das Forças Armadas (1883); a separação das Igrejas da Justiça, com a proibição de signos religiosos nos tribunais (1883 e 1904).

Num registo mais cultural, a análise das chamadas religiões civis, de fundo laicista, também mostra que se desejava *laicizar o capital simbólico* e o *espaço público*, quer

---

[424] Cf. Pierre Chevallier, *La Séparation de l'Église et de l'École. Jules Ferry et Léon XIII*, Paris, Fayard, 1981.

[425] Cf. Jacqueline Lalouette, *La République anticléricale. XIX-XXèmes siècles*, Paris, Seuil, 2002, pp. 76-94.

com a substituição de Deus pelo culto da Pátria e pela abolição dos juramentos religiosos nos actos políticos e judiciais, quer com a instauração de feriados civis (extinguindo ou restringindo os religiosos, e levantando, em 1880, a proibição de se trabalhar ao Domingo), quer com a promoção de festas, bem como de uma nova hagiografia e de outros ritos e iconografias de inspiração cívica. Também se visava sinalizar a prioridade cívica dos ritos de passagem (nascimento, casamento e morte) com a introdução do registo civil obrigatório (acto que devia preceder as cerimónias religiosas) e com a secularização dos cemitérios.

Nem a morte escapou a este processo secularizador. E se, por decreto de 23 Prairial, ano XII, os cemitérios foram organizados segundo uma topografia confessional, que obrigava as famílias a declararem a crença religiosa do defunto, a III República virá a secularizá-los completamente, ao proibir, por lei de 14 de Novembro de 1881, toda e qualquer discriminação nesta matéria, medida completada pela lei sobre a liberdade religiosa dos funerais, de 5 de Novembro de 1887.

Este conjunto de disposições, conjugado com os limites impostos aos actos exteriores de culto (procissões, uso de símbolos, etc.) e, nos casos mais extremos, com as manifestações de teor hagiofóbico e iconoclasta, tinha por meta laicizar a *esfera política* e o *espaço público*, fazendo refluir as opções e práticas religiosas para o domínio do direito privado.

É evidente que tal programa ultrapassava, em muito, o campo político-jurídico da secularização, pois articulava a *laicização externa* – que a Lei de 1905 veio a rematar[426] – com a *laicização interna*, interessada em retirar à Igreja a sua antiga hegemonia na formação e atracção afectiva das almas. Assim, na materialização desta estratégia, o papel do Estado era decisivo para o lançamento das bases legislativas e culturais necessárias à constitucionalização das liberdades fundamentais (incluindo a liberdade de consciência e de religião) e à radicação de uma convivência balizada pelo respeito da soberania nacional e pelo ideal de cidadania.

Mais do que acreditar num modelo liberal puro, a laicidade defendia que, devido à força milenar e totalizadora do adversário, só o poder político, legitimado pelo voto e orientado para a busca do bem comum, poderia evitar a desigualdade de oportunidades, garantir a paz civil e consolidar o consenso nacional, num eco evidente da memória das guerras religiosas. Daí que aquele princípio fosse apresentado como uma consequência lógica do direito público moderno, paradigma de um projecto político-jurídico em que a "razão legisladora" é também "razão legiferante", em ordem a obter-se a fusão dos ideais de democracia representa-

---

426 Sobre o processo laicizador em França, leiam-se as citadas obras de: G. Bedouelle e J.-P. Costa, *Les Laïcités à la française*, e de Jean Baubérot, *Histoire de la laïcité francaise*, *passim*.

tiva com os da teoria do mandato e com o princípio de igualdade, emanações de um conceito de soberania nacional que se queria una e indivisível. E como estas ideias receberam uma continuada oposição por parte da Igreja católica (salvo raras excepções), a partir das últimas décadas de Oitocentos a secularização apareceu, cada vez mais, como uma laicidade explicitamente unida às ideias de República e de cidadania.

A Lei de 1905 deu corpo a este percurso, embora a qualificação formal do Estado francês como um Estado laico só tenha surgido na Constituição de 1948, cujo art. 1.° proclamou: "la France est une République indivisible, laïque, démocratique et sociale", fórmula retomada pela Constituição de 4 de Outubro de 1958, que a repetiu, limitando-se a precisar que a República "assure l'égalité devant la loi de tous les citoyens sans distintion d'origine, de race ou de religion. Elle respecte tous les croyances".

No entanto, uma pergunta se impõe: que entender, efectivamente, por laicidade? O assunto é controverso, mas, para muitos, o núcleo forte da sua definição encontra-se sintetizado nos dois primeiros artigos da Lei de 1905. Com efeito, indo ao encontro do estipulado no art. X da Declaração dos Direitos do Homem e do Cidadão, e ao que de mais moderado continha o projecto de Francis de Pressensé, o apresentado por Aristide Briand confirmou que "La République assure la liberté de conscience. Elle garantit le libre exercice des cultes" (art. 1.°); e "La République ne reconnaît, ni salarie ni ne subventionne aucun culte"[427] (art. 2.°). Com isto, estariam salvaguardados os grandes objectivos do movimento: a liberdade de consciência, a liberdade religiosa e a neutralidade do poder político[428].

A hegemonização da cultura laica em França

Esta hermenêutica só foi possível porque não tiveram vencimento as propostas oriundas do campo da chamada "laicidade de combate", as quais, sob o impacto do *affaire Dreyfus* – onde a Igreja alinhou com as posições mais conservadoras –, ainda estavam bem presentes na proposta que, em 1904, Émile Combes apresentou para separar as Igrejas do Estado e em que nem sequer falava na liberdade de consciência e de cultos. Para isso, muito contribuíram não só a acção de Briand, mas também as intervenções, na discussão que desaguará na aprovação da Lei de Separação de 1905, de Jaurès, Pressensé, Cochin, Alexandre Ribot[429]. Por outro lado,

---

427 In René Rémond, *ob. cit.*, p. 137.

428 Cf. *Rapport au Président de la République. Laïcité et République. Commission présidée par Bernard Stasi*, Paris, La Documentation Française, 2004, pp. 21, 27.

429 Sobre os vários projectos em debate nesta conjuntura, leiam-se M. Lakin, *L'Église et l'État en France. 1905: la crise de la séparation*, Toulouse, Privat, 2004; e Jacqueline Lalouette, *L'État et les cultes 1789-1905-2005*, p. 57.

depois do tímido "ralliement" do tempo de Leão XIII (1892), o cariz menos radical que presidirá à aplicação da Lei, assim como a emergência de outros acontecimentos (a I Guerra Mundial), irão propiciar um segundo "ralliement" que, sob o reinado de Pio XI, apaziguará o conflito religioso em França, a partir dos meados da década de 1920.

Isto não significa que as disposições laicizadoras tomadas pela III República não encontraram fortes resistências por parte da Igreja e das populações católicas. Só que a intensidade dos choques foi incomparavelmente menor do que aquela que ocorreu durante a "descristianização" da fase revolucionária – onde foram mortos alguns milhares de clérigos, fechadas e destruídas muitas igrejas e fundidos milhares de sinos. No decurso de Oitocentos, a *questão religiosa* nem sempre teve expressões pacíficas e, nos finais do século e princípios do seguinte (com a expulsão das ordens religiosas após a lei das associações de 1901), o clima entre o Governo francês e a Santa Sé não era o melhor. Os litígios não se confinavam às rivalidades entre o novo professor primário da escola laica e o pároco[430], mas

---

[430] Esta "guerra religiosa" teve também uma expressão muito significativa no campo da sátira e da iconografia. Para uma apreciação das caricaturas anticlericais francesas, saídas entre a década de 1860 e a promulgação da Lei de Separação (1905), veja-se Michel Dixmier, Jacqueline Lalouette e Didier Pasamonik, *La*

envolveram populares e autoridades municipais, sobretudo à volta das manifestações públicas de culto. Dir-se-ia que se reactualizaram, então, velhas querelas, agora escudadas no facto de a laicidade estar no poder. Com efeito, são frequentes as desavenças a propósito da autorização de procissões[431] e, sobretudo, do toque de sinos[432], bem como à volta dos funerais civis. Por outro lado, aqui e ali, irromperam resistências activas de católicos, manifestas em actos como a recusa de certos funcionários a prestarem homenagem à República, ou em protestos contra algumas das suas medidas (como aquando da expulsão de congregações, em 1880), ou na politização de cerimónias religiosas[433].

A situação foi agravada com a aprovação da Lei de Separação em 1905. Pio X, através da encíclica *Vehementer Nos* (11 de Fevereiro de 1906), da alocução *Gra-*

République et l'Église. Images d'une querelle, Paris, Éditions de la Martinière, 2005.

431 As colisões a propósito da *questão religiosa* foram uma constante, em França, durante o século XIX. Cf. Jerôme Grévy, *Le Cléricalisme? Voilá l'ennemi! Un siècle de guerre de religion en France*, Paris, Armand Colin, 2005. No entanto, a recrudescência destes conflitos deu-se após a consolidação da III República, tendo atingido o seu momento mais alto em 1903 e nos anos imediatamente seguintes. Cf. Jacqueline Lalouette, *Les Libres Penseurs face aux processions (France – XIX-XX siècles)*, s. l., s. ed., s. d., pp. 91-109.

432 Cf. Alain Corbin, *Les Cloches de la terre. Paysage sonore et culture sensible dans les campagnes au XIXème siècle*, Paris, Albin Michel, 1994.

433 Cf. Jérôme Grévy, *ob. cit.*, pp. 92-132 ss.

vissimum (21 de Fevereiro) e da encíclica *Gravissimo officii munere* (10 de Agosto), condenou o princípio da separabilidade e interditou os católicos de participarem nas cultuais previstas para gerirem as igrejas ao arrepio da hierarquia eclesiástica. E foi obedecido. Somente após o novo clima criado pela eclosão da I Guerra Mundial, e devido a esforços dos sectores mais moderados de ambos os lados, se conseguiu chegar a alguns compromissos. Recorde-se que, por lei de 28 de Março de 1907, as cerimónias religiosas tinham passado a ser lícitas, bastando uma mera declaração prévia, anualmente renovável; uma outra, de 13 de Abril de 1908, fez dos edifícios destinados ao culto bens comunais (ficando somente as catedrais sob jurisdição directa do Estado), o que desonerou os custos de manutenção dos templos. E, em 1914, as procissões voltaram a ser permitidas. Por sua vez, com a guerra, dir-se-ia que, "dans les tranchées, curés et instituteurs se sont découverts différents des stéréotypes entretenus par la polémique et ont appris à s'estimer"[434].

As propostas radicais foram perdendo terreno, atitude igualmente facilitada pelas interpretações mais liberais que as instâncias políticas e judiciais faziam da Lei de Separação[435]. Assim, após anos de negociações, Roma e a República francesa retomaram, em 17 de

---

[434] René Rémond, *ob. cit.*, pp. 72-73.

[435] Cf. *Idem, ibidem*, pp. 13-173.

Maio de 1922, as suas relações diplomáticas – cortadas em 29 de Julho de 1904, depois de vários incidentes, de teor regalista e diplomático, nascidos da aplicação da lei das associações de 1901 –, sinal de que se encontrou um novo *modus vivendi*. A partir de 1923-1924, as associações cultuais passaram a ser diocesanas[436], porque presididas por um bispo, e a Igreja acabou por coabitar melhor com a laicidade. E a desautorização, feita por Pio XI, das teses expendidas nas assembleias dos cardeais e arcebispos de França "sur les lois dites de laïcité et sur les mesures à prendre pour les combattre" (10 de Maio de 1925), onde se declarou que "les lois de laïcité sont injustes d'abord parce qu'elles sont contraires aux droits formels de Dieu", assim como a condenação das teses religiosas de Charles Maurras e da Action Française (1926), reforçaram este clima de "ralliement" entre o catolicismo e a República[437].

O desfecho da guerra, com a reinserção da Alsácia e da Lorena no território francês, também trouxe uma novidade em matéria religiosa, pois, não obstante os esforços do laicismo mais radical para fazer coincidir a República, única e indivisível, com a vigência universal do princípio de laicidade, tal não irá acontecer: os De-

---

[436] Cf. Sobre este processo, leia-se Jean Foyer, "De la Séparation aux associations diocésaines", Académie des Sciences Morales et Politiques, *État et religion*, Paris, PUF, 2005, pp. 131-154.

[437] Consulte-se A. Boyer, *1905. La Séparation Églises-État. De la guerre au dialogue*, Paris, Cana, 2004.

partamentos da Alsácia e Mosela[438] continuarão sob o regime concordatário e a separabilidade não foi (nem é) aplicada na Guiana – que vive sob o regime de uma disposição de 27 de Agosto de 1828 –, nem em Mayotte, Saint-Pierre-et-Miquelon, Nova Caledónia, Polinésia Francesa, Marquesas, Wallis e Futuna, territórios coloniais que se regem pelos chamados "decretos Mandel" (1939).

Quanto ao primeiro caso, recorde-se que a Alsácia e Mosela não estavam debaixo do domínio francês quando a Lei de 1905 entrou em vigor e que a sua posterior incorporação, depois da I Guerra Mundial, não porá em causa o quadro político-religioso anterior, que se regia pela Concordata e pelos acordos que Napoleão celebrou com os demais cultos. E, com pequenas alterações, esta situação mantém-se até hoje. Nessas zonas, é o Presidente da República quem nomeia os bispos católicos e os ministros dos cultos reconhecidos são considerados funcionários públicos, estatuto bem distinto do que vigora nos demais Departamentos do Hexágono[439].

---

[438] Cf. Pierre Messmer, "Les Églises et l'État en Alsace-Moselle", Académie des Sciences Morales et Politiques, *ob. cit.*, pp. 225-242.

[439] Quanto às Colónias, a República laica não só encorajou a obra escolar e missionária das congregações – sobretudo, para responder à ofensiva evangélica britânica –, como, em algumas, aceita o catolicismo como religião oficial (Guiana) e, em todas, deu

No que respeita aos caminhos da aceitação da laicidade por parte da hierarquia da Igreja, é conhecido que, em Paris, o cardeal Verdier inaugurou uma atitude mais aberta em relação à esquerda. E quando, vinte anos depois (13 de Novembro de 1945), a assembleia dos cardeais e arcebispos de França voltou a pronunciar-se sobre a separação, muitas coisas tinham mudado. Ali se precisou que, se por laicidade se entendesse "la souveraine autonomie de l'État dans son domaine de l'ordre temporel [...], nous declarons que cette doctrine est pleinement conforme à la doctrine de l'Église". Por outro lado, João Paulo II, dirigindo-se à conferência dos bispos de França (11 de Fevereiro de 2005), naquele que foi um dos seus últimos textos, foi claro sobre a mesma matéria, ao retomar os ensinamentos da declaração conciliar *Dignitatis humanae* (1965): "Le principe de laïcité, auquel votre pays est très attaché, s'il est bien compris, appartient aussi à la doctrine sociale de l'Église. Il rappelle la nécessité d'une juste séparation des pouvoirs [...], qui fait écho l'invitation du Christ à ses disciples: 'Rendez à César ce qui est à César, et a Dieu ce qui est à Dieu' (*Lc* 20, 25)".

---

representações, no poder civil, às autoridades religiosas. Cf Valentine Zuber, "La Commission Stasi et les paradoxes de la laïcité française", Jean Baubérot (dir.), *La Laïcité à l'épreuve. Religions et libertés dans le monde*, pp. 31-32. Sobre todas estas excepções, leia-se, também, Conseil d'État, *Rapport public 2004. Un siècle de laïcité*, p. 266 ss.

Estas confluências e compromissos fizeram da laicidade um valor cultural francês compartilhado pelos próprios católicos, sinal de que a sua aplicação como laicismo se foi esbatendo. Entende-se, porque a vigência de uma política laicizadora, que conta mais de um século e no seio de uma sociedade secularizada, conduziu a que ela tenha "pénétré la conscience catholique elle-même". Deste modo, ter-se-á de concluir que "la France est donc laïque non seulement parce que sa République l'est et que son opinion publique compte d'ardents défenseurs de la laïcité républicaine (en particulier de l'école publique et de la séparation des Églises et de l'État), elle l'est aussi culturellement parce que c'est la France catholique elle-même qui s'est laïcisée"[440]. De facto, segundo uma sondagem de 1998 (*ISSP*), os franceses católicos (incluindo os praticantes regulares) são maioritariamente favoráveis à laicidade escolar (53%), tendo mesmo 16% deles manifestado-se a favor do seu reforço (o que dá um total de 69%), enquanto 31% apoia o seu aligeiramento e só 5% defende o seu abandono.

Ora, se é verdade que, de tempos em tempos, as antigas batalhas parecem ressurgir, e que elas continuam a ter muito a ver com a *questão escolar*, o problema essencial tem residido, sobretudo, nos critérios de financiamento da educação (pública e privada). Há mesmo

---

[440] Jean-Paul Willaime, *Europe et religions. Les enjeux du XXIème siècle*, p. 297.

quem diga que, em face da umbilicalidade que, na oposição ou na aliança objectiva, existe entre catolicismo e laicidade, a actual crise do primeiro necessariamente arrasta a da segunda, seja devido aos efeitos da secularização, seja em consequência de uma realidade cultural que se pluralizou e complexizou.

Acerca deste último aspecto, o problema maior advém do crescimento, em França, de uma nova confissão sem grandes tradições de separabilidade entre o político e o religioso: o Islão. Perante isto, poder-se-á dizer que se está perante uma realidade análoga à que, em 1905, a Lei de Separação procurou solucionar? Só aparentemente. É que, naquela data, tratou-se de cortar os últimos laços (Concordata napoleónica) entre o Estado e uma religião específica, cuja presença era tão antiga como a própria nação francesa; agora, diferentemente, almeja-se integrar uma nova confissão (a segunda do país). Por outro lado, em 1905, o republicanismo pretendeu consumar o desquite entre identidade nacional e catolicismo; nesta conjuntura, procura-se integrar os muçulmanos na unidade da Nação. Além do mais, em 1905, foram suprimidos os últimos vestígios regalistas de uma Igreja católica francesa; hoje, ao invés, fazem-se todos os esforços para se organizar um Islão de França[441], país onde habitam cerca de 4 milhões de seguidores de Maomé.

---

441 Cf. René Rémond, *ob. cit.*, pp. 19-20.

CAPÍTULO IX
A "Quase Laicidade" dos Países Católicos da Europa do Sul

Quando se procura demonstrar a existência de uma via francesa, amiúde, surge a comparação com o que ocorreu num outro país que, cedo, instaurou a separabilidade: os EUA. Ora, também não deixará de ser interessante vincar a sua diferença em relação a alguns dos países do Sul da Europa, como a Itália, Portugal e Espanha, regiões onde irromperam experiências de laicidade, mas cujo processo foi bloqueado por contra-ofensivas recatolicizadoras escudadas em poderes autoritários.

O caso italiano e a influência da Igreja católica

Comece-se pelo caso de Itália, que tem de ser analisado à luz da guerra de unificação nacional movida contra a Santa Sé e seus aliados a partir dos meados de Oitocentos. Na verdade, perante o poder temporal da Igreja, o *Risorgimento* implicou uma luta directa com o

Papado, choque que deu origem a uma grande incompatibilidade entre o patriotismo e a Igreja, apesar de a esmagadora maioria dos combatentes e do povo italiano se considerar católica[442]. Esta "hostilidade" – sintetizável na chamada "questão romana" – conferiu ao nacionalismo transalpino um cariz fortemente anticlerical[443] e explica por que é que o novo Estado nacional (em construção) tomou medidas para fazer diminuir e circunscrever o poder do Vaticano, embora sem nunca cair numa laicidade integral.

As leis saídas em 1866 e 1867, bem como a chamada Lei das Garantias, de 1871, potenciaram uma relativa separação das Igrejas do Estado. Mas foi a legislação de 1873 que demarcou, numa perspectiva mais liberal,

---

442 Cf. T. Tomasi, *L'Idea laica nell'Italia contemporanea (1870-1970)*, Florença, La Nuova Italia, 1971; G. Verucci, *L'Italia laica prima e dopo l'Unità 1848-1876. Anticlericalismo, libero pensiero e ateismo nella società italiana*, Roma-Bari, Laterza, 1981; S. Pivato, *Clericalismo e laicismo nella cultura popolare italiana*, Milão, Franco Angeli, 1990.

443 Citando a opinião do Professor Lytlelton, René Rémond escreveu: "is thus perfectly justified in emphasizing that Italian anticlericalism derived a particular coloration, and perhaps a special intensity, from the fact that its chief adversary – the Pope – was to be found on Italian soil, and that the temporal power of the Church had been a major obstacle to the unification of Italy and to the creation of the modern national and unitary state with which the ideology of anticlericalism was so closely bound up" (René Rémond, "Anticlericalism: some reflections by Way of Introduction", *European Studies Review*, 13(2), avril, 1983, p. 122; in Jacqueline Lalouette, *L'Anticléricalisme*, p. 333, nota 1).

as duas esferas. As comunidades religiosas perderam personalidade jurídica, sendo os seus bens transferidos para o domínio público (exceptuaram-se os edifícios destinados ao culto, às escolas, aos hospitais e aos asilos). Foi ainda retirada personalidade jurídica aos Capítulos Colegiais, a certas Abadias e eliminados muitos benefícios eclesiásticos, bem como reduzido o número de cónegos das Catedrais. Todas estas disposições, acompanhadas por uma aguerrida militância de movimentos ligados ao livre-pensamento, lançaram, nas últimas três décadas do século XIX, as raízes da laicidade italiana. Contudo, a influência da Igreja continuará forte, estatuto reforçado pela tradição dos seus poderes, temporal e espiritual, e pelo histórico papel do Vaticano na sociedade italiana e na cena internacional.

Neste contexto, a experiência transalpina não se aproximará daquelas outras em que se impôs uma "laicidade de combate". Para isso, terá contribuído a fraqueza do Estado e a força da Igreja, o que impediu, ao invés do que aconteceu em França e, em certas conjunturas, em Espanha e Portugal, "la naissance d'une religion séculière ou d'une religion civile capable de s'opposer à la religion catholique et de contrer son emprise sur la société italienne. À l'inverse de ce qui est passé dans d'autres pays européens, l'État s'est laïcisé sans que la société se soit sécularisée"[444].

---

444 Silvio Ferri, "Modèle italien d'"ententes' Églises-État, et

Mesmo este processo sofrerá interrupção. Na verdade, a I Guerra Mundial fará mudar o clima entre a política e a religião em Itália, pois o empenhamento do clero e dos católicos no esforço bélico ajudou a ligar mais estreitamente o patriotismo e o catolicismo. E a agudização da *questão social* – expressa na Revolução Russa – reforçou as prevenções dos sectores tementes deste tipo de transformações. Foi assim que, com o fito de reconquistar poderes perdidos, a Santa Sé impulsionou – como nos demais países do Sul da Europa – a constituição de partidos políticos católicos (em Itália, tal ocorreu em 1915, com a formação, liderada por Luigi Sturzo, do Partido Popular Italiano).

A vitória das forças anti-liberais e fascistas de Mussolini consolidará esta evolução e virá a criar bases políticas para que a Igreja se lance numa ofensiva apostada em "recatolicizar" a Itália. Os Acordos de Latrão (Tratado e Concordata de 11 de Fevereiro de 1929) não só resolverão a chamada "questão romana", como recolocarão o catolicismo como religião de Estado: "Dieu, le Dieu catholique pour être precis, est à nouveau de droit publique"[445]. Com isto, as demais confissões passaram a ser meramente toleradas.

---

modèle européen de laïcité", Jean Baubérot e Michel Wieviorka, *ob. cit.*, p. 225.

445 *Idem, ibidem.*

Com os novos Acordos – que tanto irão influenciar os casos português (1940) e espanhol (1953) –, a instrução religiosa católica voltou a ser obrigatória em todas as escolas e a ser o fundamento e o coroamento da instrução pública. E outras medidas foram tomadas: excluíram-se os padres apóstatas de todo o serviço que tivesse um contacto imediato com o público; os crucifixos voltaram às paredes das escolas; a blasfémia (contra o Deus católico) tornou-se num crime; um conjunto de festas religiosas foi elevado a dias feriados; os organismos eclesiásticos e as congregações religiosas recuperaram o estatuto de órgãos com personalidade jurídica; o casamento religioso voltou a ter valor civil; deu-se validade pública aos diplomas em teologia. Como contrapartida, o Estado reservava para si o controlo político sobre a nomeação dos bispos e dos curas e obteve a garantia de que a Acção Católica – então criada – não iria actuar como partido político (isto é, as matérias ligadas à *questão social* e ao enquadramento político das massas ficaram em mãos fascistas). Detinha, ainda, capacidade para interditar os eclesiásticos e os religiosos que se inscrevessem ou militassem em qualquer organização política.

Esta renovação da aliança entre o trono e o altar não foi, porém, absolutamente pacífica. É que, se ela abriu as portas para que a Igreja reconquistasse antigos privilégios, também propiciou um maior alargamento da base popular de apoio a Mussolini. Por outro lado, ambos os poderes não se confundiam. E o Estado fascista, com a sua vocação totalitária, pretendia pôr o catolicismo como meio coadjuvante de uma religião civil própria, pois, para enquadrar e mobilizar as massas, alimentava uma certa sacralização da política e não dispensava recorrer a legitimações mítico-históricas de cunho pagão e patriótico, em ordem a reforçar uma ideia vocacional de Pátria e o culto carismático do *Duce*[446]. Mas os efeitos da invasão alemã e da decadência do regime durante a guerra oferecerão alguma margem de manobra a Pio XII. Após a libertação de Roma, ele aparecerá, de facto, como o *defensor civitatis* e, posteriormente, como o incentivador de um partido democrata-cristão, o qual, graças à influência da Igreja e à Guerra Fria, hegemonizará a vida política italiana nas décadas subsequentes a 1948. E tudo isto não deixou de contribuir para a reprodução de ideias, valores e comportamentos religioso-institucionais apostados em fundir, sob a inspiração do Vaticano, a unidade nacional e o catolicismo, tendo como pano de fundo o anticomunismo.

É verdade que a nova Constituição (1 de Janeiro de 1948) retomou a tradição liberal, garantindo a igualdade e a liberdade. Todavia, na prática, manteve-se a intimidade entre a Igreja e o Estado, comércio há muito selado pelos Acordos de Latrão, tanto mais que estes

---

446 Cf. Emilio Gentile, *La Religion fasciste*, *passim*.

somente serão revistos em 1984, com a assinatura de uma nova versão[447], negociada por um compromisso histórico entre a Democracia Cristã e a esquerda laica não comunista (PS). Ela confirmará que o catolicismo fazia parte do património histórico do povo italiano e que a Santa Sé colaborava "per la promozione dell'uomo e il bene del Paese". Por sua vez, o seu art. 2.° reconhecia "alla Chiesa cattolica la piena libertà di svolgere la sua missione pastorale, educativa e caritativa, di evangelizzazione e di santificazione". Só que, com a queda do Muro de Berlin, com a superação da ameaça do PCI, com a implosão da própria DC e do PS, e com a emergência de novas realidades sociais, ficou quebrado o sonho de se manter a homogeneidade religiosa como suporte do consenso nacional[448].

A partir de 1984, "Le Saint-Siège prend enfin acte que la Constitution de 1948 a abrogé le principe d'une religion d'État (Loi 121/1985). La papauté accepte que l'enseignement de la religion catholique dans les écoles publiques ne soit plus obligatoire, mais simplement facultatif pour les élèves, et renonce également, à con-

---

[447] Para uma crítica a este documento, veja-se Mario Alighiero Monacorda, "Gli inganni del Concordato", Enzo Marzo e Corrado Ocone (coord.), *Manifesto laici*, 3ª ed., Roma-Bari, Laterza, 2000, pp. 49-58.

[448] Sobre esta nova realidade, veja-se Enzo Pace, "La chute des dieux: le nouveau pluralisme religieux en Italie", Fabienne Randaxhe et Valentine Zuber (dir.), *ob. cit.*, pp. 47-56.

trecoeur, à l'autorité juridique exclusive de ses tribunaux sur le mariage". Contudo, só em 1989 uma decisão do Tribunal Constitucional veio reconhecer, explicitamente, a laicidade como um dos "princípios supremos do sistema constitucional" (Acórdão 203/1989)[449]. Significa isto que aquela passou a ter um valor superior à lei e, inclusive, às leis constitucionais[450], orientação que abriu portas à celebração de acordos entre o Estado e outras religiões (em Julho de 2004, contavam-se dezassete)[451], garantindo uma mais ampla liberdade de religião, num regime de pluralismo confessional.

Ora, estas alterações somente feriram, de leve, o lugar da Igreja católica, pois não punham em causa o regime concordatário e outras situações de facto (protocolo de Estado, símbolos religiosos, disposições penais, etc.) que relevam o seu lugar na sociedade. Mas bastaram para que, aquando (24 de Junho de 2005) da visita que o recém eleito Papa fez ao Presidente da República (Carlo Azeglio Ciampi), este relembrasse que a Itália é um Estado laico. Bento XVI – recuperando a relativa abertura que a Igreja, na conjuntura do Concílio Vaticano II, fez ao princípio que, antes, tanto combateu –, aproveitou para esclarecer posições. Retomou o afir-

---

449 In Francesco Margiotta Broglio, "La laïcité en Italie, pays concordataire", Jean Baubérot (dir.), *La Laïcité à l'épreuve. Religions et libertés dans le monde*, pp. 82, 85.

450 Cf. Silvio Ferrari, *art. cit.*, p. 232.

451 Cf. Francesco Margiotta Broglio, *art. cit.*, p. 86.

mado por aquele areópago: "a comunidade política e a Igreja são independentes e autónomas, cada uma em seu próprio terreno. Ambas, contudo, ainda que por diverso título, estão ao serviço da vocação pessoal e social do homem" (*Gaudium et spes*). Mas também disse que tal doutrina já estava subjacente aos Acordos de Latrão e à modificação da Concordata, reconhecendo que "é legítima uma sã laicidade do Estado em virtude da qual as realidades temporais se regem segundo as suas próprias normas". Porém, não deixou de sublinhar a insuficiência da razão política, pois as suas necessárias inspirações éticas terão de encontrar "o seu último fundamento na religião. A autonomia da esfera temporal não exclui uma íntima harmonia com as exigências superiores e complexas que derivam de uma visão integral do homem e do seu eterno destino"[452].

Comparando estas características aqui resumidas com a laicidade à francesa, ter-se-á de concluir que se está perante realidades bem diferentes. Daí que alguns prefiram qualificar este regime (assim como o de Espanha e de Portugal) como de "quase laicidade"[453].

---

452 "A relação Igreja-Estado, segundo Bento XVI", http://www.pastoralis.com.br/pastoralis/html/modules/soapbox/article.php?, 10-08-2005.

453 Cf. Françoise Champion, "Les rapports Églises-États dans les pays européens de tradition protestante et de tradition catholique. Essai d'analyse", *Social Compass*, n. 4, vol. 40, 1993, pp. 589-

A experiência portuguesa

Também em Portugal, o processo secularizador da instância ordem política e da sua afirmação como laicidade foi, como nos demais países católicos do Sul da Europa, inseparável da herança regalista. Antiga, esta teve a sua primeira medida mais espectacular na expulsão dos jesuítas, decretada no tempo do Marquês de Pombal por Alvará de 28 de Junho e lei de 3 de Setembro de 1759. A partir daí, ganhou curso, sobretudo nas elites políticas e intelectuais, um sentimento antijesuítico que, com a Revolução Liberal (1820-1834), será incorporado num anticongreganismo mais geral, vindo a culminar na extinção das ordens religiosas e na nacionalização dos bens das congregações (28 de Maio de 1834).

Diferentemente do que ocorrerá em Itália, esta política não se inscrevia em qualquer luta de libertação nacional. Mas, perante o "internacionalismo" da Igreja, não deixava de pretender refundar a Nação, ou de "reaportuguesar Portugal", projecto que exigia a destruição dos alicerces sociais e culturais que tinham sustentado o Antigo Regime. Daí a força do anti-ultramontanismo[454].

-609, e "Interférences de la laïcité et de la démocratie, fragments d'histoire européenne", Fabienne Randaxhe e Valentine Zuber (org.), *Laïcités-Democraties. Des relations ambiguës*, pp. 1-10.

454 Sobre este percurso secularizador, veja-se Fernando Catroga, *A Militância laica e a descristianização da morte em Portugal*, vol. 1,

A Monarquia Constitucional moderada, que saiu daquela Revolução, reconhecia o catolicismo como religião oficial do Estado, embora, teoricamente, também garantisse os direitos fundamentais. Quer isto dizer que os liberais portugueses não confundiam o seu antijesuitismo, anticongreganismo e anticlericalismo com a valorização positiva do papel social da religião e da própria Igreja, desde que esta fosse reformada e pudesse funcionar como uma espécie de religião cívica e nacional. Inscreviam-se, assim, na linha doutrinária, defensora do chamado catolicismo liberal e que, contra o modo histórico como a Igreja interpretou e aplicou a lição do Livro, dava ênfase à figura de Cristo e a um certo evangelismo, ao mesmo tempo que defendia a autonomia das Igrejas nacionais e se opunha aos anátemas e novos dogmas decretados por Pio IX (Imaculada Conceição, *Syllabus* e infalibilidade papal). Contudo, não ia tão longe como os que propunham o estabelecimento do regime da *Igreja livre no Estado livre* (Cavour), já que não prescindia de uma certa tradição regalista e, em última análise, de fazer do novo catolicismo uma espécie de religião civil da ordem liberal.

A partir da década de 1870, a situação alterou-se. Apareceram alternativas republicanas e socialistas ao liberalismo monárquico, e a crise do próprio regime

---

passim,. Vitor Neto, *O Estado, a Igreja e a sociedade em Portugal*, (1832-1911), Lisboa, Imprensa Nacional-Casa da Moeda, 1998.

monárquico-social agudizou-se por razões internas e pelo impacto de acontecimentos externos (I República espanhola, Comuna de Paris, III República francesa). As vanguardas intelectuais descristianizaram-se – ou melhor, descatolicizaram-se – sob a influência de novas filosofias, muitas vezes assimiladas e aplicadas de um modo ecléctico. Foi o caso do positivismo, do evolucionismo spenceriano, do darwinismo, do materialismo mecanicista, do maçonismo.

Em suma: em Portugal ocorreu algo de parecido com o que estava em curso em Itália e em Espanha e, logicamente, em França (só que, aqui, a laicidade subira ao poder). E a conjugação de todos estes factores provocará a crescente hegemonia de uma corrente que, se integrava os anteriores legados antijesuítas, anti-ultramontanos e anticongreganistas – isto é, o anticlericalismo liberal –, procurará ir mais longe. A contestação do poder da Igreja e do comportamento dos seus membros transformar-se-á em crítica à própria essência das religiões, tornando o laicismo sinónimo de livre-pensamento e de descristianização[455].

Se se quiser fazer uma súmula deste projecto laicizador (organizado à escala internacional), atente-se no teor da intervenção que o delegado português (Sebastião de

---

455 Sobre este processo, leia-se Fernando Catroga, *O Livre-pensamento contra a Igreja. A evolução do anticlericalismo em Portugal*, pp. 255-354.

Magalhães Lima, futuro Grão-Mestre do Grande Oriente Lusitano Unido) fez no Congresso Internacional do Livre-Pensamento (realizado em Roma, em 1904). Afinando pela cartilha geral, declarou que, também em Portugal, os anticlericais defendiam: "a incompatibilidade entre a ciência e o dogma [...]; a necessidade de se incrementar a luta contra as religiões; o corte de relações diplomáticas com a Santa Sé; a separação das Igrejas do Estado; a liberdade de consciência religiosa; a supressão do orçamento dos cultos; a supressão da Concordata e do Beneplácito; a sujeição da Igreja ao direito comum; a expurgação, nas leis civis, dos restos anacrónicos do direito canónico; a venda, em hasta pública, dos templos paroquiais; a laicização dos cemitérios; o registo civil obrigatório de nascimentos, casamentos e óbitos". Quanto à *questão do ensino*, logo que a Monarquia caísse, os republicanos portugueses iriam aprovar – como a França de Jules Ferry – "a laicização do professorado e do ensino em todos os seus graus, a liberdade de ensino particular, excepto para os indivíduos que pertencessem a qualquer corporação religiosa". Instaurariam, ainda, a "secularização das obras de beneficência e do corpo de enfermagem", e empenhar-se-iam na luta pela "permanente solidariedade moral, e mesmo material, dos livre-pensadores do mundo inteiro em face de todas as tentativas de reacção política e religiosa". Como se vê, mais do que uma *laicização externa* e, portanto, institucional, os livres-pensadores portugueses pretendiam concretizar uma radical *laicização interna*.

Com o aumento da crise política e social nos inícios do século XX, a *questão religiosa* transformar-se-á no ponto polar de todos os conflitos, acirrados por uma frente anticlerical (republicanos, socialistas, anarquistas) que o republicanismo irá hegemonizar e em que, na *questão religiosa*, se condensava a *questão do ensino*, a *questão política* (República *versus* Monarquia) e a *questão social* ("Deus é o mal"), bem como a reivindicação da própria independência nacional contra o ultramontanismo. Foi assim lógico que, ao derrubar a Monarquia (5 de Outubro de 1910), o novo regime tivesse imediatamente decretado a separação das Igrejas do Estado com os olhos postos na obra laicizadora da III República francesa.

Só com esta diferença. Como estavam convictos de que o Estado poderia construir uma realidade nova, também acreditavam que o problema religioso constituía a chave de todos os males da sociedade portuguesa. Pelo que promulgaram, em sete meses (Outubro de 1910 a Abril de 1911), o que, em França, demorou quase 30 anos a implantar. Pode mesmo sustentar-se que uma das principais fontes desta obra legislativa (liderada por Afonso Costa), para além da Lei de 1905, também foram algumas das propostas mais radicais que a antecederam. E isto num país dominantemente agrícola e analfabeto (cerca de 80% da população) e no qual era fraquíssimo o peso das religiões não católicas, auxiliares objectivas da laicidade.

Naquele lapso de tempo, o novo poder republicano português, governando em ditadura, instituiu: em 8 de Outubro de 1910, o renovamento da expulsão das ordens religiosas (apesar de as leis anteriores terem continuado em vigor, aquelas foram paulatinamente entrando em Portugal); em 12 de Outubro, a extinção dos feriados religiosos e a introdução de novos feriados civis; em 18 de Outubro, a abolição do juramento religioso; a 22 do mesmo mês, a supressão do ensino religioso da Escola; a 23, o fechamento da Faculdade de Teologia da Universidade de Coimbra e a abolição das orações e juramentos de lentes e estudantes nos actos académicos; a 28, a governamentalização dos corpos administrativos das irmandades e confrarias; a 3 de Novembro, a lei do divórcio; a 20 de Abril de 1911, a lei da Separação das Igrejas do Estado. Também legalizou o Registo Civil Obrigatório e impôs a secularização dos cemitérios. E a Constituição Republicana (1911) veio legitimar todas estas decisões[456].

Como seria de esperar, tais medidas provocaram a resistência do "outro" Portugal, constituído pelo alto e

---

[456] Cf. Fernando Catroga, "Républicanisme et laïcisme au Portugal", AA.VV., *La Laïcité. Histoires nationales – perspectives européennes. Regards croisés sur la laïcité: droit, histoire, philosophie, Actes du Coloque de Valence*, Lyon, Jacques André Éditeur, 2005, pp. 42-54.

baixo clero e pelas populações mais catolicizadas dos meios rurais[457]. O que gerou situações de violência, que não se resumiram a simples polémicas verbais, ou a agressões simbólicas (iconoclastias várias), pois provocaram muitos incidentes físicos e alguns mortos, embora estes não possam ser comparados (nos primeiros anos da I República, terão sido à volta de uma dezena) ao caso mexicano, ou à situação da "Semana Trágica" em Barcelona (1909), ou, ainda, ao que virá a ocorrer, em Espanha, com o advento na II República e, depois, com a guerra civil e com a repressão que esta desencadeou.

Com efeito, à política religiosa da I República responderam os meios católicos e conservadores, fosse através de conspirações que procuravam derrubar o novo regime, fosse com organizações políticas como o Centro Católico. A crise da I República, que a guerra e os seus efeitos sociais acentuaram, desaguará no golpe militar de 28 de Maio de 1926, num processo de conquista do poder de onde emergirá o Estado Novo, regime liderado por homens de confiança da Igreja.

A Ditadura estadonovista definir-se-á como uma República autoritária e corporativa e governará sob o lema Deus, Pátria e Família. Com os olhos no exemplo italiano e na doutrina social da Igreja, lançar-se-á, ime-

---

457 Cf. Maria Lúcia de Brito Moura, *A Guerra religiosa na Primeira República*, Lisboa, Editorial Notícias, 2004.

diatamente, na recatolicização das consciências e da educação (os crucifixos regressaram às escolas em 1932). Esse foi o objectivo do novo projecto de "educação nacional" lançado logo nos inícios da década de 1930 e, depois, corroborado pela Concordata de 1940[458], tratado que, entre outras coisas, impediu o divórcio dos casamentos católicos, isentou a Igreja de muitas obrigações fiscais, confirmou o ensino religioso e a exibição de símbolos católicos no espaço escolar. Tal como em Itália e em Espanha, a laicidade foi sendo domesticada e denegada, passando as demais confissões ao estatuto de toleradas. No entanto, manter-se-ão alguns institutos regalistas e a Constituição (1933) não assumiu, explicitamente, a confessionalidade. Antes legitimou uma versão, mais moderada do que a espanhola, de um "nacional-catolicismo" à portuguesa.

A imediata aniquilação dos sectores políticos de oposição fez enfraquecer (mas não desaparecer) a herança do anticlericalismo republicano. Porém, o paulatino desenvolvimento económico e urbano ocorrido a partir da segunda metade da década de 1950, assim como a consequente perfilhação de ideias, valores e expectativas mais modernas, que atingiram a sociedade e o interior da própria Igreja, alteraram as coisas. Muta-

---

458 Para uma análise mais recente deste processo, veja-se Rosa Dionízio Nunes, *Das Relações da Igreja com o Estado*, Coimbra, Almedina, 2005.

ção que foi facilitada não só pelos ventos do Concílio Vaticano II, mas também pela situação interna portuguesa, onde o crescimento da contestação social e o problema da *guerra colonial* (desencadeada em Angola, Moçambique e na Guiné, nos inícios da década de 1960) deram origem a uma realidade que os outros países do Sul da Europa não viveram.

Como é reconhecido, a queda da ditadura em 1974 recolheu um grande consenso nacional – que incluía boa parte da Igreja, cujos grupos mais activos já se tinham distanciado do Estado Novo –, num quadro em que nenhum sector político se mostrou interessado em rever, no essencial, o regime concordatário. Ao contrário, poder-se-á mesmo afirmar que, perante as grandes prioridades do momento (descolonização, democratização política, para as forças mais conservadoras e para os liberais; democratização política e social, para a esquerda), houve toda a cautela em não reacender uma polémica quase esquecida[459]. Por isso, exceptuando o problema do divórcio para os casamentos católicos – o Estado português e a Santa Sé chegaram a acordo em 1975 –, evitou-se despertar o fantasma do anticlericalismo republicano (e do clericalismo integrista). Dir-se-ia que, nesta matéria, houve (e há) uma espécie de "complexo Afonso Costa" (Fernando Rosas), o que não

---

459 Cf. Fernanda Câncio, "Estado laico, mas pouco", *Diário de Notícias*, 5-10-2005.

obstou ao aparecimento de críticas ao desfasamento existente entre algumas disposições da Concordata e a nova ordem[460]. Daí, a situação aparentemente paradoxal: tal como em Itália e Espanha, em Portugal a Concordata não foi revogada nem revista quando se instaurou o regime democrático; foi somente reformada em algumas das suas cláusulas mais gritantemente contrárias aos direitos constitucionais (como a isenção de impostos), ou aos princípios de liberdade e de igualdade religiosas; o que, porém, somente ocorrerá em 2004.

Diga-se que a situação tinha melhorado com a aprovação, em 2001, da lei da liberdade religiosa (Lei n.° 16/2001). E, quanto à escola, não se reconheceu, taxativamente, o princípio da neutralidade; mas o direito a uma educação religiosa e moral facultativa, aberta às várias confissões e ministrada por professores por elas indicados (desde que o número de alunos interessados não seja inferior a seis), foi consagrado.

Significa isto que o acordo de 2004 não superou algumas ambiguidades e contradições entre a lei e as práticas. Sublinhe-se que a Constituição de 1976 – ainda em vigor –, ao contrário da explicitude da francesa, continha, somente implícita, a não confessionalidade do Estado. E só com a aprovação da Lei n.° 16/2001 se esclareceu melhor que "o Estado não adopta qualquer religião". Todavia, a situação de direito e, sobre-

460 Cf. Rosa Dionízio Nunes, *ob. cit.*, p. 423 ss.

tudo, de facto, continua a reconhecer à Igreja católica alguns privilégios justificados pelo "costume". Por exemplo, se ela não possui o monopólio do ensino religioso nas escolas, ainda continua a detê-lo na assistência espiritual às Forças Armadas, hospitais e prisões, ao mesmo tempo que a existência de um regime concordatário a coloca no exterior da lei da liberdade religiosa, dando-lhe vantagens dentro do crescente "mercado religioso". Além do mais, em nome da tradição, o Estado consente a exposição de símbolos religiosos cristãos nas escolas (só recentemente a decisão foi transferida para o critério das respectivas direcções) e aos altos dignitários da Igreja é dado um lugar de destaque no protocolo oficial, incluindo a bênção em actos inaugurais. Os feriados oficiais não cívicos são datas que continuam a evocar a história do cristianismo. E, à luz da Concordata, a Universidade Católica não é considerada uma instituição privada.

Comparando a situação actual, quer com o modelo francês da III República, quer com o que vingou em Portugal sob a I República (1910-1926), verifica-se que, não obstante o Estado democrático se declarar aconfessional e respeitador da liberdade religiosa, se está longe da laicidade que esteve subjacente àquelas experiências. E é neste contexto que o caso português – tal como o italiano e o espanhol – também tem sido qualificado como uma "quase laicidade".

Espanha: do radicalismo laicista ao "indiferentismo"

Depois de períodos de secularização antijesuítica e anticongreganista durante o século XIX, as vicissitudes e as dificuldades de consolidação do liberalismo em Espanha, em confronto com uma Igreja cultural, económica e politicamente poderosa, conduziram, igualmente, à agudização da *questão religiosa*, problema que, em algumas regiões mais industrializadas, virá a fundir-se com a *questão social* nos finais de Oitocentos e primeiras décadas de Novecentos.

O momento agudo da laicidade em Espanha deu-se, de facto, a partir desta conjuntura. E, sem se poder afirmar que o anticlericalismo e o laicismo portugueses não ganharam expressões de cariz iconoclasta – elas já existiam, antes da República, a propósito de manifestações e símbolos como as procissões e os sinos –, é um facto, porém, que, em Espanha, o confronto foi mais extremado. Dir-se-ia que, na *questão religiosa*, embateram, tragicamente, as "duas Espanhas" com tudo o que as dividia, animadversão acentuada pela força que a Igreja detinha na sociedade e pela sua militante oposição aos projectos empenhados em modernizar o país. E esta antítese desencadeará manifestações radicais de iconoclastia e hagiofobia, que atingiram o seu zénite na década de 1930[461].

---

461 Cf. Manuel Ruiz Delgado, *La Ira sagrada. Anticlericalismo, ico-*

Deste modo, quando se extremaram os conflitos sociais e políticos, a Igreja católica foi um dos principais alvos, pouco valendo as prevenções de socialistas como Pablo Iglesias, para quem o empolamento do problema só interessava aos que não queriam resolver a *questão social*. Os acontecimentos sangrentos da "Semana Trágica" de Barcelona, em 1909[462], e, sobretudo, os que, a despeito da posição de republicanos mais moderados, deflagraram sob a II República e por acção de milícias populares, foram o ponto de chegada de um antagonismo que vinha do século anterior. As medidas laicizadoras imediatamente tomadas pelo novo regime (1931) – mais próximas de Combes e das legislações portuguesa e mexicana –, ligadas a outras, de cariz social e político, suscitaram reacções, fazendo engrossar a conspiração ultra-direitista, movimento que culminará na sublevação franquista de 18 de Julho de 1936 e na guerra civil que se lhe seguiu.

Foi neste clima bélico que a laicização desembocou numa forte violência (física e simbólica). Com efeito,

---

noclastia y antirritualismo en la España contemporánea, Barcelona, Ed. Humanidades, 1992; *Las Palabras de otro hombre. Anticlericalismo y misoginia*, Barcelona, Muchonick, 1993; "Anticlericalismo, espacio y poder. La destrucción de los rituales católicos. 1931-1939", Rafael Cruz (ed.), *ob. cit.*, pp. 149-180; *Luces iconoclastas. Anticlericalismo, espacio y ritual en la España Contemporânea*, Barcelona, Editorial Ariel, 2001.

462 Cf. J. C. Ullman, *La Semana trágica. Estudio sobre las causas del anticlericalismo en España (1898-1912)*, Barcelona, Ariel, 1972.

durante aquele período, numerosos símbolos sagrados foram destruídos, sendo incendiadas ou fechadas centenas de igrejas. Foram ainda mortos 6832 membros do clero, 90% dos quais em 1936. No seu cômputo global, contavam-se 13 bispos, 4172 sacerdotes diocesanos e seminaristas, 2364 religiosos e 238 monjas[463], o que representava 13% dos sacerdotes diocesanos de Espanha e 23% do clero regular, sendo a percentagem de monjas inferior a 1%[464].

Tudo isto mostra que a defesa de princípios decretados para salvaguardar a máxima tolerância possível pode transmutar-se em intolerância e ter como contra-resposta uma intolerância ainda maior. Como se sabe, com raras excepções – e descontando o caso específico do País Basco –, a Igreja, através da mão militar dos insurrectos franquistas, virá a ser conivente, durante a guerra civil, com milhares e milhares de mortes sumárias, num ajuste de contas em que a política se confundiu com o cruzadismo, quase não havendo lugar para o perdão[465]. Os bispos – ao qualificarem na pastoral

---

[463] Cf. Julio de la Cueva Merino, "Políticas laicistas y mobilización anticlerical durante la Segunda República y la Guerra Civil", Manuel Suárez Cortina (ed.), *ob. cit.*, p. 272.

[464] Cf. Marcelino Flórez Miguel, *Clericalismo y anticlericalismo. Las venganzas de 1936*, Burgos, Editorial Dossoles, 2003, pp. 134-135.

[465] Cf. J. Casanova, F. Espinosa, F. Mir e F. C. Y. Moreno Gómez, *Morir, matar, sobrevivir. La violencia en la dictadura de Franco*, Barcelona, Crítica, 2002; H. Raguer, *La Pálvora y el incienso. La Igle-*

colectiva de 1 de Julho de 1937, a subversão contra um regime democraticamente legitimado, como uma "guerra santa" movida aos "vermelhos" (expressão que diabolizava todos os republicanos) –, assim como o próprio Papa, em concreto através da sua alocução radiofónica de 1 de Julho de 1939, abriram o campo para que os vencedores justificassem a sua empresa como uma "cruzada", nomeadamente quando o sucessor de Pedro se deixou influenciar pelos bispos franquistas a um ponto tal que acabou por saudar a "vitória de Franco" e lançar a benção apostólica sobre os "queridos filhos da Católica Espanha, sobre o Chefe de Estado e seu ilustre Governo", sobre o "Episcopado e o abnegado clero", e "sobre os heróicos combatentes"[466], não dirigindo uma única palavra aos derrotados.

Não é este o lugar para se descrever as transformações que se deram nas sociedades com processos fortes de laicização e o modo como perdurou a memória desta "era de extremos". Contudo, e como se sublinhou, quando as condições históricas se alteraram (ou consolidaram) num sentido mais conservador e autoritário, a Igreja aproveitou para reconquistar posições, procu-

---

sia y la Guerra Civil española (1936-1939), Barcelona, Peninsula, 2001; Santos Julia (ed.), *Violencia política en España del siglo XX*, Madrid, Taurus, 2000.

466 In Marcelino Flórez Miguel, *ob. cit.*, p. 234. Cf. H. R. Southworth, *El Mito de la cruzada de Franco*, Barcelona, Plaza y Janés, 1986.

rando, através da celebração de Concordatas, lançar acções recatolicizadoras, mantendo-se alheia, porém, à problemática dos direitos do homem em geral, incluindo a da liberdade para as demais crenças. Foi o que aconteceu em Espanha – tal como, antes, em Itália e Portugal – com a assinatura dos acordos de 1953, documento que a redemocratização, iniciada na segunda metade da década de 1970, não porá em causa.

Pelo art. 16.° da Constituição de 1978, a Espanha democrática, embora declare que nenhuma confissão tem carácter estadual, aceita que os poderes políticos levem em conta as crenças religiosas da sociedade e mantenham relações de cooperação com a Igreja católica e com as demais confissões. E a lei orgânica sobre a liberdade religiosa de 1980 veio introduzir uma distinção – passível de várias interpretações – entre as comunidades religiosas com um "enraizamento" notório e os grupos religiosos de implantação mais recente.

Assim, continua-se a dar uma posição de relevo às instituições católicas. Todavia, o Estado veio a reconhecer (4 de Dezembro de 1984 e 14 de Julho de 1985) um "enraizamento notório" a confissões minoritárias, como os protestantes, os judeus e os muçulmanos. O que se reflectiu na assinatura de acordos de cooperação não só com a Igreja católica (1979), mas também com as mencionadas religiões (1992)[467]. Por sua vez, mais

---

[467] Cf. Jean-Paul Willaime, *ob. cit.*, pp. 150-151.

recentemente, sob um governo socialista, têm sido tomadas medidas tendentes a dar um cumprimento mais pleno à liberdade religiosa, à não confessionalidade do Estado e aos direitos individuais, política que, quanto a esta última matéria, desaguou na aprovação (Abril de 2005) do casamento entre homossexuais. E não será errado inserir todas estas transformações na secularização e indiferentismo que, numa amplitude mais extensa do que a portuguesa, atravessam a sociedade espanhola das últimas décadas (com particular destaque nas áreas urbanas e na juventude).

Semelhanças e diferenças (França, Itália, Portugal e Espanha)

Em termos comparativos, que concluir de tudo o que ficou exposto? Como primeira característica comum, pode destacar-se este facto: tal como em França, também em Portugal, Itália e em Espanha o processo (político, económico, social e simbólico) de modernização da sociedade colidiu com os interesses estabelecidos da Igreja católica. Por isso, ele ganhou um cariz de "hostilidade", situação já prenunciada no regalismo, mas que os regimes representativos do século XIX prolongarão. As suas expressões ideológicas objectivaram-se como antijesuitismo, anticongreganismo e anticlericalismo. Em causa estava a afirmação do novo conceito de soberania nacional e de uma nova ordem económico-social e cultural. Daí que, nos países do Sul da Europa, a conflitualidade a propósito da *questão religiosa* constitua um capítulo forte da génese e consolidação do Estado-Nação, tanto mais que a debilidade da sociedade civil e a sua fraca secularização convenciam as vanguardas modernizadoras e liberais que só um Estado interventor, nomeadamente no campo educativo e legislativo (direitos fundamentais), poderia instituir uma nova sociedade.

Análogos são, igualmente, os limites desse anticlericalismo, pois, se ele alvejava o poder económico e cultural-simbólico da Igreja – em particular, das ordens religiosas, instituições sem fronteiras –, assim como o controlo que ela exercia sobre a vida individual e pública, também reconhecia (por fé cristã, crença numa religião natural, ou por mero pragmatismo) que o catolicismo, desde que liberalizado, era fundamental para o enraizamento da nova ordem na consciência popular. Por isso, os liberais das primeiras décadas do século XIX ainda não propunham a completa secularização do ensino, nem a separação das Igrejas do Estado. Tentavam aprender com os excessos da Revolução Francesa e, contra Roma, enalteciam as potencialidades liberalizadoras do Evangelho e a função sociabilitária da religião e respectivos ritos.

Nos países em causa, quase idênticas e coincidentes no tempo foram as mudanças havidas no anticlericalismo. Elas deram-se, em França, a partir dos meados da década de 1860 e, logo a seguir (década de 1870), nos restantes, sobretudo ao nível das correntes políticas de esquerda, meio em que se deu a integração da laicidade num projecto mais totalizador de emancipação política, social e cultural.

A inserção do velho anticlericalismo na laicidade significou, igualmente, a subalternidade do doutrinalismo (dominante na fase anterior) e das posições inspiradas em filosofias de cunho espiritualista e neokantiano. Como novas justificações, surgirão os vários positivismos (França, Itália, Espanha e Portugal), seja articulados com o krausismo (Espanha), ou com o evolucionismo e o materialismo (Portugal, Itália), seja em posições eclécticas, que o chapéu do livre-pensamento procurava recobrir.

Por outro lado, poder-se-á dizer que, em França, com a consolidação da III República (últimos anos da década de 1870), será a vertente menos extremista do entendimento do ideal de laicidade que acabará por vencer – relembre-se que o sistema concordatário durará até 1905 –, enquanto que a ala mais descristianizadora do livre-pensamento ganhará mais força, sobretudo, em Itália, Espanha e Portugal, isto é, nas sociedades em que a laicidade funcionava como arma de oposição política e de contestação social, em nome de um projecto redentor do homem.

Aqui radica a primeira diferença: a laicização à francesa constitui o resultado de uma política de longa duração, com antecedentes no regalismo e na Revolução[468], e que, desde os finais da década de 1870 – exceptuando a curta reacção da República de Vichy[469] –, não sofreu nem hiatos nem revisões substanciais. Não obstante a existência de momentos "restauracionistas", a memória da "primeira laicização", herdada da Revolução (principalmente, com a descristianização de 1793-1794), será marcante na II República, na Comuna e, como é lógico, na III República. E é este percurso que faz com que a Lei de Separação de 1905 não seja "le lancement d'un processus mais sa pleine reconnaissance juridique. Un point d'arrivée autant sinon plus qu'un point de départ"[470], cujos efeitos ainda hoje se repercutem na ordem político-jurídica da França e na sua cultura republicana.

Esta durabilidade não é estranha à circunstância de o projecto ter frutificado numa sociedade mais secularizada do que as do Sul da Europa católica. O impacto da Revolução (que deu origem a uma "outra França", bem diferente da tradicional), conjugado, depois dos

---

[468] Cf. Bruno Benoît, "L'Inscription de la laïcité dans le processus révolutionnaire de 1789", AA.VV., *La Laïcité. Histoires nationales – perspectives européennes*, pp. 31-41.

[469] Cf. Robert O. Paxton, *La France de Vichy. 1940-1944*, Paris, Seuil, 1974, p. 152 ss.

[470] Olivier Ihl, "Laïcité: une autre lecture", AA.VV., *Laïcité. Histoires nationales – perspectives européennes*, pp. 115-116.

meados de Oitocentos, com transformações económicas e sociais significativas (industrialização, burocratização, racionalização, crescimento urbano, maior massificação das relações sociais), foram factores que, alicerçados no sucesso da revolução escolar, aumentaram a destruição dos modos tradicionais de entender o mundo e a vida. O que permitiu que a laicidade tivesse acelerado o processo de secularização.

É certo que a prática continuada de uma orientação laica, só por si, não chega para explicar o recesso do religioso na vida pública e privada. No entanto, parece indiscutível que ela ajuda, embora, no domínio das mutações das atitudes e comportamentos, a última palavra caiba aos factores secularizadores. Tudo isto pode ser provado, para o interior da França, se se comparar o que acontece na Alsácia e Mosela com o resto do Hexágono. Ali, 90% da população declara-se pertencer a uma religião e 10% "sem religião", enquanto que, em toda a França, esta última taxa é de 23% (1994). Todavia, o estatuto, "concordatário" ou não, parece não determinar a assiduidade aos actos de culto. De 1988 a 1998, a prática cultual mensal passou, na Alsácia, de 31% para 14%, aproximando-se, assim, da média nacional[471], o que denota a relativa autonomia do processo de secularização.

471 Cf. Jean-Paul Willaime, *ob. cit.*, p. 189.

Por sua vez, o peso político da França e a sua longa e forte tradição regalista fizeram com que a Santa Sé buscasse compromissos com a III República, atitude bem diferente da que tomou perante as forças liberais dos países do Sul, regiões onde, sobremaneira, o "ralliement" estendeu a mão aos sectores mais tradicionalistas e autoritários, como o provam as Concordatas que o Vaticano celebrou com Mussolini (1929), Salazar (1940) e Franco (1953).

Se, em França, a laicidade é um princípio que está no poder há mais de um século, em Portugal, Espanha e Itália, ao contrário, ela constituiu, durante décadas, uma reivindicação e um projecto de luta ideológica, política, social e cultural. Daí que, se a *questão social* ainda apareceu muito ligada à *questão religiosa* no decurso da Comuna de Paris, o fracasso desta e a institucionalização da III República burguesa tenham impelido os próprios socialistas franceses – sem deixarem de pugnar pela separabilidade – a darem prioridade à *questão social* (Jules Guedes, Jean Jaurès), secundarizando o problema religioso na luta pela libertação dos trabalhadores. Ao contrário, nos outros países católicos do Sul da Europa, o anticlericalismo será mais radical, arvorando o princípio em bandeira contra todas as formas de autoritarismo e de exploração do homem pelo homem, logo, em promessa emancipatória de cunho utópico. O que o tornou sinónimo de Revolução aos olhos de um proselitismo vanguardista desejoso de transformar a história, como se viu quando este conquistou o poder político. Foi assim em Portugal, com a Revolução Republicana (1910), e em Espanha, com a vitória da II República em 1931.

Apesar de a Itália não ter vivido experiências de laicização tão radicais, a contra-ofensiva dos meios mais conservadores foi de cariz totalitário, com a conivência de uma boa parte da Igreja. E a solução foi elevada a modelo. Sob o espectro das revoluções sociais, e no contexto da crise do demoliberalismo europeu, a receita não podia ser a da França ("ralliement" de 1923-1924), pois, na Europa do Sul, ao projecto de recatolicização não repugnava a celebração de acordos entre a Santa Sé e os regimes autoritários. Dir-se-ia que o Vaticano encontrou nestes últimos o amparo necessário para travar a secularização, a laicização e a revolução social, numa aliança que apostava em guindar o catolicismo, de novo, a religião de Estado e a instância dominante na formação das consciências. Ora, exceptuando efémeras reacções, a França não viveu nada de parecido. Bem pelo contrário, a laicidade transformou-se num valor nuclear e em sinónimo de República, inclusive para a maioria dos católicos.

O mesmo não aconteceu, de uma maneira tão marcante, nas sociedades que, na Europa, viveram experiências análogas. E as que ainda denotam uma clara influência do modelo francês encontram-se na Turquia e no México. Neste país, a Constituição de 1917, em vigor, precisa que o ensino é laico. Naquele, a acção de Atatürk fez inserir, no texto constitucional (1937), a referência explícita à laicidade, com a criação do francesismo *laiklik*[472].

---

472 Cf. Pierre Kahn, *La Laïcité*, Paris, Éditions Le Cavalier Bleu, 2005, p. 20.

QUARTA PARTE

DIVERSIDADES E METAMORFOSES

CAPÍTULO X
A Secularização da Europa Ocidental e a "excepção" Americana

Chegados a este ponto, é altura de revisitar as teses sobre a secularização, seja as que prognosticaram o seu irreversível crescimento e homogenização, seja as que, inversamente, procuram demonstrar que se está a assistir ao "regresso do religioso". Ter-se-á ainda de confirmar se existe uma relação mecânica e uniforme entre as políticas estadualistas de laicização e as atitudes e comportamentos religiosos das respectivas populações, dado que estes, não sendo indiferentes ao impacto de políticas laicas, parecem possuir alguma autonomia de desenvolvimento, como a análise do caso francês já mostrou.

Quanto à secularização nos países da Europa Ocidental, aceitam-se como profícuas as críticas que sociólogos como Pippa Norris e Ronald Inglehart têm lançado, tanto às teses "regressivas", como à aplicabilidade, sem matizes, das suas explicações clássicas. Como se viu, recorrendo a múltiplos factores – a herança histórica, o grau de desenvolvimento social, os movimentos migratórios, a existência ou não de liberdade e de mercados religiosos, a segurança existencial –, aqueles dois autores procuram colocar o relacionamento entre secularização e sacralidade sob o signo das *variações*.

Como primeira nota, impõe-se salientar que a Europa não é uma região confessionalmente homogénea, o mesmo acontecendo no que toca ao campo das desafectações religiosas. Segundo cálculos de Jean-Paul Willaime, feitos a partir de dados publicados pelos próprios Estados, a antiga Europa dos Quinze, com um total de 377 milhões de habitantes, contava, numa destribuição geográfica muito desigual, com 51% de católicos, 16% de protestantes, 6% de anglicanos, 3% de ortodoxos, 3% de muçulmanos, 0,5% de judeus, e 20,5% de pessoas sem religião[473]. Condensando todas esta opções em atitudes e comportamentos, poder-se-á traçar médias gerais que comprovam o avanço da secularização nesta área geocultural – ainda que com desenvolvimentos desiguais – e compará-las com o que ocorre nos demais Continentes[474].

---

[473] Cf. Jean-Paul Willaime, *ob. cit.*, p. 19.

[474] Naturalmente, os números que irão ser apresentados têm um valor meramente indicativo, apesar da idoneidade das agências que procederam aos inquéritos e à probidade dos investigadores que os sintetizaram. Todavia, não se pode esquecer que se trata de estudos de opinião, e sabe-se que, em todas as matérias, e muito mais no campo religioso, a mesma pergunta, desde que formulada de modos diferentes, pode conduzir a respostas distintas.

Em termos perfunctórios, veja-se o percurso das taxas de participação religiosa uma ou mais vezes por semana. Segundo o *The Mannheim Eurobarometer Trend Fil* (1970-1999), a evolução da prática em 13 países da UE foi esta:

Declínio da Participação Religiosa Semanal, UE (1970-1998)

	Franç.	Bélg.	Hol.	Alem.	Itália	Lux.	Dinam.	Irl.	G.Bre.	Irl. N.	Gréc.	Port.	Esp.
1970	23	52	41	29	56								
1971	27	58	49	39	58								
1973	19	38	33	22	48	48	5	91	16				
1975	22	45	44	26	39	44	6	93	8	59			
1976	23	45	45	30	37	40	6	93	17	60			
1977	22	50	48	26	37	42	5	91	17	56			
1978	18	45	45	23	36	39	5	90	10	64			
1980	14	38	31	21	37	41	5	91	9	69			
1981	13	36	29	20	35	36	7	91	7	59	27		47
1985	12	27	24	19	37	32	6	88	8	58	26		
1988	13	31	36	19	42	30	6	85	7	61	24	39	34
1989	14	29	34	18	44	28	4	83	10	60	21	40	31
1990	13	30	36	21	46	32	4	85	13	62	24	42	35
1991	10	24	35	19	46	28	4	82	13	61	24	39	33
1992	9	22	22	17	43	29	3	79	6	54	26	33	27
1993	12	27	33	15	45	27	4	81	7		25	31	33
1994	11	27	28	16	41	22	3	77	12		24	37	36
1998	5	10	14	15	39	17	4	65	4	46	21	30	20

***Fonte: The Mannheim Eurobarometer Trend File, 1970-1999*;**
(in Pippa Norris e Ronald Inglehart, *ob. cit.*, p. 72).

O declínio é evidente, embora não síntono. Por outro lado, também se constata que, nos países protestantes, o recesso foi mais prematuro do que nos católicos. A ressalva, nesta última região, é o caso francês, onde a emergência de uma precoce erosão não foi alheia – entre outros factores – a uma contínua política educativa inspirada na laicidade. Seja como for, se destes dados se extraírem médias europeias, e se se comparar as transformações ocorridas no intervalo cronológico em estudo, a lição que se colhe aconselha cautelas acerca dos diagnósticos que, sem mais, proclamam o "regresso do religioso", conforme se pode verificar no quadro inserido na página seguinte.

Os números apontam para a existência de uma queda nas práticas religiosas em quase todos os países da União Europeia – e, fora dela, na Argentina e no Canadá –, pois a média geral de 40%, em 1970, baixou para metade, nas décadas seguintes, descida que, logicamente, foi ainda mais forte onde o ponto de partida era alto, como acontecia na Bélgica, no Luxemburgo e em Espanha, zonas de forte influência católica. No Sul da Europa, o cultualismo semanal ainda é relevante, embora esteja igualmente em regressão.

Em termos especificamente europeus, um estudo recente do *European Social Survey* (2002), ainda que com quantitativos não inteiramente coincidentes, confirma as tendências apontadas. Os europeus que vão, pelo menos, uma vez por semana a um acto cul-

Tendências de Participação Religiosa Semanal, 1981-2001

País	1981	1990	2001	Evolução
Irlanda	82	81	65	-17
Espanha	40	29	26	-15
Bélgica	31	27	19	-12
Holanda	26	20	14	-12
Argentina	31	32	25	-6
Irlanda do Norte	52	50	46	-6
Canadá	31	27	27	-4
França	11	10	8	-4
Coreia do Sul	19	21	15	-4
Alemanha Ocidental	19	18	16	-3
Gr. Bretanha	14	14	14	0
Dinamarca	3	3	3	0
Hungria	11	21	11	0
Noruega	5	5	5	0
Finlândia	4	4	5	1
Islândia	2	2	3	1
Japão	3	3	4	1
México	54	43	55	1
Suécia	6	4	7	1
Estados Unidos	43	44	46	3
Itália	32	38	40	8
África do Sul	43	56	57	13

***Fonte: World Values Survey, 1981-2001*; (in Pippa Norris e Ronald Inglehart, *ob. cit.*, p. 74).**

tual situam-se à volta dos 18%; uma vez por mês, nos 11%; ocasionalmente, nos 20%; e nunca, ou só muito raramente, nos 51%:

Taxas gerais de prática religiosa, 2002

País	Pelo menos uma vez por semana	Pelo menos uma vez por mês	Ocasionalmente	Nunca, ou raramente
Polónia	56	19	17	8
Irlanda	54	13	10	23
Itália	31	12	20	37
Portugal	29	15	8	48
Grécia	27	28	28	10
Espanha	21	9	17	53
Eslovénia	20	10	31	39
Israel	19	7	27	47
Áustria	18	15	19	48
Luxemburgo	15	10	17	58
Reino Unido	13	6	12	68
Holanda	12	9	13	66
Suíça	11	12	27	50
Hungria	11	7	22	59
Bélgica	11	8	15	66
República Checa	9	5	16	70
Alemanha	8	10	21	60
Noruega	5	6	24	65
Suécia	5	6	17	72
Finlândia	5	7	25	64
Dinamarca	3	7	21	69
Total	18	11	20	51

***Fonte: European Social Survey, 2002*; (in Kerman Calvo, Álvaro Martinez, José Ramón Montero e Carlos Jalali, *art. cit.*, p. 10).**

Esta realidade é comprovada, no essencial, por outras informações sobre as atitudes e expectativas, como é o caso da crença na vida *post-mortem*, onde a indiferença escatológica, na Europa, parece ser maior do que em outros Continentes. (Ali, esta corrosão tem sido mais acentuada no Norte). Mesmo assim, a comparação entre os oito países sobre os quais existem dados para 1947 e 2001 patenteia um decréscimo da ordem dos 22%:

Crença na Vida Depois da Morte, 1947-2001

País	1947	1961	1968	1975	1981	1990	1995	2001	Evolução
Noruega	71	71	54		41	36	43		-28
Finlândia	69		55			44	50	44	-25
Dinamarca	55				25	29		32	-23
Holanda	68	63	50		41	39		47	-22
França	58		35	39	35	38		39	-20
Canadá	78	68		54	61	61		67	-11
Brasil	78					70	67		-11
Suécia	49		38		28	31	40	39	-10
Grécia			57					47	-10
Bélgica				48	36	37		40	-8
Austrália	63			48	49		56		-7
Gr. Bretanha	49	56	38	43	46	44		45	-4
Suíça		55	50			52	52		-3
Alemanha Ocidental		38	41	33	36	38	50	38	0
Estados Unidos	68	74	73	69	70	70	73	76	8
Japão				18	33	30	33	32	14
Itália				46	46	53		61	15
Total-8 1947-2001								46	-22

Fonte: Data sources: **1947-1975 *Gallup Opinion Index* "Do you believe in life after death?" Yes/No/Don't Know. 1981-2001; *World Values Survey/European Values Survey* "Do you believe in life after death?" Yes/No/Don't Know. Source for Gallup polls: Lee Sigelman. 1977. "Review of the Polls: Multination Surveys of Religious Beliefs." *Journal for the Scientific Study of Religion* 16 (3): 289-294; (in Pippa Norris e Ronald Inglehart, *ob. cit.*, p. 91).**

Análoga contracção se encontra na crença na existência de Deus, mas em menor escala. E se, nas áreas industriais e pós-industriais, a Itália e os Estados Unidos continuam a ser excepção, o conjunto revela uma diminuição de 13,5%. (Como é lógico, o conceito de Deus invocado nos inquéritos não equaciona as múltiplas modalidades com que Ele é definido, adorado, ou rejeitado). E, nesta depreciação, mais uma vez se destacam os países protestantes europeus e a Austrália:

Crença na Existência de Deus, 1947-2001

País	1947	1968	1975	1981	1990	1995	2001	Alteração
Suécia	80	60		52	38	48	46	-33,6
Holanda	80	79		64	61		58	-22,0
Austrália	95		80	79		75	75	-19,9
Noruega	84	73		68	58	65		-18,9
Dinamarca	80			53	59		62	-17,9
Gr. Bretanha		77	76	73	72		61	-16,5
Grécia		96					84	-12,3
Alemanha Ocidental		81	72	68	63	71	69	-12,0
Bélgica			78	76	65		67	-11,2
Finlândia	83	83			61	73	72	-10,8
França	66	73	72	59	57		56	-10,1
Canadá	95		89	91	85		88	-7,2
Suíça		84			77	77		-7,2
Índia			98		93	94		-4,0
Japão			38	39	37	44	35	-3,0
Áustria		85			78		83	-1,9
Estados Unidos	94	98	94	96	93	94	94	0,4
Brasil	96				98	99		3,0
Total-10 1947-2001	85						72	-13,5

Fonte: **1947 *Gallup Opinion Index* "Do you, personally, believe in God?" Yes/No/Don't Know. 1968 *Gallup Opinion Index* "Do you believe in God?" Yes/No/Don't Know. 1975 *Gallup Opinion Index* "Do you believe in God or a universal spirit?" Yes/No/Don't Know. 1981-2001 *World Values Survey/European Values Survey* "Do you believe in God?" Yes/No/Don't Know. Source for Gallup polls: Lee Sigelman. 1977. "Riview of the Polls: Multination Surveys of Religious Beliefs." *Journal for the Scientific Study of Religion* 16 (3): 289-294; (in Pippa Norris e Ronald Inglehart, *ob. cit.*, p. 90).**

Análises mais concretas podem surpreender, porém, um crescimento significativo dos que acreditam na existência de um Ser Superior. É o caso do Brasil e de outras regiões, incluindo Espanha e Portugal. Nos dois países ibéricos, o número dos que acreditam em Deus passou de 85% (1990) para 87% (1999), e de 89% (1990) para 96% (1999), respectivamente. Só que, no todo, há um declínio de 13,5% (1947-2001), e a articulação destes dados com outros não permite concluir que se trata de uma inversão estrutural, ou que se faça uma ligação directa entre esse horizonte e as práticas cultuais, pois uma sociedade pode apresentar altos índices teístas e, simultaneamente, indiciar atitudes, comportamentos e expectativas invadidas de secularidade, ou de abaixamento dos níveis de confiança nas religiões institucionalizadas.

Viu-se as diferenças que existem em termos da assiduidade, dos indivíduos às práticas de culto. E se se operar com a distinção, proposta por Jagodzinski e Dobbelaere (1995), entre os *nuclear believers* (crentes assiduamente praticantes e fiéis aos ditames religiosos), os *nominal believers* (religiosos pouco ou nada praticantes), e os *non-believers* (indivíduos que confessam não ter qualquer associação com a Igreja ou com os valores e as práticas religiosas[475]), compreender-se-á ainda me-

---

[475] Cf. Wolfgang Jagodzinski e Karel Dobbelaere, *art. cit.*, p. 105 ss.

lhor por que é que a secularização "seems to adopt context-specific meanings, implying different social and political processes in different countries". É que a descida ao concreto e variável incita a perspectivá-la, não como a "earthquaking process, leading to the permanent extinction of the religious phenomenon", mas mais como "a transformative social process that redefines and transforms previous identities, loyalties and alignments"[476].

Outros argumentos poderiam ser aduzidos (exemplo: a perda de vocações) para relativizar as teses que negam os efeitos da secularização nas sociedades europeias ocidentais, leituras que, amiúde, confundem alguns fenómenos de religiosidade de superfície – muitos deles fruto da sociedade do espectáculo e da mercadoria – com correntes mais profundas e interiorizadas, logo, mais difíceis de captar. Mas errar-se-á se não se entender que ela é mediada por múltiplos condicionamentos culturais, económico-sociais e de segurança

---

[476] Kerman Calvo, Álvaro Martínez, José Ramón Montero e Carlos Jalali, "Religious voting in Portugal and Spain: a comparative analysis", paper presented at the Conference on *Comportamento eleitoral e atitudes políticas: Portugal no contexto europeu*, Lisbon, 27-28 January 2005, Instituto de Ciências Sociais, Universidade de Lisboa, www.ics.ul/pt/agenda/comportamentoeleitoral/pdf/CalvoJalaliMartinezMontero.pdf, pp. 3, 11.

existencial passíveis de tipificação em três grandes áreas (agrárias, industriais e pós-industriais)[477], e cujos comportamentos podem ser configurados como se segue:

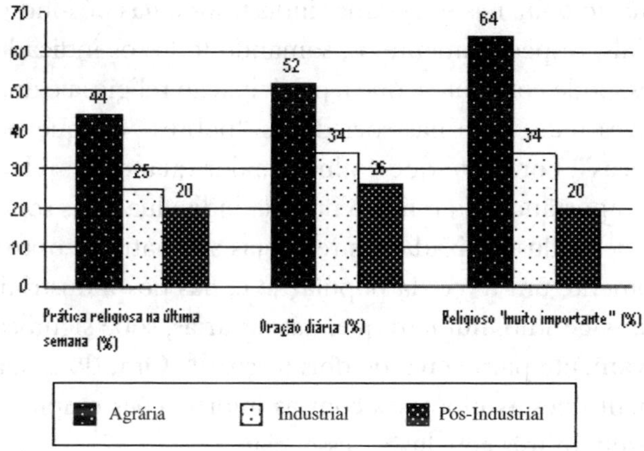

Fonte: *World Values Survey*, 1981-2001 (in Pippa Norris e Ronald Inglehart, *ob. cit.*, p. 58).

477 De acordo com a tipologia de Pippa Norris e Ronald Inglehart, são *sociedades pós-industriais*, na zona católica: Áustria, Bélgica, Canadá, França, Irlanda, Itália, Luxemburgo, Espanha; na área protestante: Austrália, Grã-Bretanha, Dinamarca, Alemanha Ocidental, Alemanha de Leste, Islândia, Nova Zelândia, Noruega, Estados Unidos da América; nas religiões orientais: Japão. Nas *sociedades industriais*, incluem, na esfera católica: Argentina, Brasil, Chile, Colômbia, Croácia, República Checa, Hungria, Lituânia, Malta, México, Filipinas, Polónia, Portugal, Eslováquia, Uruguai, Venezuela; na protestante: Estónia, Letónia; na cristã ortodoxa: Bielorússia, Bulgária, Geórgia, Grécia, Macedó-

Retirando as devidas ilações do que ficou escrito, verifica-se que cerca de metade da população das sociedades agrárias reza regularmente (ainda que de múltiplos modos), enquanto que somente um terço e cerca de um quarto o faz nas sociedades industriais e nas pós-industriais, respectivamente. E, somando todos os indicadores, pode concluir-se que a participação religiosa é duas vezes mais forte nas sociedades "pobres" do que nas "ricas", contraste que é ainda maior quando se releva a importância da religião na vida individual: nas sociedades industrializadas, as respostas afirmativas cobrem somente um terço da população e, nas pós-industriais, um vigésimo, número que, nas agrárias, sobe significativamente para cerca de dois terços[478]. Ora, do cruzamento destas hipóteses com as informações empíricas resultam três conclusões essenciais.

A primeira mostra que, como consequência dos altos padrões de segurança existencial, as sociedades

---

nia, Montenegro, Roménia, Rússia, Sérvia, Ucrânia; na muçulmana: Bósnia-Herzegovina, Turquia; nas religiões orientais: Coreia do Sul e Formosa. E, como *sociedades agrárias*, tipificaram: na área católica: República Dominicana, El Salvador, Perú; na protestante: África do Sul, Tanzânia, Uganda, Zimbabué; na cristã-ortodoxa: Arménia, Moldávia; na muçulmana: Albânia, Argélia, Azerbaijão, Egipto, Indonésia, Irão; nas religiões orientais: China, Índia, Vietname. Cf. Pippa Norris e Ronald Inglehart, *ob. cit.*, p. 46.

[478] Cf. *idem, ibidem*, pp. 58-59.

industrializadas e, sobremaneira, as pós-industrializadas tendem a perfilhar orientações e valores mais seculares, característica que se encontra, de uma maneira mais inquestionável, nos países da Europa Ocidental, mas que também envolve outros que lhe são exteriores (Austrália, Nova Zelândia, Japão e Canadá). Por sua vez, os EUA representam um caso aparentemente excepcional, que parece invalidar uma aplicação universal e a-histórica de algumas das teses clássicas sobre a secularização.

A segunda indica que o crescimento das taxas demográficas, nas regiões mais pobres, conduziu a que, hoje, o mundo, encarado como um todo, tenha mais gente a praticar a religião do que antes. É que, como se viu, existem influências recíprocas entre o processo secularizador, as garantias de segurança existencial e a diminuição da população.

Por fim, este défice demográfico tem sido preenchido por correntes imigratórias, vindas das sociedades mais pobres – logo, mais "praticantes" – para as mais ricas. O que tem contribuído para o renovamento religioso nestas últimas, intensificando o embate das questões ligadas ao comunitarismo e ao multiculturalismo, em particular nos países onde algumas confissões, antes sem visibilidade, se transformaram na segunda ou terceira crença (França, Alemanha, Itália).

A "especificidade" europeia e as suas diversidades internas

Se se caminhar da perspectiva sociológica para uma outra, de orientação mais geográfico-cultural, perceber-se-á imediatamente que, apesar de algumas características gerais comuns, o caso europeu, no seu todo, possui diferenças em relação aos demais Continentes. Daí que se possa falar de uma "excepcionalidade"[479]. Contudo, ter-se-á igualmente de reconhecer que, no seu seio, a Europa inclui experiências históricas diversas, que vão desde a secularização, nos países protestantes, até à laicidade à francesa. Por sua vez, o interior de cada uma das suas sociedades concretas também não é um todo sociogeográfico uniforme.

Genericamente, a realidade respeitante às confissões dominantes na Europa pode ser definida como uma "desinstitucionalização" da religião (Danièle Hervieu-Léger), ou, na análise de Grace Davie na citada obra, mais como *believing without belonging* (acreditar sem pertencer), do que como *belonging without believing* (pertencer sem acreditar), qualificações que exprimem alguns dos efeitos da chamada "secularização quantitativa": o desfasamento entre *crenças* e *adesões*. Com efeito, em deter-

479 Cf. Grace Davie, *Europe. The Excepcional case. Parameters of faith in modern world*, London, Darton, Longman and Todd, 2002.

minadas sociedades contemporâneas, é possível encontrar um elevado número de indivíduos que declaram acreditar num Ser Supremo (mesmo em alguns dos que se dizem "sem religião"), sem que isso tenha uma correspondência proporcional ao nível das práticas religioso-institucionais efectivas[480].

Veja-se. Segundo o inquérito europeu aos valores (*European Value Systems Study Group*, 1999), 75% dos europeus ocidentais confessa pertencer a uma religião, profissão de fé que incluía tanto as escolhas subjectivas, como as de cariz mais institucional. No entanto, Yves Lambert sublinhou que, entre 1981 e 1999, aquela declaração passou, em nove países europeus[481], de 85% para aquele número, tendo decaído, no seio dos católicos, de 55 para 49%, no dos protestantes, de 29 para 22%, enquanto que os "sem religião" subiram de 13

---

480 Cf. Massimo Introvigne e T. Ángel Expósito Correa, "Secularización, 'excepción europea' y caso francês: una recension de 'Europe: the exceptional case', de Grace Davie, y de 'Catholicisme, la fin d'un monde', de Danièle Hervieu-Léger", *Revista Abril*, n.º 75, http://revista-abril.iespana.es/(75)expo.htm?4,9-01-2006.

481 Irlanda, Itália, Espanha, Bélgica, França, Alemanha Ocidental, Grã-Bretanha, Holanda, Dinamarca. Sobre o que aqui se está a sintetizar, veja-se Yves Lambert, "Le devenir de la religion en Occident. Réflexion sociologique sur les croyances et les pratiques", *Futuribles*, n.º 260, janvier, 2001, pp. 23-38, e "Religion: l'Europe à un tournant", *Futuribles*, n.º 277, juillet-août, 2002, pp. 129-159; Jean-Paul Willaime, *ob. cit.*, pp. 52-55.

para 25%. De qualquer maneira, se se comparar os 75% de europeus que se auto-reconhecem como ligados a uma religião com os 93% de americanos na mesma situação, as diferenças tornam-se manifestas, fenómeno que tem dado origem a um importante debate acerca das "excepções" da Europa e dos EUA[482].

O todo europeu, no seu interior, também não é muito uniforme. Por exemplo, as proporções de pertença, mesmo nominal, a uma religião oscilavam, em 1999, entre os 90% na Irlanda, até aos 46% na Holanda, aos 88% na Dinamarca e em Portugal, aos 82% na Grã-Bretanha, em Espanha e na Itália, aos 76% na Suécia, aos 63% na Bélgica, e aos 57% em França (73% em 1981). E estas variações encontram-se, igualmente, na distribuição etária (por exemplo, na Holanda e em França, tais taxas, nos jovens adultos, situavam-se, em 1999, nos 30% e 47%, respectivamente)[483].

Outros estudos de opinião corroboram, no essencial, esta paisagem religiosa. De acordo com o inquérito realizado pelo *European Social Survey* (1999/2000), só 20,5% dos europeus ocidentais tinha frequentado, semanalmente, um lugar de culto, 10,8% uma vez por mês, 38,8% em ocasiões especiais, e 29,5% afirmaram nunca

---

482 Sobre tudo isto, veja-se Pippa Norris e Ronald Inglehart, *ob. cit.*, p. 72 ss.

483 Cf. Jean-Paul Willaime, *ob. cit.*, p. 54.

o terem feito, números que, de acordo com a mesma agência, seriam, em 2002: 18%, 11% e 51%, respectivamente, referindo-se esta última percentagem aos que raramente ou nunca praticam.

Por outro lado, a diversidade regional aparece confirmada: 56% dos polacos e 54% dos irlandeses disseram que vão a um lugar de culto, pelo menos, uma vez por semana, e, no mesmo sentido, opinaram 31% dos italianos, 29% dos portugueses, 27% dos gregos, 21% dos espanhóis, 15% dos luxemburgueses, 13% dos britânicos e 8% dos alemães. E outras informações indicam que só entre 7 a 8% dos franceses frequenta, semanalmente, um lugar de culto para rezar (o *Mannheim Eurobaromether Trend File* indica, mesmo, 5% para 1998).

Os sintomas do *believing without belonging* têm crescido nas sociedades com altas percentagens de crença na existência de Deus, situação que se repercute no aumento das taxas de indivíduos que nunca ou raramente têm práticas cultuais, como parece ser o caso de Itália (37%) e, sobretudo, de Portugal (48%) e Espanha (53%). E também não espanta que estes indicadores sejam mais altos onde são baixos os do culto hebdomadário: Suécia (5% e 72%, respectivamente); República Checa (9% e 70%); Dinamarca (3% e 69%); Finlândia (5% e 64%), Bélgica (11% e 66%), Suíça (11% e 66%); Alemanha (18% e 60%).

No concernente à não ida a um templo, mesmo que por motivos sociais, um outro estudo detectou, nessa situação, 60,4% dos franceses, 55,8% dos britânicos, 44,7% dos belgas, cabendo aos suecos (0,2%) e aos gregos (2,8%) as taxas mais baixas. Mas, se o indicador da Suécia é um claro sinal do fenómeno de *belonging without believing*, no da Grécia – tal como nos da Polónia e da Irlanda –, revela-se uma menor distância entre o "pertencer" e o "acreditar". Por exemplo, no caso dos irlandeses, é simultaneamente forte a frequência de templos por motivos religioso-sociais e a prática cultual: 59% vai, pelo menos, uma vez por semana orar a uma igreja; 19% fá-lo, pelo menos uma vez por mês; e só 8% declarou nunca ou raramente o fazer. Na escala oposta, pertence à França o recorde dos que afirmam "nunca" frequentarem actos cultuais[484].

Estas diferenças são também visíveis no modo como se vive e pratica a religião. Os índices que procuraram medir a "religiosidade subjectiva na Europa" (2002-2003) – através de respostas que vão da autodefinição do inquirido como "não religioso", até à sua autoqualificação como "médio" e "muito religioso", numa escala de 0 a 10 –, ditaram este escalonamento:

---

[484] Cf. *idem*, *ibidem*, p. 56.

Religiosidade Subjectiva na Europa, 2002-2003

	Média
Grécia	7.7
Polónia	6.6
Itália	6.1
Irlanda	5.8
Portugal	5.7
Finlândia	5.6
Áustria	5.2
Suíça	5.2
Holanda	5.1
Bélgica	5.0
Eslovénia	4.9
Israel	4.7
Dinamarca	4.4
Hungria	4.4
Espanha	4.4
Reino Unido	4.3
Alemanha	4.2
Luxemburgo	4.1
Noruega	4.1
Suécia	3.7
República Checa	3.1
Média europeia	5

Fonte: *ESS 2002-2003, QC13*; (in Kerman Calvo, Álvaro Martínez, José Ramón Montero e Carlos Jalali, *art. cit.*, p. 6).

Facilmente se percebe que a territorialidade da adesão subjectiva não é contígua[485]. Porém, o relativo declínio de algumas atitudes e comportamentos não pode ser

485 Cf. *idem, ibidem.*

linearmente entendido como o resultado da progressão da irreligiosidade militante, ou do ateísmo, mas, antes, como efeito de reconfigurações e metamorfoses da vivência do sagrado, bem como das incidências da secularidade, mesmo no interior desta experiência. De facto, será erro confundir os "sem religião" com os "ateus", apesar de, pelo menos na Europa Ocidental, estes últimos terem crescido nas últimas décadas. Assim, nos nove países que, desde 1981, constam do painel que tem estudado os valores dos europeus, a taxa dos chamados "ateus convictos" aumentou ligeiramente, ao passar de 5% para 7% em 1999. E, neste último ano, por países, o quadro era o seguinte: Alemanha de Leste (18%), França (14%), Bélgica (8%), Rússia (8%), Espanha (6%), Suíça (6%), Suécia (6%), República Checa (6%), Bulgária (6%), Holanda (6%), Dinamarca (5%), Hungria (5%), Grã-Bretanha (4%), Alemanha Ocidental (4%), Eslováquia (4%), Portugal (4%, ou 3%, segundo outros indicadores), Itália (3%), Ucrânia (3%), Irlanda (2%), Polónia (1%), Lituânia (1%), Roménia (1%).

A opção estará a progredir entre os jovens e é mais forte nos países que tiveram ou têm uma forma institucional de laicidade ou de humanismo laico, como é o caso de França, ou o das tradições humanistas belgas e holandesas, ou o das correntes social-democratas escandinavas, ou, ainda, o do núcleo antifranquista ateu espanhol. Não deixa de surpreender, contudo, os fracos índices dos países onde existiu, durante décadas, uma espécie de ateísmo de Estado, como se o intervencionismo educativo tivesse fracassado (bons exemplos são os casos da Polónia, Rússia e Roménia). A excepção encontra-se na Alemanha Oriental, talvez devido à existência de uma antiga tradição de cultura proletária, numa zona dominantemente protestante. Ali, a percentagem de ateus declarados é quatro vezes e meia superior à da zona ocidental[486]. Não por acaso, ao nível das confissões, a diferença também é grande, conforme se prova pela sua repartição em 1991: ex-Alemanha Ocidental (católicos: 42%; protestantes: 42%; sem religião: 12%); ex-RDA (católicos: 4%; protestantes: 27%; sem religião: 66%)[487].

Consequência maior da secularização – e da "metamorfose" do religioso –, os "sem religião" não só se diversificaram, como aumentaram na Europa Ocidental, entre 1981 (15%) e 1999 (25%). No entanto, os "ateus convictos" representam somente 28% desta percentagem e o fenómeno é bem mais complexo do que a sua habitual redução a fundamentos filosóficos, como o agnosticismo e o materialismo, pode levar a crer.

---

486 Cf. Yves Lambert, "L'Europe des 'athées convaincus'", *Le Monde des Religions*, n.° 15, janvier-février, 2006, pp. 30-31.

487 Cf. Jean-Paul Willaime, *ob. cit.*, p. 133.

Recorrendo ao exemplo da França, estudos de opinião recentes mostraram que, dentro dos 24,5% dos franceses "sem religião", 34% acha que existe alguma coisa depois da morte, 22% tem fé em milagres, 21% acredita na existência de Deus, 18% recorre a orações, 17% aceita a comunicação com o espírito dos mortos, 14% espera o Juízo Final, 12 % crê na acção eficaz do uso de objectos sagrados, e 10% pensa que o diabo existe[488].

Como ficou apontado, os inquéritos de opinião também surpreenderam um claro decréscimo das expectativas *post-mortem*. Assim, em 1999/2000, somente 53,3% dos europeus ocidentais perfilhava esperanças escatológicas. É certo que lá onde é forte a herança católica (sem laicidade militante) aquelas tendem a ser mais altas, pois ultrapassam os 70% na Irlanda e Itália, situando-se, contudo, à volta dos 45% em França e na Bélgica (países secularizados, mas que sofreram políticas de laicização); porém, elas são ainda mais fracas quando é mais profundo o impacto da secularização, como acontece na Dinamarca (38,3%) e na Alemanha (38,8%).

Como se assinalou, em França, o número dos que se definem como "sem religião" é da ordem dos 24,5%; os restantes identificaram-se com uma religião, em particular com a católica (64,5%), mas também com a

488 Cf. Jean-François Barbier-Bouvet, "Les sans-religion en France", *Le Monde des Religions*, n.° cit., p. 28.

muçulmana, a protestante, a judaica, etc. (9%). De qualquer maneira, também naquela categoria se acentuou o desajustamento entre o "acreditar" e o "pertencer", tornando muito fluidas as fronteiras entre campos que quase já se tocaram. Pelo que se terá de ser cauteloso. É que, nos "sem religião" franceses, coexistem crentes sem religião (6%), religiosos não praticantes (44%), não crentes que reivindicam uma pertença cultural de índole religiosa (19%), atitudes que, em última análise, reflectem a complexidade e pluralização do diálogo entre os compromissos com o mundo e os apelos do sagrado[489].

Os comportamentos religiosos no Sul da Europa

Geografia cultural diferenciada é também a do Sul do Continente. Em certo sentido, pode afirmar-se que, em termos gerais, as atitudes e comportamentos religiosos (e não religiosos) dos franceses têm mais a ver com os dos países protestantes do que com os praticados nas sociedades daquela região. É verdade, mas a realidade é mais complexa. Portugal, Espanha e Itália têm passado, nas últimas décadas, por modificações políticas, sociais e culturais (democratização, modernização,

489 Cf. *idem*, *ibidem*.

urbanização, desestruturação da família tradicional, emigrações e imigrações, melhoria nas "condições de segurança existencial"), que se repercutiram nas atitudes e comportamentos, fazendo crescer, pelo menos, a distância entre o "acreditar" e o "participar", e, ao mesmo tempo, diminuir o peso da Igreja católica como instância norteadora da vida. Isto é, também aqui se assiste à privatização e à metamorfose da sacralidade, hoje menos institucionalizada e mais pluralizada e sujeita à mediação subjectiva. Mas, como é natural, estas sociedades também possuem manifestas discrepâncias entre si.

A secularização em Itália

Como ponto de partida, sublinhe-se as posições distintas dos três países em causa quanto aos índices de convicção e intensidade religiosa: o de Itália, com 6.1, é superior – acima só tem o da Grécia (7.7) e da Polónia (6.6) – ao de Portugal (5.7) e ao da Espanha (4.4). Todavia, só apressadamente se poderá concluir que estas duas sociedades estão mais secularizadas do que a italiana. É certo que outros dados, referentes aos níveis do "acreditar", parecem situar o caso italiano – em termos abstractos – mais próximo dos EUA do que dos países do Norte da Europa e, logicamente, da França. Mas uma análise mais concreta revela que, subjacente a uma forte presença (e pertença) simbólico-social do catolicismo – num país que, recorde-se, hospeda o Vaticano –, se encontra uma realidade em mutação, como, recentemente, foi detectado pelo "Primo rapporto sulla laicità" (1991-2001)[490], publicitado nos inícios de 2005[491].

Não iremos especificar os critérios desse inquérito. Basta dizer que, para captar o "indicatore statistico del processo di secolarizzazione in Italia", ele recorreu a 21 variáveis, aplicadas a quatro instâncias sociais: a Igreja, a Família, a Escola e a Sociedade Civil[492]. Do

---

490 Este trabalho foi elaborado por Renato Coppi, professor de estatística na Universidade "La Sapienza", sob encomenda da Fondazione Critica Liberale, em parceria com o Officio Nuovi Diritti della CGIL Nazionale.

491 Sobre a metodologia, os dados e os resultados deste estudo, veja-se Renato Coppi, "L'indicatore di secolarizzazione", *Critica Liberale*, vol. 12, n.º 111, gennaio, 2005, p. 4 ss.

492 Exemplos: para a *Igreja*, as variáveis conjugadas são: "Numero di confermazioni per mille cattolici; % praticanti (si recano una o due volte alla settimana in luogo di culto); Numero di nuove ordinazioni; Numero di defezioni); ou para a *Família*: "% de Battesimi fino a 1 anno / Nati vivi; Numero di prime communioni per mille cattolici; % Totale Battesimi più di 1 anno / Tot. battesimi anno; Matrimoni esauriti con sentenza di cessazione degli effetti civili (divorzi); Tottale libere unioni (in migliaia); % Matrimoni civili; Separazioni personali dei coniugi per fase di procedimento (separazioni concesse); para a *Escola*: "% Iscritti scuole Cattoliche su Tot Iscritti (da materne a superiori); % studenti che si avvalgono dell'ora di religione; % Scuole secondarie cattoliche su totale scuole secondarie; Ora di religione: % insegnanti laici". Para a *Sociedade Civil*: "% Associazioni Cattoliche su Tot Associazioni di

seu entrecruzamento, concluiu-se que existe uma progressão secularizadora, com um momento forte a partir de 1995-1996, assim como com uma similitude entre a evolução das quatro variáveis e o perfil desenhado pela média ponderada entre todos eles.

Com efeito, o andamento das variáveis "protótipo", entre 1991 e 2001, foi este:

Andamento, por anos, da variável protótipo de todos os "clusters", 1999-2001

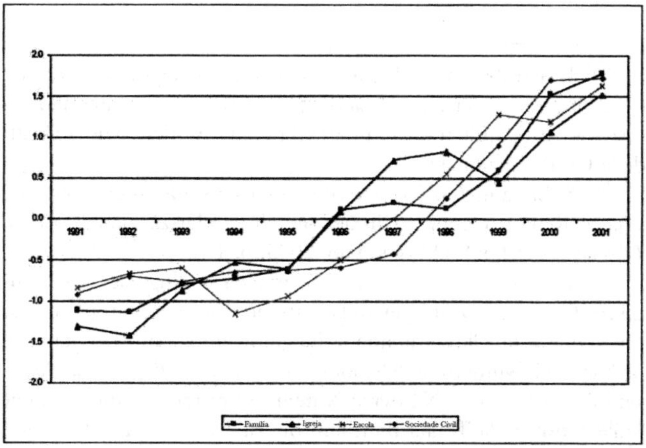

Fonte: ***Primo Rapporto sulla Laicità, 1991-2001;***

(in *Critica Liberale*, n.° cit., p. 7).

---

voluntariato; Centri di difesa della vita e della famiglia, 8 per mille (% sul valore totale); % consumo anticoncezionali orali da parte di donne in età fertile (15-44 anni); Consultori familiari; % tirature opere religiose sul totale" (Cf. *Critica Liberale*, n.° cit., p. 6).

E o "índice geral de secularização" desenha um percurso claramente análogo:

Índice Geral de Secularização em Itália, 1991-2001

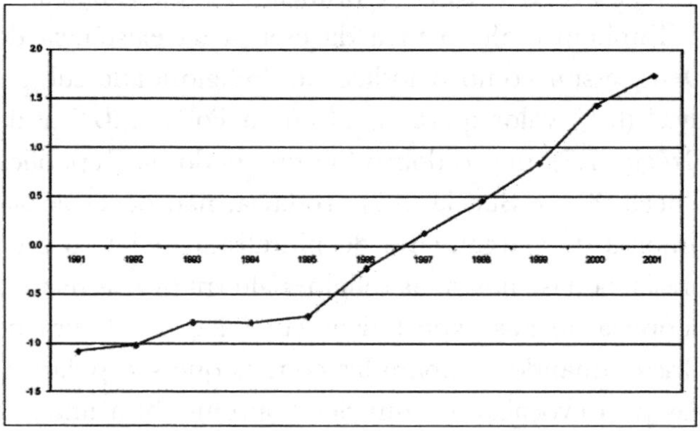

Fonte: *Primo Rapporto sulla laicità, 1991-2001*; (in *Critica Liberale*, n.° cit., p. 8).

De qualquer modo, nem todos os indicadores são inequívocos a este respeito. Como se viu, a Itália, a par da Grécia, da Irlanda e dos EUA, é dos países situados nas regiões industrais e pós-industriais com maiores taxas de participação religiosa. E, se é certo que, em termos de média duração, alguns barómetros registam um declínio – aquela terá passado, de 56% em 1970, para 39% em 1998 (*The Manheim Eurobarometer Trend File*) –, também é verdade que outros denotam uma subida entre 1980 (30%) e 1993 (45%), momento em que, de novo, ter-se-á iniciado um refluxo. Segundo os dados do

World Values Survey (1981-2001), a ascensão terá sido de 2% entre 1990 (38%) e 2001 (40%). Porém, o *European Social Survey* (2002) fornece um número um pouco diferente, ao registar 31% de prática religiosa semanal[493].

Também é alta a taxa da crença na existência de Deus, assim como o índice de "religiosidade subjectiva" (6.1), valor quase igual ao da Polónia (6.6) e da Grécia (7.7), mas o dobro (ou quase) do da República Checa (3.1) e Suécia (3.7). Todavia, não deixa de ser sintoma de alargamento do pluralismo religioso e da presença das chamadas religiões alternativas a relativa depreciação das expectativas em relação à figura de Cristo, quando comparadas com as que são polarizadas pela evocação de um Ser Supremo[494]: a imagem dos italianos acerca de Deus é cada vez mais vaga, tendo enfraquecido a representação do Deus-Pessoa do cristianismo e aumentado, como se verá, o reconhecimento de um certo relativismo religioso.

Por outro lado, o número dos "sem religião" subiu de 5,2% em 1987, para 18% em 2003 (Fondazione

---

[493] Mais especificamente, 31% de italianos declararam que vão, pelo menos, uma vez à missa por semana; 12%, uma vez, pelo menos, por mês; 20%, ocasionalmente; e 37%, nunca ou raramente. No entanto, outras informações parecem relativizar, para menos, estes números. Assim, de acordo com o relatório STAT, publicado no jornal *Republica* (23 de Dezembro de 2000), seria de 25,8%, em 1999, a prática semanal da missa.

[494] Cf. Enzo Pace, *art. cit.*, p. 50.

Agnelli, 1987; *Il Tempo*, Maio, 2003). E o dos "ateus convictos" situar-se-á nos 3%, quantitativo idêntico ao português, mas metade do espanhol. Por sua vez, 58,5% dos italianos descrê na vida além-túmulo, 46,2% não crê ou acha pouco provável a ressurreição no final dos tempos, 33,8% põe em dúvida a existência de uma alma imortal, 55% não acredita no diabo, e 44% no paraíso.

Isto, só por si, não significa que haja decréscimo nas expectativas escatológicas, em particular nas que são alimentadas pelas novas religiões alternativas. Convém lembrar que a Itália, os EUA e o Japão são as sociedades onde mais cresceu (15%) a crença na vida *post-mortem* entre 1975 (46%) e 2001 (61%). E, ao nível dos enquadramentos morais e sociais, continua alta e estabilizada (à volta dos 60%) a taxa de confiança dos italianos na Igreja católica, fidelidade que é confirmada pelo pagamento anual e voluntário de uma percentagem do rendimento (8 por mil) à instituição, escolha que, em 1998, terá envolvido 48% dos contribuintes[495], base bem superior à espanhola.

De qualquer maneira, é igualmente certo que, em Itália – assim como nos demais países católicos europeus –, se detecta uma quebra na capacidade da Igreja para influenciar as escolhas dos indivíduos, nomeadamente nas camadas mais jovens. Não há muito tempo, 77,2% de inquiridos, com idades entre os 15 e os 24

---

[495] Cf. *idem, ibidem*, p. 51.

anos, achou admissível ter relações sexuais antes do matrimónio. No campo da família, a percentagem de casamentos civis subiu dos 13,9% em 1985, para os 26,8% em 2001, e alcançou os 43% em Milão (*Corriere della Sera*, 23 de Janeiro de 2003; *La Repubblica*, 6 de Julho de 2001). O número de uniões de facto também aumentou, já que, se, em 1993, rondaria os 200 000, em 2002 situava-se à volta de 680 000, o que significa um aumento de 340% (*La Repubblica*, 22 de Outubro de 2002). Cresceu, igualmente, o contingente de crianças nascidas fora do matrimónio: cerca de 9% (*La Stampa*, 14 de Junho de 2001). E 51,6% dos italianos aceitava que um casal homossexual possa ter direito a casar-se civilmente.

Como em outras regiões do Sul, também em Itália se assiste a um envelhecimento de praticantes e oficiantes (em Pádua, entre 1972 e 2000, os sacerdotes com mais de 66 anos subiram de 3% para 28%), assim como à diminuição das vocações, o que tem levado ao debilitamento da capacidade "vicária" e "paroquial" da Igreja. O número de sacerdotes diocesanos desceu de 41 666 em 1974, para 35 019 em 2000, e o dos ordenados, de 918 em 1966, para 384 em 1978, enquanto que os seminaristas regrediram de 30 500 em 1962, para 9 853 em 1978, e para 5349 em 2000[496].

---

[496] http://www.calogeromartorana.it/laicita.htm, 2-01-2006.

Também não se pode menosprezar o facto de a hermenêutica da ordem constitucional italiana ter passado a sublinhar, ultimamente, o cariz laico do Estado, o que se tem traduzido em medidas tendentes a alterar a legislação penal, em particular sobre o crime de blasfémia. E o mesmo está a acontecer no campo do ensino público e do reconhecimento de outras confissões. E é este o panorama que leva Enzo Pace a achar que, em Itália, está a ganhar força a antevisão "d'un futur habité par différentes confessions religieuses qui ont en commun les pleins droits d'exister et de s'organiser en n'étant plus subordonnées comme avant à l'Église catholique"[497].

O "indiferentismo" espanhol

Em Espanha, nos seus ritmos próprios, o panorama é análogo, havendo mesmo um certo consenso, incluindo nos meios da Igreja, em relação a esta realidade: estar-se-á a assistir, se não a uma acelerada secularização, pelo menos a um aumento galopante do "indiferentismo". Isto deve-se aos factores indicados. Com efeito, cresceu o distanciamento entre *belonging* e *believing*, tanto mais que, recentemente, o poder político (PSOE), sem pretender ressuscitar as velhas querelas entre o laicismo

---

[497] Enzo Pace, *art. cit.*, p. 55.

e o clericalismo radicais, tem procurado dar uma mais ampla aplicação aos princípios da igualdade religiosa e da aconfessionalidade do Estado, de acordo com o art. 16.° da Constituição, princípios sempre ameaçados pelas leituras que são feitas dos Acordos sobre Assuntos Jurídicos, Económicos, Educativos e Culturais, firmados em 1979 entre o Estado espanhol e o Vaticano.

Logicamente, a grande maioria dos espanhóis não só acredita em Deus (85% em 1990; 87% em 1999), como assume pertencer a uma religião (78%, no *European Social Survey*, 2002). Mas, ao nível das atitudes e comportamentos, encontra-se a separação habitual entre a força social do religioso e a sua manifestação como crença efectivamente cumprida e praticada. Pelo que não deixa de ser sintomático o facto de o "índice de religiosidade subjectiva" dos espanhóis (4,4) ser mais fraco do que o de países como a Polónia (6,6), Itália (6,1), Irlanda (5,8) e Portugal (5,7), aproximando-se daqueles outros onde o impacto da secularização é menos discutível: Dinamarca (4,4), Reino Unido (4,3), Luxemburgo (4,1), Noruega (4,1) e Suécia (3,7).

A cartografia religiosa do país vizinho tem-se alterado rapidamente, e não só devido aos efeitos, em certas regiões, da imigração muçulmana (Catalunha, Andaluzia), embora 97% dos que afirmaram pertencer a uma religião se identificassem com o catolicismo. No entanto, segundo dados dos inícios de 2002, se 52% se declarou como católico praticante, somente 15% sê-lo-

-á de forma activa, enquanto 32% disse ser católico não praticante. Por outro lado, entre 15 a 20% dos inquiridos reconheceu-se como agnóstico ou ateu, ou melhor, como "sem religião", e 2% como praticante de outras religiões que não o catolicismo (em França, serão cerca de 9%).

Mais concretamente – e seguindo os dados fornecidos pelos *World Values Surveys* –, os índices revelam uma religiosidade espanhola bem mais matizada. Assim, à pergunta que pedia a definição do indivíduo como uma pessoa religiosa, ou não, as respostas foram estas: 63% (1981), 63% (1990) e 56% (1999); como "não religiosa": 30% (1981), 28% (1990) e 33% (1999); e como "ateu" 4% (1981), 4% (1990), 6% (1999). Por sua vez, somente se consideravam: bons católicos e bons praticantes católicos 37% em 1981, 30% em 1990, e 29% em 1999; como não muito praticantes, 27% (1981), 28% (1990) e 28% (1999); como católicos não praticantes, 10%, 12% e 12%; como indiferentes, 10%, 12% e 12%; e como pertencentes a outra religião 1% (outros estudos indicam 2%). E, ainda para os mesmos anos, a percentagem dos que acreditam na existência de Deus subiu dos 85% (1990) para os 87%, mas a das crenças baixou, a saber: na vida *post-mortem*, dos 55% para 40%; no céu, de 50% para 42%; no inferno, de 34% para 27%; e, no pecado, de 58% para 44%.

A capacidade instituinte do religioso eclesial também diminuiu, já que somente 40% dos espanhóis refere a religião como influente nas suas escolhas e decisões. Cavou-se, assim, o distanciamento entre o "acreditar" e o "pertencer", realidade que se reflecte nas práticas: a taxa de cultualismo semanal passou, entre 1981 e 1999, de 41% para 25%; a mensal de 12% para 10%; a ocasional de 10% para 9%; e a dos que nunca, ou quase nunca, vão à missa, de 36% para 56%. Por outro lado, se 76% afirmou que, na infância, se confessava semanalmente, agora, 73% declara que nunca ou quase nunca o faz.

O alheamento perante a vivência mais institucionalizada da fé traduz-se, ainda, no aumento da subjectivação do religioso em face dos ditames eclesiais e dogmáticos. Em 1999, só 41% confirmou que tinha confiança na Igreja – recorde-se que, em Itália, esse número é de 60% –, enquanto 67% disse não ter nenhuma, ou muito pouca. Por outro lado, 71% dos entrevistados discorda da condenação dos métodos anticontraceptivos, 64% critica a não aceitação do divórcio, e 53% a condenação do aborto. Outro sinal de autonomia é o facto de estar a minguar a base dos que põem à disposição da Igreja a percentagem (0,5239%) dos impostos que, legalmente, cada cidadão-contribuinte lhe pode afectar: só 35% o faz e, na Catalunha, esse número é de 22%.

Como facilmente se aceita, esta realidade não tem uma relação mecânica e directa com a descrença num Ser Superior e na Sua importância para a vida. Assim, para os anos mencionados, 57%, 53% e 49% dos inquiridos confessou sentir conforto e força na religião, e 60%, 61% e 61% confirmou necessitar de momentos de oração e de meditação. Por sua vez, 6.39, 6.25 e 5.97 (numa escala de 1 a 10) são os índices médios da importância de Deus para a vida individual.

A expressão quantitativa das vocações e o seu envelhecimento são outras faces da crise da Igreja. A idade média dos bispos é quase de 65 anos. O número de padres (cerca de 19000), religiosos (16618) e freiras (50831) tem baixado constantemente e há cerca de 12000 paróquias sem pároco, num total situado à volta das 22500. E os 130 seminários diocesanos acolhem cerca de 1900 seminaristas maiores (uma média de 15 alunos[498]). Com efeito, de acordo com dados fornecidos pela Conferência Episcopal Espanhola (CEE) para o ano de 2002, as três dioceses bascas – antigamente um grande viveiro de seminaristas – só contavam com 31 futuros sacerdotes e, na Catalunha, o seminário interdiocesano (das cinco dioceses católicas) apenas era frequentado por 24 estudantes. (O de Barcelona constituía uma relativa excepção com os seus 62 seminaristas)[499].

---

498 Dados recolhidos em Jean G. Bedoya, "España financia las actividades de la Iglesia católica con medio billón de pesetas al año", http://www.webislam.com/numeros/2002/160/noticias/Espa/C3%B1a_Iglesia.htm, 29-12-2005.

499 http://iglesinavarra.org/hemeroteca/20040204, 1-01-2006.

De acordo com os estudos sociológicos[500] e com diagnósticos vindos da própria Igreja, depois de décadas em que, autoritariamente, reinou um oficial "católico-nacionalismo", a acelerada modernização da sociedade espanhola, após o processo de democratização, fez crescer o "indiferentismo". E o hiato entre o "acreditar" e o "praticar" denota – como nos restantes países católicos europeus – que o catolicismo, embora dominante, se está a transformar mais numa referência sociocultural do que numa escolha religiosa efectivamente praticada. Daí que, também aqui, tenha ganho terreno a afirmação da liberdade dos indivíduos na "construção" da sua crença "à la carte", atitude acompanhada por uma maior "flexibilidade dogmática", bem contrastante com os dogmatismos anteriores. Assim sendo, pode dizer-se que, no país vizinho, o catolicismo actual "tend vers l'individualisation et la subjectivisation des croyances. Lentement mais inexorablement, la croyance décline, tout comme la pratique religieuse: l'éloignement de la religion institutionnelle est plus visible dans les zones plus urbanisées, comme la Catalogne, Valence, Madrid, le Pays Basque[501], que

---

500 Cf. José María Mardones, *La Indiferencia religiosa en España¿ Qué futuro tiene el cristianismo?* Madrid, Ediciones Hoac, 2003.

501 No resumo diário da imprensa espanhola, publicado pelo arcebispado de Pamplona e referente a 4 de Fevereiro de 2004, informava-se que, das dez dioceses com menos seminaristas em relação à população, sete são catalãs ou bascas. O maior número

dans les regions de Galice, Andalousie ou les deux Castilles"[502].

Em termos sociais, as pessoas não religiosas têm aumentado entre os homens, os jovens, os universitários e os que se posicionam à esquerda do leque político. Na juventude, a desinstitucionalização do religioso – meio onde galopou uma forte cultura de ócio de fim-de-semana – ilustra esta mutação. De facto, os índices de prática religiosa semanal, nesta camada etá-

---

de ateus concentra-se em ambas as regiões e em Madrid. No País Basco e na Catalunha é onde menos se reza. De acordo com o estudo de opinião que se cita – realizado pelo CIS –, 73,4% dos bascos inquiridos declarou-se católico, mas essa percentagem, na Catalunha, desceu para 69,5%. A comunidade de Madrid é a que regista a menor percentagem de católicos (68,7%), embora, aqui, a prática seja superior à daquelas regiões. As zonas mais católicas são a Estremadura, Castela-a-Mancha, Múrcia, Castela e Leão, Cantábria. O País Basco e a Catalunha revelam, igualmente, as mais baixas práticas religiosas: 16,9% e 11,3%, respectivamente, dos inquiridos afirmaram ir à missa "quase todos os domingos e dias festivos", número que fica abaixo da média nacional, que é, segundo esta fonte, de 18,5%. Por sua vez, não deixa de ser revelador o facto de algumas das regiões que mais se declaram católicas serem pouco praticantes. Por outro lado, a probabilidade de se encontrar um ateu é de 7% na Catalunha, 6,4% em Madrid e 6,2% em Múrcia, enquanto a percentagem dos que se declaram "não crentes" é de 17,3% no País Basco e 19,3% na Catalunha (http://www.iglesinavarra.org/hemeroteca/20040204, 1-01-2006).

502 Veronica Giménez Béliveau, "La indiferencia religiosa en España ¿Qué futuro tiene el cristianismo?", *Archives de Sciences Sociales des Religions*, n.° 130, 2005, http://assr.revues.org/personne2368. type=auteur, 3-03-2006.

ria, têm evoluído assim: em 1960, 91% declarou-se como "muito praticante", enquanto que, em 1999, esse número caiu para 12%, sintoma evidente de indiferença e de afastamento da órbita da instituição eclesiástica, assim como sinal da progressão de vivências religiosas mais individualizadas, alternativas e de "pélerinage" (Danièle Hervieu-Léger).

Portugal: entre a tradição e a mudança

Em Portugal, ainda que em graus inferiores ao espanhol, os índices de secularização e de religiosidade também têm sofrido alterações. Mais especificamente, e segundo o Inquérito Permanente às Atitudes Sociais dos Portugueses (ICS), integrado no *International Social Survey Programme* (*ISSP*), e cujo trabalho de campo se realizou em 1998, a prática religiosa dos inquiridos (esmagadoramente católica) era a seguinte: *prática regular* – ida à missa, ou acto religioso semelhante, uma ou mais vezes por semana: 27%, percentagem que se aproxima do recenseamento da prática dominical de 1991, que apurou 26% para o todo da população nacional com mais de 7 anos; *prática irregular* – 16%; *prática nula* – 16%; *prática rara* – os restantes.

A síntese deste cômputo geral apresenta um subconjunto de 42,6% de portugueses que declara ter uma frequência regular ou irregular à missa, em contraste com outro, de 57,4%, que raramente ou nunca frequenta as igrejas fora dos actos sociais[503].

O inquérito da *European Social Survey* (2002) vem, em geral, ao encontro destes indicadores, embora com pequenas diferenças, a saber: 29%, 15%, 8% e 48%, respectivamente. Em qualquer dos casos, ambos definem Portugal como um dos países com uma prática religiosa semanal relativamente forte, somente ultrapassado pela Polónia (56%), Irlanda (54%) e Itália (31%), mas acima dos 21% de Espanha (18,5%, segundo outros dados). Todavia, o número dos que nunca, ou só muito raramente, vão à missa ultrapassa o daqueles três primeiros países, pois situa-se, ainda segundo o mesmo inquérito, nos 48%, contra os 8% da Polónia, os 23% da Irlanda e os 37% da Itália. Em Espanha, aquele dado é superior: 53%.

O fenómeno da pluralização (não só entre várias confissões, mas, sobretudo, na maneira como se entende a prática católica) manifesta-se na clivagem entre os "crentes nucleares", isto é, os que têm uma visão mais ritualista, puritana e tradicional, e os chamados

---

503 Cf. "Atitudes sociais dos portugueses", *Boletim de Divulgação* n.° 2, http://www.ics.ul/pt/asp/boletins/boletim2.htm;4-9-2005, e também José Machado Pais, "O que explica a religiosidade dos portugueses? Um ensaio de análise tipológica", José Machado Pais, Manuel Villaverde Cabral, Jorge Vala (org.), *Atitudes sociais dos portugueses 2. Religião e bioética*, Lisboa, Imprensa de Ciências Sociais, 2001, pp. 185-237.

"católicos nominais", mais individualistas e tolerantes: 43% contra 46%, respectivamente.

O primeiro grupo provém das classes baixas, com salários e escolaridade fracos, e mora, sobretudo, no Norte (dedica-se à agricultura e à pesca), sendo dominantemente constituído por idosos, viúvas e inválidos. A sua religiosidade é intensa, como o é a sua crença em Deus, nos milagres e na vida *post-mortem*. Está igualmente convicto de que só existe uma religião verdadeira e mantém uma absoluta confiança na Igreja. Em termos mundividenciais, para os seus componentes, a felicidade, neste mundo, é impossível e a vida cumpre um destino inexorável, que só tem sentido porque Deus existe. Por isso, são contra as relações extra-conjugais, a homossexualidade, o aborto, a inseminação artificial, a clonagem e a eutanásia, ao mesmo tempo que defendem dever a mulher estar em casa a cuidar dos filhos.

O segundo grupo tem uma posição mais fluida e tolerante e acredita que há um pouco de verdade em cada religião. É principalmente formado por jovens, homens solteiros, escolarizados e com pais alfabetizados. Reside, em boa parte, na região de Lisboa e Vale do Tejo, tem uma crença relativa em Deus, duvida dos milagres e das expectativas escatológicas transcendentes, e os seus elementos só de tempos a tempos vão à igreja e raramente rezam. Além disso, têm uma confiança moderada na Igreja e são contra a sua influência na política. Por outro lado, valorizam o futuro individual (que representam à luz dos valores da sociedade de consumo: casa, carro, férias, acções, negócios, etc.) e acreditam na mobilidade social, conquistável, em particular, através da aquisição de conhecimentos e de diplomas. Cultivam, ainda, uma atitude tolerante no que toca às demais religiões e aceitam as uniões de facto, as relações pré-matrimoniais, a fecundação artificial e, em termos teóricos, a simetria dos papéis familiares. Quanto à eutanásia, concordam com ela, desde que a decisão parta do doente. Sobre a doação de órgãos, exigem o consentimento. E aceitam o aborto em casos de deficiências medicamente comprovadas, embora achem a clonagem humana inaceitável.

Se se invocar alguns dos critérios usados para se captar os grandes comportamentos religiosos, conclui-se que a opção dos portugueses por um catolicismo mais ritualista será tanto maior quanto menor for a sua condição de segurança existencial. Daí que seja entre os indivíduos das classes médias, secularizados, ou pertencendo à categoria de "católicos nominais", que haja um mais claro reconhecimento de que a vida, em si mesma, tem sentido e que pode ser mudada sob o impulso de aspirações em relação ao futuro (terreno).

Por sua vez, as atitudes, comportamentos e expectativas típicos dos *non-believers* encontram-se muito próximos desta última categoria e são praticados por indivíduos oriundos de meios com pais igualmente descrentes e mais escolarizados, isto é, por indivíduos que são, em primeiro lugar, homens de classe média (geograficamente com forte implantação na região de Lisboa e Vale do Tejo). Descrentes ou indiferentes em relação a Deus, aos milagres e às formas de religiosidade popular (que podem relevar, tão-só, como objecto etnológico), eles têm pouca ou nenhuma confiança na Igreja, são críticos no que tange às suas influências políticas, pensam que a vida tem sentido sem Deus, e projectam perspectivas optimistas e de cariz elitista, que julgam poder concretizar através da sua acção. Eles aceitam, ainda, as uniões de facto, as relações extra-conjugais, a homossexualidade, o aborto e a igualdade entre homens e mulheres. Ora, esse sector está a crescer e tem uma cada vez maior influência social, ainda que os "ateus convictos" se situem à volta dos 3-4%.

Se se baixar de escala, vê-se melhor que as transformações internas sofridas pela religião dominante (o catolicismo) não ficaram imunes aos efeitos provocados por alguma erosão da prática institucionalizada, situação bem espelhada na capital do país. Na verdade, sem escamotear a emergência de novas formas de religiosidade (como a do "religioso peregrino"), nem a secularização, o Recenseamento da Prática Dominical de 2001, realizado pelo Patriarcado de Lisboa[504], revelou

[504] Cf. *Vida Católica*, 3ª série, VII ano, n.º 19, Janeiro-Abril, 2005, http://www.patriarcado-lisboa-pt/informacao/index.htm, 5-08-2005.

um análogo quadro de contracção, expresso na diminuição de praticantes entre 1991 e 2001, os quais passaram de 12,2%, para 10 a 11%. Ora se, entre 1977 e 1991, tinha havido um aumento de 23 332 praticantes (+10,6%), de 1991 a 2001 deu-se um decréscimo da ordem dos 21 783 indivíduos (-9,0%).

Em termos de género, mantém-se alta e estável a taxa de feminização da prática cultual (2/3 de mulheres e 1/3 de homens), enquanto que, na distribuição etária, se verifica, como nos outros países do Sul da Europa, uma grande queda (-30,7%) nas duas primeiras classes (7-14 e 15-24 anos), com uma maior incidência nas raparigas do que nos rapazes. Nota-se, igualmente, um envelhecimento da frequência à missa: a percentagem de cultualistas com 55 anos, ou mais, subiu de 38,7% (1991) para 47,9% (2001), bem como se regista uma diminuição dos lugares de culto (de 829 em 1991, para 804 em 2000) e das celebrações eucarísticas dominicais, que passaram das 1428 (1991), para as 1331 (2001), o que representa uma queda de 6,2%[505].

Por tudo isto, mais do que uma consequência directa de políticas laicizadoras, as atitudes religiosas dos portugueses (como a dos espanhóis e italianos) tiveram, nas últimas décadas de Novecentos, grandes mudanças. À sua escala própria, pode mesmo afirmar-se que "a sociedade portuguesa – modernizada como está, des-

---

505 *Ibidem.*

centrada como é – já não se circunscreve a uma estrutura cerrada, legitimada pela tradição, estática em suas crenças, unificada numa consciência comum. Neste sentido, a religiosidade dos Portugueses já não representa uma reprodução hipostasiada do catolicismo mais tradicional, nem uma ressonância reificada daquilo que está socialmente e religiosamente instituído, ou seja, o normativo, o doutrinal, o prescritivo". Realidade em movimento, os indicadores recentes captaram uma vida religiosa "de natureza heterodoxa, sincrética e pessoal, muito embora sob o amplo chapéu de um catolicismo nominalmente unificante"[506]. Dito de outro modo: a prática religiosa e as atitudes sociais dela dependentes apontam para uma "religiosidade católica tradicional, difundida, sobretudo, entre as camadas populares da sociedade portuguesa e, predominantemente, entre os idosos e as mulheres dos estratos mais pobres e menos instruídos, concentrados nos meios rurais e nas regiões do Norte e Centro". Porém, também existem sinais que confirmam "a tendência geral das modernas sociedades para o declínio inter e intrageracional da prática religiosa convencional"; e, no que à secularização respeita, isto é, no que toca às "relações de crescente separação entre religião, Igreja, sociedade e Estado", observa-se – apesar da existência de bolsas de resistência, ou de

---

506 "Atitudes sociais dos portugueses", *Boletim de Divulgação* (ICS), n.° 2, p. 2, www.ics.ul.pt/boletins/bol..., 28-09-2005.

indiferença perante o tema – uma "clara adesão da população portuguesa a esses valores"[507].

Portugal e Espanha: similitudes e diferenças

De qualquer modo, a comparação entre os dois países ibéricos mostra que esta tendência é menor em Portugal do que em Espanha, seja no grupo dos "crentes nucleares", seja no dos "católicos nominais", seja no dos "não crentes", embora se detecte uma relativa sincronia, conforme se pode verificar através da decadência dos "crentes nucleares":

Evolução dos "crentes nucleares" em Portugal e Espanha

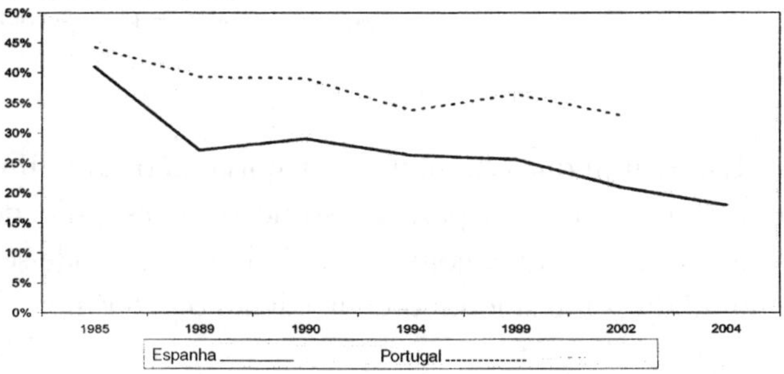

Fonte: Kerman Calvo, Álvaro Martinez, José Ramón Montero e Carlos Jalali, *art. cit.*, p. 9

507 Manuel Villaverde Cabral, "Prática religiosa e atitudes sociais dos portugueses numa perspectiva comparada", José Machado Pais, Manuel Villaverde Cabral, Jorge Vala (org.), *ob. cit.*, p. 69.

Similar perfil se encontra no crescimento dos "católicos nominais", sintoma da desafectação e indiferença do crente perante a vivência dogmática e institucionalizada do religioso:

Evolução dos "católicos nominais" em Portugal e Espanha

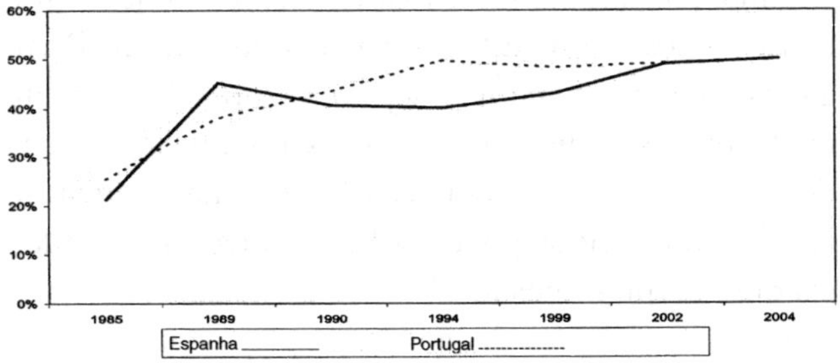

Fonte: Kerman Calvo, Álvaro Martinez, José Ramón Montero e Carlos Jalali, *art. cit.*, p. 12

E é natural que esta última categoria, não raro, funcione como trânsito para a assunção do estatuto de "não crente", o que, como se sublinhou, não pode ser entendido como sinónimo de irreligião ou ateísmo:

Evolução dos "não crentes" em Portugal e em Espanha

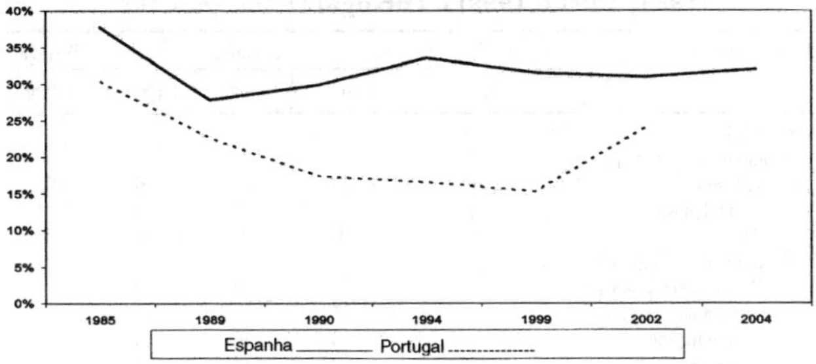

Fonte: Kerman Calvo, Álvaro Martinez, José Ramón Montero e Carlos Jalali, *art. cit.*, p. 11

A diferença entre ambos os países – que se comprova se se fizer comparações regionais – também se reflecte, como é evidente, na já citada taxa de vivência subjectiva da crença, onde a Espanha, numa escala de 1 a 10, se situa nos 4.4 e Portugal nos 5.7. Realidade análoga se depara em outras atitudes, comportamentos e expectativas, conforme se pode verificar através da síntese dos indicadores de religiosidade elaborada por Kerman Calvo, Álvaro Martinez, José Ramón Montero e Carlos Jalali:

Indicadores seleccionados de religiosidade em Espanha (1981, 1990 e 1999) e Portugal (1999) (em %)

Indicadores	Espanha			Portugal
	1981	1990	1999	1999
Religiosidade				
Como pessoa, você é…				
Religioso	63	63	56	82
Não religioso	30	28	33	14
Ateu	4	4	6	3
Considera-se a si mesmo como:				
Bom católico praticante	37	30	29	–
Não muito praticante	27	28	28	–
Não praticante	19	26	25	–
Indiferente	10	12	12	–
Não crente, ateu	4	4	6	–
Outra religião	1	1	1	–
Importância de religião na sua vida...				
Muito ou muitíssimo	-	54	42	71
Pouco ou nada	-	45	58	29
Crenças				
Crença em...				
Deus	87	81	81	93
Vida *post-mortem*	55	42	40	47
Céu	50	48	42	63
Inferno	34	27	27	35
Pecado	58	57	44	73
Importância de Deus (numa escala de 1 a 10)	6.39	6.25	5.97	7.53
Encontra conforto e força graças à religião	57	53	49	76
Tem momentos de oração e meditação	60	61	61	71
Prática religiosa				
Ida à igreja				
Uma vez ou mais por semana	41	33	25	40
Uma vez por mês	12	10	10	12
Às vezes	10	17	9	8
Nunca ou quase nunca	36	40	56	40
Igreja				
Tem confiança na Igreja				
Muita ou muitíssima	50	53	41	73
Não muita ou nenhuma	49	47	57	27
Pensa que a Igreja dá respostas aos…				
Problemas morais e individuais	39	39	33	58
Problemas da vida familiar	34	38	29	52
Necessidades espirituais das pessoas	45	49	48	69
Problemas sociais do país	-	33	23	41
(N)	(2.305)	(2.637)	(1.200)	1.895)

Fontes: para Espanha: *World Values Survey* (WVS), 1981, 1990 e 1999; para Portugal: *World Values Surveys* (WVS), 1999; (in Kerman Calvo, Álvaro Martinez, José Ramón Montero e Carlos Jalali, *art. cit.*, p. 7).

Em conclusão: a religiosidade dos portugueses aproxima-se mais, em termos quantitativos, dos índices da Grécia, Polónia e Itália do que dos da vizinha Espanha. Afinal, talvez isso se deva à maior profundidade das modificações sociais e culturais ocorridas no país vizinho, em particular nos grandes centros urbanos. De facto, as diferenças entre ambos os países são significativas, seja ao nível dos índices de religiosidade (1999), com 56% dos espanhóis a afirmarem-se como pessoas religiosas, bastante menos do que os 82% dos portugueses que confessam igual estatuto. Distintos são, igualmente, os números de não religiosos (33% e 14%) e ateus (6% e 3% ou 4%), respectivamente. A crença em Deus também é mais alta em Portugal (93%) do que em Espanha (81%). O desfasamento na prática cultual é igualmente relevante, e o mesmo acontece ao nível do peso institucional do religioso na definição das estratégias da vida individual: enquanto 41% de espanhóis declarara não ter muita confiança na Igreja, em Portugal, a resposta atingiu os 73%, índice superior ao italiano. Tal não significa, porém, que tanto a progressão de atitudes secularizadas, como as metamorfoses das vivências religiosas dos portugueses não estejam – no ritmo próprio decorrente de heranças, políticas e taxas de desenvolvimento socioeconómico – em consonância com as mutações que se têm dado na Europa Ocidental.

Depois de tudo o que ficou exposto, não se pode secundarizar esta lição da história: um pano de fundo comum comporta múltiplas "excepcionalidades", pelo que será errado ler os números abstractamente, sob pena de se cair na ilusão, por exemplo, de que os comportamentos dos americanos, só pelo facto de a sua taxa de crença em Deus ser próxima da portuguesa ou da italiana, são idênticos aos das populações destes países. Além do mais, também nos EUA a realidade é bem mais complexa do que a análise fria dos números aparenta.

A "excepção" americana

Como se sublinhou, a média, na Europa Ocidental, da crença na existência de Deus situa-se à volta dos 77% (1999/2000), bem diferente do que acontece, por exemplo, no Brasil (99%, em 1995), ou nos EUA, país que revela uma percentagem significativamente constante (94% em 1947; 98% em 1968; 94% em 1975; 96% em 1981; 93% em 1990; 94% em 1995; 94% em 2001). Daí que alguns investigadores falem na existência de uma "excepcionalidade" americana, cada vez mais diferenciada da secularidade europeia. E, em termos analógicos, ela terá mais a ver com as estatísticas religiosas da África, Ásia e América Latina do que com as europeias. Estas últimas têm semelhanças, sobretudo, com outras regiões de influência protestante: Canadá, Austrália e Nova Zelândia, países onde os processos de conquista da independência política e de formação dos respectivos Estados foram muito diferentes dos que tiveram lugar nos EUA.

Os dados estatísticos revelam, de facto, indesmentíveis dissemelhanças entre este país e a Europa Ocidental. E se elas são significativas ao nível do "acreditar" (*believing*), sê-lo-ão ainda mais no que respeita ao "pertencer" (*belonging*). Assim, enquanto a tendência para a participação religiosa no Novo Mundo se manteve quase estacionária, ou revelou mesmo um ligeiro crescimento (+8%) entre 1981 e 2001, ela decaiu, significativamente, em muitos países europeus (recorde-se: Irlanda, 17%; Espanha, 15%; Bélgica, 12%; Holanda, 12%). E, em 2001, a frequência semanal das práticas religiosas dos americanos era bem superior (46%) à dos franceses (5 ou 7-8%). Também quanto à crença na existência de Deus, em França, a taxa, já relativamente baixa em 1947 (66%), desceu para 56% em 2001, indicador que é quase metade do americano (94%).

De tudo isto, poder-se-á concluir, sem mais, que a Europa é uma região secularizada, enquanto que a América é crente, ou que a França é um Estado laico dentro de uma sociedade secularizada, enquanto os EUA, no máximo, possuem um Estado secular que governa uma sociedade religiosa?

Em primeiro lugar, deve sublinhar-se que uma parte relevante dos cerca de 94% dos americanos que declara acreditar em Deus, ou na existência de um Espírito Universal, fá-lo, muitas vezes, mais por rotina cultural, ou em nome de uma espécie de filosofia naturalista, do que por razões fundamentalistas ou ortodoxas. Nestas interpretações, Deus surge, não raro, como uma metáfora, ou como uma "crença simbólica", postulado que ultrapassa as clivagens tradicionais entre protestantes, católicos e judeus e que não será estranho à continuada socialização do teísmo da religião civil.

Tanto quanto se sabe, nos EUA a crença na existência de um Deus nunca baixou dos 90% e, segundo os resultados de uma sondagem *Gallup* realizada em 1998, 69% dos inquiridos considerava-se membro de uma Igreja ou de uma Sinagoga, enquanto que 65% se mostrava convicto de que a religião pode resolver a totalidade ou a maioria dos problemas contemporâneos. Por sua vez, numa outra, de 1997, 47% confessara ler a Bíblia, pelo menos, uma vez por semana, e quase metade destes (21%) disse fazê-lo, pelo menos, uma vez por dia. Num outro inquérito de 1993, 95% confessou que rezava a um "Ser Supremo" e 75% que o fazia diariamente. Por mais discutível que possa ser o resultado dos inquéritos e a sinceridade das respostas, todos eles revelam a existência de uma longa estabilidade no campo das posições e práticas religiosas do povo americano, constante que parece pôr em causaa aplicabilidade das teses clássicas sobre a secularização[508].

---

508 Cf. Christopher L. Eisgruber, "Sécularisation, religiosité et

Todavia, estudos recentes, sem menosprezarem a realidade assinalada, não deixam de detectar sintomas de mudança neste universo e de relativizar a análise bruta dos dados. Por exemplo: ainda que lentamente, as filiações numa Igreja ou Sinagoga terão descido de 76% (1946) para 69% (1980), enquanto que a frequência semanal da Igreja diminuiu de 49% (1958) para cerca de 40%, depois de 1970. E sociólogos como C. Kirk Hadaway, Penny Long Marler e Mark Chaves estimam que, na prática, estes últimos indicadores têm sido sobrestimados, calculando-os em cerca de metade do declarado, conclusão que, no entanto, não é incontroversa. Se uns, como Robert Putnam, não têm dúvidas de que eles desceram cerca de um terço entre os finais dos anos de 1950 e os de 1990 (tendo metade deste movimento ocorrido na década de 1960), outros, como Roger Finke e Rodney Stark, defendem, ao contrário, o seu aumento, de um modo lento mas constante[509], em boa parte devido à vigência da liberdade religiosa e, consequentemente, à existência de um aberto e agressivo "mercado religioso".

Seja como for, um maior distanciamento no que respeita à religião estará a crescer em alguns sectores.

Constitution des États-Unis", Élisabeth Zoller (dir.), *ob. cit.*, pp. 101-103.

[509] Cf. Roger Finke e Rodney Stark, *The Churching of America. 1776-1990. Winners and losers in our religious economy*, New Brunswick (NJ), Rutgers University Press, 1992.

Assim, a pequena percentagem dos que se declaram como "não religiosos" subiu, de 3% (1965) para 6% (1975) e as estatísticas também informam que, nos meios com uma educação mais alta, aconteceu algo de parecido: se, nos anos de 1950, as pessoas com estudos superiores estavam mais empenhadas na adesão religiosa do que as menos cultas, a situação ter-se-á invertido nos anos de 1970 e 1980, continuando a crescer nas décadas seguintes[510].

Embora de difícil apreensão, a chamada "secularização interior", com a sua "privatização" e "marginalização" do religioso, também medrou muito nos EUA, particularmente nas grandes metrópoles. Por exemplo: em 1951, 77% dos jovens americanos evangélicos considerava que jogar cartas era moralmente repreensível; 91% afirmava o mesmo em relação ao acto de ir dançar, 46% ao de ver filmes "estilo hollywoodesco", e 98% criticava o consumo de bebidas alcoólicas. Ora, em 1982, nenhum dos inquiridos mostrou quaisquer objecções quanto ao jogo de cartas, à dança, ou à ida ao cinema, e só 17% recriminou o uso de bebidas alcoólicas[511].

O estudo mais significativo acerca do modo como evoluiu, na América, a vivência religiosa pertence a

---

510 Cf. Christopher L. Eisgruber, *ob. cit.*, p. 103.

511 Cf. Steve Bruce, *ob. cit.*, pp. 59 ss.; Christopher L. Eisgruber, *ob. cit.*, p. 104.

Robert N. Bellah e à sua equipa, cuja análise indicia o avanço do fenómeno da "privatização" e, consequentemente, da relativização do factor eclesial. O grupo sintetizou os comportamentos dos americanos, nesta matéria, num indivíduo-tipo, que recebeu a designação de "Sheila Larson", e concluiu que as posições perante Deus e as religiões serão tantas que, afinal, o "sheilaísmo" se caracteriza pela existência de 220 milhões de religiões "privadas", o que contrasta com a dimensão pública e unificadora da religião tradicional[512]. E, como causa desta diversificação, indica-se o desenvolvimento do individualismo americano.

Com algum significado encontra-se, ainda, o aumento da percentagem dos que pensam que muitas afirmações da Bíblia não são verdadeiras (embora o seu número seja inferior ao do Canadá), mas as críticas ao evolucionismo e ao transformismo, feitas em nome do criacionismo inteligente, continuam a ter algum peso em certos Estados.

Mais discutível é a tese da "marginalização" das Igrejas e das organizações religiosas. O seu papel não parece ter diminuído, nomeadamente na mediação entre os indivíduos, entregues a si mesmos, e a sociedade. Ora, se os processos de diferenciação social tendem a colocar a religião como uma esfera de sociabilidade

---

512 Sobre tudo isto, leia-se Christopher L. Eisgruber, *ob. cit.*, p. 105.

idêntica a outras, o âmbito da actuação das Igrejas americanas, mesmo como centros de pressão política, tem crescido. Porém, muitas destas acções são promovidas por organizações não confessionais, dentro de um quadro onde vigora – não raro, através de clarificações feitas pelo Supremo Tribunal – a separação das Igrejas do Estado. E se o sucesso das confissões organizadas parece resultar da fragmentação do poder político americano, a verdade é que elas estão num mercado em que concorrem não só entre si, mas também com outras instituições de carácter não religioso.

Qualquer das razões até agora invocadas para explicar a presença do religioso nos EUA é passível de interpretações diversas. Mas a sua força contínua – que as características das imigrações mais recentes (principalmente hispânicas) revivificam – é indiscutível, embora haja sinais de algum declínio, que tem sido mais significativo em sectores importantes da sociedade e, sobremaneira, nos meios com estudos superiores, onde aumentou o número dos que se afirmam "sem religião". Por outro lado, a acentuação da "secularização interna"[513] não é estranha ao fundo calvinista da predestinação e à consequente autonomização das práticas seculares dos indivíduos, nas quais o sucesso é visto como um sinal de escolha divina.

---

[513] Cf. *Idem*, *ibidem*, pp. 110-112.

Os EUA são um dos países mais religiosos não só das zonas ricas, mas do mundo, característica que se manifesta tanto na vida privada como na pública. E é igualmente correcto dizer que os valores culturais americanos são mais individualistas, mais patrióticos, mais moralistas e culturalmente mais conservadores do que os dos europeus. Contudo, como concluem Pippa Morris e Ronald Inglehart, "there are some indicators that secular tendencies may have strengthened in America, at least during the last decade"[514].

Por outro lado, ter-se-á de pensar que, quaisquer que sejam os comportamentos religiosos dominantes, eles não são geográfica e socialmente homogéneos. Estudos comparativos mostram que as atitudes e comportamentos mais secularizados se situam, principalmente, nas grandes cidades, na costa do Pacífico ou no Nordeste, e são assumidos por indivíduos escolarmente mais graduados, em maior percentagem solteiros e do género masculino, enquanto que os mais religiosos são mulheres e residem em pequenas cidades, ou em meios rurais, sobretudo do Sul ou do Midwest. Esta divisão corresponde, em boa parte, à das duas grandes famílias políticas americanas (as zonas "secularistas" propendem para o voto democrático)[515].

---

[514] Pippa Morris e Ronald Inglebart, *ob. cit.*, p. 94.

[515] Gertrude Himmelfarb, *One Nation, two cultures*, New York, Random House, 1999, *passim.*

Pode mesmo sustentar-se que, a este nível, existem duas culturas na América: a secular (tolerante, hedonista e multicultural) e a religiosa (puritana, centrada na família, patriótica e conformista). Ambas coexistem em tolerância, em parte porque habitam diferentes mundos mentais, embora consensualizados pela compartilha de valores transversais semeados pela religião civil, pelo que os combates entre si não podem ser comparados àqueles que ocorreram, desde a Revolução, entre as "duas Franças" (a laica e a clerical).

Também se pensa que muitas das divergências acerca da qualificação da religiosidade dos americanos resultam de um entendimento da secularização como sinónimo de irreligião, quando o núcleo primordial da sua semântica aponta, tão-só, para o processo de autonomização entre o sagrado e o secular, algo que, como Max Weber percebeu, a raiz calvinista da mentalidade americana pressupõe. E, por mais ambíguas ou controversas que possam ser as interpretações acerca dos limites impostos pela Primeira Emenda, a sua aplicação tem reforçado a secularização, como não deixam de sublinhar os críticos conservadores das decisões do Supremo Tribunal dos EUA. Com efeito, na maior parte dos casos, estas têm ido ao encontro da defesa da neutralidade religiosa do Estado, bem como da liberdade e igualdade de todas as religiões, ao mesmo tempo que têm interditado a ajuda estatal às Igrejas. Por tudo isto, ainda há pouco (Janeiro de 2005), alguns juristas, comparando os casos francês e americano, defendiam que a separação das Igrejas do Estado e a garantia da liberdade religiosa são condições que tornam "légitime de qualifier les États-Unis de République *laïque*"[516], adjectivação que, a nosso ver, revela confusão de conceitos e de experiências históricas bem diferentes entre si.

---

516 Camile Froidevaux-Metterie, *ob. cit.*, p. 89.

CAPÍTULO XI
As Mutações do Religioso

De tudo isto se conclui que os comportamentos religiosos das populações são relativamente autónomos dos processos de secularização mediados pela vontade política. O que não quer dizer que estes, quando continuamente praticados, não provoquem efeitos socializadores – e algo de similar acontece quando existe uma centenária confessionalidade estabelecida. Prova-o a força da religião dominante nos Estados que a reconhecem, de direito ou de facto, como Igreja oficial e que consentem na sua propagação através do sistema educativo e da manutenção de situações de privilégio. Efeito inverso se detecta onde reina a laicidade (neutra) à francesa, ou onde dominou uma laicidade em que o Estado se afirmou militantemente ateu, como o demonstra a diferença de atitudes e comportamentos religiosos entre os alemães de Leste e os da antiga República Federal. No entanto, este efeito não se encontra em outras sociedades submetidas a experiências análogas, mas com heranças culturais e religiosas diferentes. Por tudo isto, será precipitado fundir e confundir a secularização com a laicidade, ao mesmo tempo que são insuficientes as teses que prognosticam a irreversibilidade e a globalização do fenómeno secularizador, assim como as que, sem levarem em conta as suas variações e metamorfoses, falam, sem mais, em "regresso do religioso".

"Morte" de Deus, ou "regresso do religioso"?

Os defensores da primeira posição estavam convictos da inevitável secundarização da transcendência, ou mesmo da sua gradual extinção, devido aos efeitos emancipatórios provocados pelo alargamento dos conhecimentos científicos e pelo consequente progresso das sociedades. Ora, mesmo nas regiões mais secularizadas da Europa Ocidental, parece assistir-se ao "regresso" do sagrado, surto que invalidará as previsões acerca da "morte de Deus" às mãos da auto-suficiência da razão humana e dos irreversíveis imperativos da história[517]. Com efeito, este optimismo levou alguns a anteverem a "saída da religião" (Marcel Gauchet) – entendida como perda da sua capacidade nor-

---

517 Sobre este tema e os vários "paradigmas" da secularização, leia-se Steve Bruce, *God is dead. Secularization in the West*, Oxford, Blackwell Publishers, 2002.

matizante e instituinte do social e do político –, ou a anunciarem o "eclipse do sagrado na sociedade industrial" (S. S. Acquaviva)[518], ou a sua reclusão na esfera privada (Th. Luckmann)[519]. Tais previsões são agora contestadas por aqueles que, ao contrário, têm diagnosticado o "acabamento emocional da secularização"[520], o "reencantamento do mundo", a "des-secularização do mundo"[521], ou o "final do 'fim da religião' ", fenómenos em que as confissões parecem querer recuperar, em muitos casos de um modo beligerante, o peso social e o espaço público de onde terão sido "expulsas" nos séculos mais recentes[522].

Os sinais destes novos tempos serão múltiplos, seja na versão católica oficial e conservadora, seja na sua modalidade mais crítica (cristianismo "progressista" do

---

518 Cf. Sabino Samele Acquaviva, *The Decline of the sacred in industrial society*, Oxford, Basil Blackwell, 1979.

519 Cf. Thomas Luckmann, *The Invisible religion. The problem of modern religion in modern society*, New York, Macmillan, 1967.

520 Cf. Danièle Hervieu-Léger, "Renouveaux émotionels contemporains. Fin de la sécularisation ou fin de la religion", François Champion e Danièle Hervieu-Léger, *De l'Émotion en religion. Renouveaux et traditions*, Paris, Le Centurion, 1990, p. 241.

521 Cf. Peter Berger, *The Desecularization of the world*, Washington D.C., Ethics and Public Policy Center, 1999.

522 Cf. José Maria Rubio Ferreres, "¿'Resurgimiento religioso' *versus* secularización?", *Gazeta de Antropología*, n.° 14, 1998, htpp: www.ugr.es/~pwlac/G14_03JoseMaria_Rubio_Ferreres.html, 2-03-2006; G. Kepler, *La Revanche de Dieu. Chrétiens, juifs et musulmans à la reconquête du monde*, Paris, Seuil, 1991.

Primeiro Mundo, cristianismo libertador do Terceiro Mundo). E o que ocorre no islamismo tem sido visto como a vertente mais radical desta onda "regressiva", realidade que levou alguns sociólogos da religião a reverem teses anteriormente perfilhadas, como foi o caso de Peter Berger, para quem se está a assistir, não a uma secularização irreversível – como anteriormente previra –, mas a uma "des-secularização", porque "the world today, with some exceptions [....] is as furiously religious as it ever was, and in some places more so than ever. This means that a whole body of literature by historians and social scientists loosely labeled 'secularization theory' is essentially mistaken"[523]. Outros são ainda mais radicais, ao salientarem, como o fazem Rodney Stark, William Simms Bainbridge e Yinger D. Milton, que a secularização é "a self-limiting process that engenders revival"[524]. Assim sendo, ela não passará de um mito e de uma ideologia (Rodney Stark) assente em falsas profecias, ou melhor, de um mero dogma, e não de uma teoria bem fundamentada (Jeffrey Hadden). Robert Fink vai mais longe, ao defender a necessidade de a sepultar definitivamente: "it seems time to carry the secularization doctrine to the grave-

---

523 Peter Berger, *ob. cit.*, p. 2.

524 Rodney Stark e William Simms Bainbridge, *The Future of religion. Secularization, revival and cult formation*, Berkeley, University of California Press, 1985, p. 230; Yinger J. Milton, *The Scientific study of religion*, New York, Macmillan, 1970, p. 21 ss.

yard of failed theories, and there to whisper 'requiescat in pace' "[525].

Vendo bem as coisas, muitas destas prognoses sobre o "regresso do sagrado" baseiam-se em pressupostos análogos (ainda que invertidos) aos usados para antever a sua extinção. E se os que anunciaram, apressadamente, a "morte de Deus" parecem desadequados, os que ditam a morte rápida da secularização correm o risco de serem demasiadamente prematuros e de não analisarem o problema em todas as suas complexidades e variações, confundindo, amiúde, manifestações exteriores com movimentos bem mais profundos. Ora, ter-se-á de saber se, efectivamente, essa "des-secularização" ou "reencantamento" do mundo é aquilo que aparenta e indagar se, neste "retorno", não estará presente algo que é novo[526]. Dito de outro modo: a questão não se reduz ao regresso, ou não, do religioso; importa também saber que religião retorna e *como* retorna[527].

---

[525] Rodney Stark e Roger Finke, *Acts of faith*, p. 79. Cf., também, Pippa Norris e Ronald Inglehart, *ob. cit.*, p. 4.

[526] Cf. Léila Babés, *Les Nouvelles manières de croire*, Paris, Les Éditions de l'Atelier, 1996.

[527] Cf. F. Champion, "Persona religiosa flutuante, ecletismo y sincretismos" Jean Delumeau (dir.), *El Hecho religioso*, Madrid, Alianza, 1995, p. 724 ss.; *Esprit*, n. 233, juin, 1997, pp. 31-89; José Maria Rubio Ferrares, *art. cit.*, *passim.*

Como primeira nota, a singularização do fenómeno parece sugerir a existência de uma uniformidade que não se encontra, porque não se pode confundir a ofensiva de crenças com o fito de voltarem a estruturar todos os níveis das relações sociais – como, depois da década de 1970, se depara em muitos movimentos fundamentalistas, ou integristas, com particular destaque dentro do islamismo –, com aquelas que se movimentam no seio da Modernidade e que têm missionado um maior compromisso da religião, não com César, mas com a vida do *laós*, isto é, do povo (teologias da esperança, da libertação e do pluralismo religioso); outras, ainda, têm-se traduzido numa prática menos institucionalizada, porque mais privatizada, do sagrado[528].

As religiões, para se reafirmarem nas sociedades ocidentais modernas, não terão elas mesmas sofrido o contágio da secularização? Com isto, tem-se por correcta a posição de Marcel Gauchet, segundo a qual, mesmo em relação ao islamismo, nada autoriza "à parler de façon rigoureusement fondée de retour du religieux. Il n'y a pas restructuration sacrale de l'univers humain social en dehors de la modernité. Il y a une réaffirmation d'identité religieuse qui est en même temps adaptation *de l'intérieur* à la modernité. Le rejet explicite est l'instrument inconscient d'une *appropriation*, mais d'une appropriation sans démission ni renonce-

528 Cf. Marcel Gauchet, *Un Monde désenchanté?*, p. 194.

ment à soi"[529]. É certo que o ensaísta francês prefere falar em "saída da religião". Porém, tal particularidade em nada altera este facto: o conceito de secularização (que ele, por razões de clarificação de conceitos, rejeita) continua útil para designar o fenómeno de adaptação, apropriação e metamorfose do religioso sob o impacto da Modernidade.

Pensando bem, tanto as posições que sentenciaram a inevitável morte do sagrado, como as que cantam a involução do processo, pecam por excesso, pois esquecem-se que a secularização não é sinónimo de anti-religião, mas afirmação da autonomia do século. Assim, se a primeira atitude padece de um exagerado optimismo racionalista e antropocêntrico – que as experiências históricas concretas não confirmam –, as que enfatizam, em termos "restauracionistas", o contemporâneo "regresso", mostram-se insensíveis a esta outra evidência: a gradual infiltração de atitudes, comportamentos individuais e relações institucionais, de inspiração secular, nas próprias religiões, relação de vasos comunicantes que se torna particularmente visível nas sociedades pós-industriais, ou melhor, recorde-se, nas que revelam baixas taxas demográficas e altos índices de desenvolvimento tecnológico, de divisão do trabalho e de crescimento urbano, e uma mais sólida segurança existencial (educação, saúde, protecção social). Além do mais,

529 *Idem, ibidem*, p. 147.

esta permeabilidade – contra a qual os fundamentalismos vários protestam – dá-se num quadro em que o Estado declara o respeito pela liberdade de consciência e de religião.

A existência destas especificidades conduziu Jose Casanova a definir os actuais comportamentos religiosos das populações ocidentais em termos que, nas suas intenções tipificadoras, são pertinentes. Com efeito, nelas, o crescimento da secularização pode ser apreendido à luz de algumas teses fundamentais: a *tese da diferenciação,* que sublinha a circunstância de a religião ter deixado de ser o único factor estruturante da sociedade, passando a constituir, tão-só, um dos seus vários subsistemas; a *tese do declínio*, que sustenta estarem as práticas religiosas a sofrer uma gradual erosão, fenómeno bem presente no enfraquecimento do estatuto de referência que as Igrejas e as religiões detinham na definição dos percursos de vida dos indivíduos; a *tese da privatização*, que destaca o recesso do significado institucional da fé a favor da sua vivência mais privada, sinal da existência de diferenças mais débeis entre os sistemas religiosos e seculares de crenças (*tese da secularização interna*), e, apesar das excepções, da diminuição da influência das instituições e dos argumentos religiosos nas tomadas de decisão política e social (*tese da marginalização*)[530].

---

530 Cf. Jose Casanova, *Public religions in the modern world*, Chicago, University of Chicago Press, 1994, pp. 19-36; Christopher L. Eisgruber, *art. cit.*, pp. 100-101.

As "metamorfoses de Deus"

Verifica-se que se está perante um fenómeno com características heterogéneas – tanto ao nível global, como no interior de cada sociedade concreta –, atravessado por temporalidades diferentes e, portanto, com variações significativas. E se esta ilação revela os limites das interpretações de tipo linear (evolutivo, ou regressivo), ela não contesta, porém, algumas outras avançadas pelas teorias clássicas, em particular no que respeita aos países da Europa Ocidental, onde, como se viu, os indicadores não põem em causa a existência, em termos de média duração e numa perspectiva geral, de um processo secularizador.

Sopesando tudo isto, algumas reacções recentes contra a excessiva enfatização do "regresso do religioso" falam, antes, numa "nova secularização" e de um "neo-secularization paradigm" (D. Yamane), enquanto outras preferem qualificar a situação como de acelerada "metamorfose"[531] de uma religiosidade mais desinstitucionalizada e em movimento. Dir-se-ia que a nova figura do crente "peregrino" contrasta com a imagem tradicional do "convertido" (Danièle Hervieu-Léger). Daí, o sucesso de experiências como a de Taizé. E estas mutações denotam a incidência da chamada secularização

---

[531] Cf. F. Lenoir, *Les Métamorphoses de Dieu. La nouvelle spiritualité occidentale*, Paris, Plon, 2003.

"subjectiva", ou melhor da diferença entre o "acreditar" e o "pertencer", realidade que, só por si, não quer dizer extinção da fé. É que a "saída" do equacionamento institucionalizado do religioso pode coexistir com o aumento da privatização da crença e com a proliferação de confissões alternativas.

Será mesmo redutor não perceber que esta autonomia do secular e do religioso arrasta consigo uma certa secularização do sagrado. Como assinala o teólogo Juan José Tamayo, "hoy la experiencia religiosa não se canaliza sólo ni principalmente por vía institucional, ni siquiera a través de la adscripción a una religión. Mas aún, coexisten las manifestaciones de lo sagrado y la indiferencia ante el mensage y ante las formas estáticas de la mayoría de las religiones"[532]. Tais alterações levam alguns outros a detectar, na actualidade, um maior aprofundamento do longo caminho iniciado pela primeira secularização, cujas consequências maiores se materializam em múltiplas formas de viver a fé, nomeadamente na valorização da consciência individual e da sua autonomia perante o Estado e as impessoais normas de origem eclesiástica[533].

Como é natural, as interpretações historicistas do chamado "regresso do religioso" tendem a escamotear a dimensão transversal de fenómenos como o cresci-

532 Juan José Tamayo, *ob. cit.*, p. 51.
533 Cf. Antonio Vasquez Fernández, *ob. cit.*, pp. 212-213.

mento da crise das vocações, das desafectações religiosas da juventude em muitos países[534], e a diminuição das práticas religiosas institucionalizadas. São mudanças que o facto de a esmagadora maioria dos americanos e cerca de dois terços dos europeus se declararem crentes não pode obscurecer. Daí que, segundo Frederic Lenoir, a atitude do homem ocidental contemporâneo – num período de globalizações várias e de um ultra-individualismo caracterizado pelo aumento do desejo de liberdade de escolha e de realização pessoal, bem como por uma mais intensa busca de sentido e de autenticidade existencial – possa ser definida como uma espécie de "foi / cepticisme". Paradoxalmente, esta relação, se se traduz num "reencantamento do mundo", também fez crescer um "nomadismo espiritual" que, em muitos casos, possui contornos de religiosidade cósmica e arcaica: astrologia, espiritismo, seitas, anjos, pensamento mágico, neo-chamanismo, medicinas holísticas, etc.

Por conseguinte, será mais correcto reconhecer que, nem se está a assistir à "morte de Deus" prognosticada pelo optimismo cientificista e historicista do século XIX, nem ao puro "regresso do religioso" na sua acepção mais integrista e institucional, mas a uma coisa outra,

---

[534] Para o caso francês, veja-se Sylvette Denèfle, *Sociologie de la sécularisation: être sans-religion en France à la fin du XXème siècle*, Paris, L'Harmattan, 2000.

que alguns designam por "metamorfose de Deus". Nos países mais secularizados, esta realidade[535] tem dado origem a vínculos eclesiais muito mais precários do que os do período em que as religiões "construíam" o elo social. Pelo que estará a ocorrer, principalmente, uma maior *privatização*, *subjectivação* e *pluralização*[536], ou, talvez melhor – utilizando a terminologia de José Casanova –, uma maior *diferenciação*, *declínio*, *secularização interior* e *marginalização* das crenças.

Estas atitudes e comportamentos expressam um distanciamento perante a religião (ou, pelo menos, as suas práticas mais institucionalizadas) que é maior na Europa do que em outros Continentes (à excepção da Austrália), fenómeno que também pode ser sintetizado por estes comportamentos-tipo, a saber: *individualização* (o *do it yourself* em matéria religiosa); *subjectivação* (uma maior valorização da experiência pessoal[537]); *esteticização* (o gosto da encenação); *emotividade* (a procura de uma religião "quente", oposta às religiões "frias" e formais institucionalizadas); *indiferentismo* (a eufemização das dife-

---

535 Cf. Marcel Gauchet, *ob. cit.*, p. 150.

536 Acerca deste fenómeno nas sociedades contemporâneas, leia-se: W. Welsch, *Postmodernité. Pluralité comme valeur éthique et politique*, Koln, Walter-Raymond-Stifung Kleine Reiche 45, 1988, p. 27 ss.

537 Sobre o apelo à realização individual, fomentado pelas novas confissões: F. Westley, *The Complex forms of religious life. A durkheimian view of new religious mouvements*, Chico, California Scholars Press, 1983.

renças doutrinais entre as religiões e as expectativas pragmáticas); e *eticização* (decorrente do ecumenismo dos direitos do homem)[538].

Significa isto que, se as consequências mais visíveis da secularização foram de ordem política e social, elas também invadiram o domínio da cultura e, portanto, das confissões religiosas. Como já alguém afirmou, o indivíduo moderno dos países mais industrializados, incluindo o europeu, continua a ser um homem de crença, embora cada vez mais situado fora de um continuado controlo eclesial[539]. Daí que François-Andrè Isambert tenha razão, ao precisar que, sob o termo secularização, não se visa designar um recuo, tão problemático como global, do religioso, "mais plus particulièrement la mise en question des *pouvoirs spirituels*, tant sur le plan intellectuel que culturel et institutionnel"[540].

Em conclusão: durante os últimos séculos, a secularização tem sido um processo ao mesmo tempo desestruturante e estruturante, pois, se ele alterou o relaciona-

---

[538] Cf. Jean-Paul Willaime, "Unification européenne et religions", Jean Baudouin et Philippe Portier, *La Laïcité, une valeur d'aujourd'hui? Contestations et renégociations du modèle français*, Rennes, PUR, 2001, p. 142, e *Europe et religions. Les enjeux du XXIème siécle*, pp. 66-67.

[539] Cf. Grace Davie, *Religion in modern Europe. A memory mutates*, Oxford, Oxford University Press, 2000, p. 61 ss.

[540] François-Andrè Isambert, "Le sociologue, le prêtre et le fidèle", Henri Mendras *et al.*, *La Sagesse et le désordre. France 1980*, Paris, Gallimard, 1980, p. 24.

mento entre as Igrejas, o (novo) Estado e a sociedade, também deu origem a profundas transformações culturais. E estas objectivaram-se em ideias, valores e expectativas que transmutaram a maneira como os indivíduos e os grupos passaram a perspectivar o sentido da história, a justificar as suas acções no mundo, a fundamentar os seus projectos e as suas estratégias, a povoar os seus imaginários, a justificar a sua vocação sociabilitária[541], e a viver a sua própria experiência religiosa. Efeitos que fizeram aumentar a desadequação da autoridade das Igrejas ao século e, portanto, o distanciamento da sociedade em relação à religião institucionalizada, e crescer a progressiva diferenciação entre o público e o privado, o íntimo e o comunitário, o subjectivo e o institucional. O que tornou mais complexas e plurais as representações do mundo e da vida, secularizando o sentido da história e da própria vida individual, e outorgando um papel decisivo à mediação, mesmo perante o religioso, da liberdade individual e da acção do homem no mundo[542].

Danièle Hervieu-Léger tem enfatizado esta "desregulação", que aparece como liberdade de o indivíduo "bricolar" o seu próprio sistema de valores religiosos sem referência a um corpo de crenças institucionaliza-

---

541 Cf. Laurent Laot, *Catholicisme, politique, laïcité*, Paris, Éditions Ouvrière, 1990, p. 23.

542 Cf. Fernando Ferrarotti, *ob. cit.*, p. 120.

das[543]. Esta atitude será maioritária em muitos países europeus, como na Suécia, onde 63% dos indivíduos declaram ser "cristãos à sua maneira", ou na Bélgica, país no qual, em 1990, um em cada oito indivíduos afirmava acreditar na reincarnação. Outros autores preferem falar em "zapping" religioso, ou em religião "à la carte", termos usados para caracterizar o aumento do nomadismo espiritual dos nossos dias. E de tudo isto se pode extrair esta conclusão: se o fenómeno do "acreditar" não desapareceu, é facto que ele se multiplicou e se diversificou, em concomitância com o enfraquecimento, em maior ou em menor grau (em função da especificidade dos vários países), do peso social e normativo das instituições religiosas tradicionais[544].

Em muitas sociedades ocidentais, o apego às práticas cultuais passou a ter um valor dominantemente social. Daí a sua maior concentração nos ritos de passagem, campo onde o estudo europeu de 1999/2000 (*EVS*) relevou que 66% aceitava cerimónias religiosas a propósito do nascimento, 68% do casamento religioso e 74% do enterramento.

Rotina sociabilitária da religião, ou manifestação metafísica da necessidade do religioso? Se as funções

---

543 Cf. Danièle Hervieu-Léger, *Le Pèlerin et le converti. La Religion en mouvement*, Paris, Flammarion, 1999, p. 44.

544 Cf. "Modernité, sécularisation et religion", http://membres.lycos.fr/weickmans/Partie4_3_2.htm, 30-09-2005, p. 18.

instituintes do social (da lei, do espaço público), tradicionalmente exercidas pela religião estruturada, parecem estar a esbater-se, será precipitado não perceber que os "dépérissement des religions" e a permanência "du religieux peuvent aller de pair", mesmo que este se cinja a uma sacralização sem Deus (Marcel Gauchet), ou, como quer Luc Ferry, se manifeste numa crescente humanização do divino, acompanhada pela "divinização do humano", ou melhor, por um "humanisme de l'homme-Dieu"[545], ou, ainda, se expresse – numa atitude que parece mais adequada à precaridade ontológica da humanidade do homem –, numa aberta e irrespondível inquietação perante os mistérios da vida. Seja como for, nos países mais industrializados, é indubitável que se assiste a uma clara "individualização do crer".

A um outro nível, a actual queda do optimismo prometeico, que ocupou o lugar anteriormente habitado pelas promessas escatológicas das religiões transcendentes, também aparece indirectamente associada à eclosão desta crise do religioso. Relembre-se que o seu horizonte de expectativas se plasmou em ideologias que, sucedaneamente, funcionavam como "religiões seculares", fosse sob a forma de "religiões civis" (ou como religiões cívicas) de inspiração republicana (radicadas na crença na infinitude da perfectibilidade e do pro-

---

545 Sobre este debate, leia-se Luc Ferry e Marcel Gauchet, *Le Religieux après la religion*, Paris, Grasset, 2004.

gresso humanos), fosse como sonho na futura reconciliação definitiva da humanidade consigo mesma, porque definitivamente liberta da exploração do homem pelo homem.

Dir-se-ia que a descredibilização actual destas escatologias seculares – sinónimo da desvalia da própria ideia de futuro – criou vazios imediatamente preenchidos pelas confissões (daí, segundo alguns, o recente crescimento da crença num Ser Superior em algumas sociedades europeias do Sul). Esquece-se, porém, que aquela inversão, mesmo na sua modalidade mais integrista, nunca poderá voltar ao seu (mítico) ponto de partida, enquanto outras alternativas, consciente ou inconscientemente, ressacralizam a busca de sentido, a partir de valores que – importa igualmente recordá-lo – contribuíram para o refluxo e a perda de domínio do religioso sobre os indivíduos e os grupos, realidade bem expressa no contemporâneo cariz primordial dos direitos humanos, paradigma fundante que as próprias Igrejas das áreas secularizadas, depois da resistência de quase dois séculos, acabaram por aceitar.

É evidente que as sociedades ocidentais, mesmo aquelas em que existe uma religião dominante, se complexizaram e se pluralizaram, seja pelo desenvolvimento interna da secularização, seja pelo enriquecimento do pluralismo cultural resultante das imigrações, ou pela mistura de ambos os factores. Todavia, esta nova heterogeneidade parece ser mais bem compreendida pelos indivíduos do que pelas instituições (em particular, as Igrejas), apesar das múltiplas iniciativas realizadas em nome do ecumenismo. De facto, alguns estudos de opinião mostram que a sua base de sustentação tem-se alargado, sobretudo no seio da população mais jovem da Europa Ocidental.

Os difíceis caminhos do diálogo

Neste sector etário, um número crescente de indivíduos tem admitido não só o valor de religiões outras que a sua, mas também que cada uma delas possui algo de verdade. Por exemplo, já em 1994, só 16% dos franceses com mais de 18 anos aceitava a existência de uma única religião verdadeira. Alguns anos depois, e de acordo com um estudo de opinião (*ISSP*) datado de 1998, o reconhecimento da pluralidade religiosa alargou-se nas idades entre os 18 e os 29 anos: só 4% dos jovens franceses, alemães e ingleses subscreveram esta afirmação: "a verdade está numa só religião"; e 46% dos jovens franceses, 58% dos jovens ingleses e 59% dos jovens alemães reconheceram a presença de "verdades fundamentais em muitas religiões"[546].

---

546 *Sondage CSA – Le Monde, la Vie, L'Actualité religieuse dans le monde de 1994*; Pierre Bréchon, "L'envolution du religieux", *Futuribles*, n.º 260, janvier, 2003, pp. 39-48 (in Jean-Paul Willaime, *ob. cit.*, pp. 61-62).

A progressão desta atitude levou o sociólogo jesuíta Jan Kerkofs a reconhecer – baseando-se nas pesquisas da *European Values Study* – que o vazio religioso tem impelido um número crescente de europeus a metamorfosear as suas crenças, aproximando-se do esoterismo, da New Age, das espiritualidades orientais, ou, então, do relativismo religioso. Como exemplo, cita uma pesquisa realizada na região flamenga da Bélgica, segundo a qual 44% dos católicos praticantes reconheceu que "todas as religiões são iguais", o que lhe ditou esta conclusão: o agnosticismo, o indiferentismo e a multi-religiosidade parecem avançar[547].

Por sua vez, a evolução francesa não deixa de ser reveladora das mudanças das últimas décadas. Assim, em 1998, a afirmação "a verdade está numa só religião" somente recolhia 6% de opiniões, enquanto 52% encontrava "verdades fundamentais em muitas das religiões". Ora, em 1952, 50% ainda sustentava a primeira posição, quantitativo que já só era de 15% em 1981.

Mesmo em Itália, onde a influência institucional do catolicismo tem significativas repercussões na esfera pública, os dados respeitantes ao valor relativo da verdade das religiões não deixam de estar em consonância com a abertura que se detecta em outras sociedades europeias.

547 In http://www.zenit.org/portuguese/archivo/9811/ZP981123.html, 3-09-2005.

Com efeito, um inquérito sobre a religiosidade dos italianos, publicado em 1995, aponta nessa direcção[548]:

A verdade e as religiões em Itália, 1995 (%)

	Média nacional	M	F	18-29	50-74
Todas as religiões são falsas	2,1	3,2	7,0	2,9	1,1
Todas as religiões têm algo de verdadeiro	32,8	35,9	29,7	32,3	27,1
Só existe uma religião verdadeira; as outras somente contêm verdades parciais	32,5	29,5	35,5	30,3	35,4
Só existe uma religião verdadeira; as outras são falsas	12	9,9	14	8,5	19
NR	20,6	21,9	19,8	25,0	15,0

Fonte:Vincenzo Cesareo *et al.*, *La Religiosità in Italia*, 1999; (in Enzo Pace, *art. cit.*, p. 50).

Pelas razões apontadas, estas médias não deixam de ser relevantes. E o facto de a relatividade do valor das religiões ser maior nos homens e nos jovens adultos do que nas mulheres e nos indivíduos com idades superiores a 50 anos, é um claro sinal de feminização e envelhecimento dos praticantes mais tradicionalistas. Seja como for, os números indiciam – num país dominantemente católico, e onde existem taxas altas de confiança na Igreja e de fidelidade às crenças socializadas desde a

548 Cf. Vincenzo Cesareo *et al.*, *La Religiosità in Italia*, Milão, Mandadori, 1995. Somente pudemos consultar alguns dados deste estudo em Enzo Pace, *art. cit.*, pp. 50-51.

infância – mudanças análogas às que, nesta matéria, têm ocorrido nos países europeus.

Somando tudo, pode concluir-se que, na Europa, pátria do princípio *cujus regio, ejus religio*, se transitou de uma atitude religiosa *exclusiva* para uma mais *inclusiva*, isto é, "d'une difficulté à admettre le pluralisme religieux à des attitudes valorisant ce pluralisme, au moin jusqu'à un certain point. En ce sens, on peut dire que l'exclusivisme de la vérité chrétienne exprimée dans la déclaration *Dominus Jesus* est en complet porte-à-faux par rapport à l'opinion dominante actuelle en Europe"[549].

No campo mais institucional, as iniciativas para se consolidar o diálogo inter-religioso não têm bastado para superar as resistências que o cariz plural e parcial (porque inevitavelmente sujeito às mediações humanas) do valor das religiões levanta, tanto mais que, nestas, é antiga a tradição de combate contra toda e qualquer espécie de relativismo. As hesitações são igualmente fruto de um diálogo que pouco ultrapassa a dimensão polémica (tenta-se refutar o adversário, em ordem a anular-se os seus argumentos), ou o mero propósito integrativo ou de conversão, ao mesmo tempo que outras atitudes ainda se situam nos limites traçados pelos conceitos tradicionais de tolerância, pois, se a diversidade já não é combatida, ela é, contudo, tolerada, não pelo seu valor, mas porque, como são tidas por falsas as

549 Jean-Paul Willaime, *ob. cit.*, p. 89.

suas ideias, estas não colocarão em causa a verdade absoluta detida por quem a concede. Ora, o pluralismo só terá efeitos positivos e fecundos se cada sistema for capaz de se autocriticar e de, simultaneamente, tolerar, de um modo activo e recíproco, o diferente, isto é, se, sem pôr em causa a sua verdade, conseguir reconhecer as múltiplas faces da assunção da fé, vendo-as, não como rivais, mas como complementares[550].

É um facto que as Igrejas têm procurado o diálogo inter-religioso. Mas esta opção não tem sido consensual. Alguns sectores continuam a defender posições integristas, enquanto outros, sem alienarem, por inteiro, o magistério do Concílio Vaticano II, fazem leituras de cariz "eclesiástico", restritivas dos ensinamentos daquele areópago e actuando de uma maneira crítica (e até persecutória) em relação às correntes mais avançadas. Prova concreta do que se afirma são as disposições tomadas por organizações como a Congregação para a Doutrina da Fé, ou por alguns dos seus mentores intelectuais (como o então Cardeal Ratzinger, actual Papa), principalmente no que concerne à teologia da libertação, à teologia do pluralismo religioso e ao debate inter-religioso.

---

[550] Cf. R. Lapointe, "Structure chrétienne du pluralisme", I. Beaulien, Ch. Davis, G. Langevin e R. Lapointe, *Le Pluralisme. Symposium interdisciplinaire*, Montréal, Fides, 1974, p. 416.

Em certo sentido, a Igreja procura conciliar o diálogo com o monólogo tradicionalista. E esta política acaba por suscitar, nas outras confissões, algumas reservas, ao acharem que Roma continua a ter uma visão catolicocêntrica sobre a posse da Verdade. E sintomas desta ambiguidade encontram-se na beatificação, a 3 de Setembro de 2000, tanto do Papa que liderou o combate à Modernidade (Pio IX), como de João XXIII (eleito, por católicos e não católicos, como o símbolo da mão estendida da Igreja ao século e às demais religiões). E no mesmo sentido conspira o teor da declaração *Dominus Jesus* (Agosto de 2000), cujo conteúdo tem sido interpretado como um sinal da influência que, no interior da Cúria Romana, goza a Congregação da Doutrina da Fé, em detrimento de outras instâncias mais sensíveis ao pluralismo religioso, como o Conselho Pontificial para a Unidade dos Cristãos.

Naquele documento, a Igreja romana proclamou-se como "a única Igreja de Cristo", tese que gerou uma forte reacção por parte da Federação Luterana Mundial. Declarando a sua crença no ecumenismo, esta veio a terreiro defender que asserções daquele jaez feriam o "espírito de Augsburg", encontro em que se conseguiu algum consenso entre católicos e protestantes (31 de Outubro de 1999) à volta da doutrina da justificação. Por sua vez, a Aliança Reformada Mundial lamentou que o conteúdo do texto tivesse afectado "o clima espiritual de debate". Alguns sectores católicos também não ficaram calados. As reacções mais marcantes partiram de 53 teólogos belgas (que deploraram "o tom e o conteúdo do documento romano") e de alguns bispos e padres de outros países[551]. E foi neste contexto que saiu a obra do padre Jacques Dupuis (professor emérito da Pontifícia Universidade Gregoriana) intitulada *Para uma teologia cristã do pluralismo religioso*. Lançada em Fevereiro de 2002, ela foi imediatamente criticada pelo Vaticano.

Para todos os contestários, o conteúdo da declaração *Dominus Jesus* representa uma reactualização do velho princípio segundo o qual a Igreja de Roma é a única depositária da Revelação na sua integridade, maneira de reivindicar o seu lugar central no ecumenismo. E, não obstante a maior abertura do documento do Vaticano sobre o Shoah (1998), Ratzinger, no *Catecismo Universal* (1992), manteve a definição da Igreja como "Novo Israel"[552]. A esta luz, não espanta que o principal alvo dos conservadores tenha sido os que defendem esta ideia: todas as religiões, desde que vividas com autenticidade e empenhamento no destino do homem, são outros tantos caminhos de salvação.

Pode concluir-se, em síntese, que o diálogo inter-religioso tem posto a nu as dificuldades que as Igrejas

---

551 Sobre tudo isto, Jean-Paul Willaime, *ob. cit.*, pp. 94-96.

552 Cf. João Maria Mendes, "Bento XVI contra Joseph Ratzinger", *O Público*, 15 de Agosto de 2005, p. 19.

sentem em aceitar que, como Kant afirmou, existem religiões como existem línguas, pelo que a falta de unanimidade não é somente um facto, mas um valor[553]. Não assumir a pluralidade revela, ainda, a sobrevivência deste preconceito, há muito denunciado por Locke: "qualquer igreja é ortodoxa para si própria, errada ou herética para as outras; cada qual julga que aquilo em que acredita é verdadeiro e condena como um erro o que dela difere"[554]. E aquela atitude também expressa as resistências que são postas ao exercício da interpretação hermenêutica, que encara a busca da verdade como uma tarefa inconclusa, porque nascida do trabalho crítico e dos constantes e sempre renovados desafios da vida. É a partir deste compromisso e desta mediação existencial que se tem defendido – sobretudo após os inícios da década de 1990 – algo que, no seu contexto próprio, Bayle havia sugerido: o direito à autodeterminação do sentido da vida individual (e colectiva) implica tanto o pluralismo religioso, como o direito à laicidade e ao ateísmo[555], ou melhor, à não religião.

Como propugna a contemporânea "teologia do pluralismo religioso", a secularização (e, por conseguinte, a laicidade) é um fenómeno positivo e as próprias lições

---

553 Cf. Olivier Abel, *ob. cit.*, p. 25.

554 John Locke, *ob. cit.*, p. 98.

555 Cf. Giulio Giraudi, *Teologia de la liberación y refundación de la esperanza*, s. l., Ediciones de Intervención Cultural, El Viejo Topo, 2004, p. 13,

da história das religiões mostram a existência de uma pluralidade de manifestações do divino, da transcendência e do mistério, assim como de mediadores, profetas, intérpretes, testemunhas e expectativas salvíficas. Pelo que, para muitos, uma religião só será autenticamente tolerante se aceitar o carácter dialógico "da v(V)erdad con minúscula e con maiúscula"[556]. Logo, o consórcio entre secularização e tolerância – que nasceu nos alvores da Modernidade – só será pleno se se conseguir positificar direitos em função dos quais "personne n'est tenu d'avoir une religion plutôt qu'une autre" (Locke), "personne n'est tenu d'avoir une religion plutôt qu'aucune", e "personne n'est tenu de n'avoir aucune religion"[557]. Para que isso aconteça, a esfera política tem de garantir a liberdade religiosa e o direito à não religião, qualquer que tenha sido a história concreta da sua conquista. A isto alguns preferem chamar "Estado de Direito" (Paul Ricoeur), outros "Estado secular", e outros, ainda, "Estado laico".

---

556 Cf. Juan José Tamayo, *ob. cit.*, p. 19.

557 Chaterine Kintzler, "Laïcité et philosophie", *Archives de Philosophie du Droit*, n.° cit., p. 44, e AA.VV., *Tolérance et laïcité*, Nantes, Plein Feux, 1998, *passim*.

CAPÍTULO XII
O mosaico europeu das relações entre Deus e César

A Europa também é um mosaico de caminhos no que respeita às modalidades de relacionamento das Igrejas com os poderes políticos, riqueza que a multiplicidade e a coexistência de pertenças tem feito ressaltar, pelo que será um erro eleger alguma delas como modelo[558]. Todavia, tais especificidades não podem anular esta exigência transversal, a saber: o respeito da liberdade de consciência e a garantia da liberdade religiosa e da não religião. Foi a salvaguarda deste requisito que levou o Projecto do Tratado da Constituição Europeia a afastar declarações de princípios que, directa ou indi-

---

[558] Por aqui se vê que não concordamos com as teses daqueles que defendem o universalismo do modelo francês, confundindo os valores fundamentais que garantem a liberdade de consciência, e, consequentemente, a liberdade de religião e de não religião, com uma via concreta da sua concretização. Entre outros, é esse o caso de Guy Cocq, *La Laïcité, principe universel*, Paris, Éditions du Félin, 2005.

rectamente, pudessem insinuar a confessionalidade da União. Algo que é bem diferente de não se reconhecer o papel que as religiões tiveram na formação de heranças que, hoje, a Europa vai definindo, e reinventando, como fontes da sua identidade (imaginária).

O debate actual não pode negligenciar todos os condicionantes. A secularização e a laicidade emergiram intimamente ligadas à génese e consolidação do Estado-Nação, entidade representada como um corpo internamente consensual e homogéneo, esteja ele soldado em termos mais unicitários (França), ou mais pluri-étnicos, pois estes também não dispensam a "invenção de uma identidade nacional comum"[559]. Mas o crescimento das diversidades (étnicas, religiosas, culturais) – provocado pela individualização e pluralização do fenómeno religioso, pelo impacto dos movimentos imigratórios, pela mundialização e edificação de comunidades políticas mais globais (exemplo: a União Europeia), e pela crescente exigência de uma espécie de constitucionalização de direitos e deveres *cosmo-políticos* (luta-se para que se dê prioridade, em certas matérias, ao direito internacional) – está a fomentar mudanças. Diga-se que estas se reflectem não só ao nível das atitudes e comportamentos religiosos, mas também no campo dos proces-

---

559 Rogério Haesbaert, *O Mito da desterritorialização. Do "fim dos territórios" à multiterritorialidade*, Rio de Janeiro, Editorial Bertrand Brasil, 2004, p. 342.

sos de secularização e no entendimento da própria laicidade, colocando na ordem do dia o multiculturalismo. E se as imigrações enriqueceram e engrossaram esta realidade, não se deve esquecer, porém, que a Europa já era composta por um mosaico de povos com culturas diferentes e com distintas soluções no relacionamento entre as Igrejas e os respectivos Estados. Precise-se um pouco melhor este último aspecto.

É possível distinguir várias experiências[560]: a dos países em que a religião foi fundamental na luta pela independência nacional, o que criou liames difíceis de cortar entre cultos, Igrejas e política (exemplos: a Igreja ortodoxa na Grécia, o catolicismo na Irlanda e na Polónia); a das sociedades em que existe uma longa lógica de secularização, mas que nunca ganharam contornos laicistas, como foi o caso de alguns países pro-

---

560 Cf. François Champion, "Les rapports Églises-États dans les pays européens de tradition protestante et de tradition catholique. Essai d'analyse", *Social Compass*, n.° 4, vol. 40, 1993, pp. 589-609. Para uma síntese dos processos de secularização e laicidade na Europa, vejam-se: A. Dierckens (dir.), *Pluralisme religieux et laïcités dans l'Union européenne*, Bruxelas, Éditions de l'Université Libre de Bruxelles, 1994; Jean Baubérot (dir.), *Religions et laïcité dans l'Europe des Douze*, Paris, Syros, 1994; Ph. Portier, "Les laïcités dans l'Union Européenne: vers une convergence des modèles?", G. Saupin (ed.), *La Tolérance*, pp. 303-320. Sobre a realidade específica do Sul da Europa, consulte-se Andrea Riccardi (dir.), *Il Mediterrâneo nel Novecento. Religioni et stati*, Milão, Edizione San Paolo, 1994.

testantes (Inglaterra[561], Finlândia, Suécia – aqui, em 1 de Janeiro de 2000, foi instaurada uma moderada separação); a da chamada "secularidade esclarecida", em vigor na República Federal Alemã[562]; ou, ainda, a das sociedades em que a secularização recebeu um desenvolvimento militante forte, transformando-se em laicização, tal como se deu no exemplo francês (desde a III República até hoje), ou ocorreu em certos momentos da história de Itália, Portugal (sob a I República) e Espanha (durante a II República). Nesta vertente, se a laicidade francesa é um projecto duradouro, os citados países do Sul da Europa, depois de períodos de "laicidade de combate", viveram uma recatolicização

561 Para uma visão comparativa entre a via à francesa e o modelo mais "comunitarista" britânico, veja-se Grace Davie, *ob. cit.*, pp. 65-75.

562 Demarcando-se do laicismo à francesa, Johannes Rau – o Presidente da República da Alemanha – declarou, em 22 de Janeiro de 2004, por ocasião da passagem do 275.° aniversário do nascimento de G. E. Lessing: "Les relations Églises-État sont réglées de façon très diverse en Europe, allant des Églises d'État en Scandinavie jusqu'au laïcisme français. Nous, en Alemagne, avons choisi un autre chemin imprégné par le concept de 'sécularité éclairée' de l'évêque Wolfgang Huber. Si l'État et les Églises sont clairement séparés en Alemagne, ils travaillent néanmoins ensemble dans beaucoup de domaines et dans l'intérêt de toute la société. Tout compte fait, je considère ceci comme la juste voie et ne vois aucune raison de nous associer au laïcisme de nos voisins et amis français" (trad. para francês de Jean-Paul Willaime, em J.-P. W., *Europe et religions. Les enjeux du XXIème siècle*, p. 142).

fomentada por novas alianças da Santa Sé com os regimes autoritários que a interromperam.

Assim sendo, são grandes os riscos que se correm se se generalizar, a uma escala europeia, este ou aquele modelo nacional. Antes ter-se-á de procurar equilíbrios e compromissos, num quadro que respeite alguns princípios fundamentais. E estes terão de garantir a autonomia do político e do religioso, pondo em prática o exercício da liberdade de religião e de não religião, bem como o respeito dos direitos do homem. Daí que, mesmo os Estados confessionais, integrados na União Europeia, estejam sobredeterminados por estas obrigações.

A constitucionalização de Deus

Se compararmos as ordens constitucionais dos 25 Estados que actualmente integram a UE, verifica-se uma (implícita ou explícita) invocação de Deus em alguns deles. No Reino Unido, o texto fundador – a Magna Carta (1215) – foi feito e outorgado "perante Deus" e o processo de ruptura com Roma, que levou à formação da Igreja Anglicana e ao Acto de Supremacia (1534), instituiu o Monarca como chefe religioso, isto é, como o "Supremo Governador" que designa o arcebispo da Igreja Anglicana. Por sua vez, a Constituição que, em Maio de 1949 – sob o efeito do trauma do nazismo e da guerra –, carismou os valores fundantes da República

Federal Alemã, tem o seguinte preâmbulo: "Consciente da sua responsabilidade perante Deus e os homens, animado pela vontade de servir à promoção da paz no mundo, em igualdade de condições com os demais países membros de uma Europa unida, o Povo Alemão, no exercício do seu poder constituinte, adoptou esta Lei Fundamental". E os textos constitucionais da Grécia e da Irlanda, em função do modo como conquistaram a sua independência nacional recente (indissociável do combate contra outras confissões: protestantismo, islamismo), também estão sob auspícios divinos: o grego, sob a égide da "Santíssima Trindade consubstancial e indivisível", consagra a Igreja greco-ortodoxa como religião de Estado; o irlandês convoca a "Santíssima Trindade de Quem advém todo o poder e perante quem todos nós, indivíduos e Estados, prestamos contas, em últimas instâncias". E o da Eslováquia – embora omita a Divindade – nacionaliza e sacraliza os seus mitos de origem, consubstanciados em "São Cirilo e São Método" e no "legado do Grande Império Morávio".

Estes pressupostos comprovam que vários Estado-Nação europeus reinventaram os seus mitos de origem, ligando-os, positiva ou negativamente, à religião dominante nas respectivas sociedades. Mas também é verdade que, com a gradual e nem sempre pacífica constitucionalização dos direitos fundamentais do cidadão, os vários sistemas políticos têm procurado integrar as religiões na democracia, definindo, à sua maneira, a neutralidade, em nome do respeito pelos direitos do homem. Por isso, cada sistema jurídico possui uma gestão específica do pluralismo religioso e, consequentemente, do estatuto das Igrejas, das comunidades religiosas e das organizações não confessionais[563].

Resumindo o que se afirmou, verifica-se a existência, neste campo, de caminhos vários e que podem ser assim resumidos: aquele em que se encontra, como se sublinhou, uma ausência de laicismo, mesmo que dentro de sociedades fortemente secularizadas, como acontece em Inglaterra (com a *Church of England*, cujo chefe é o Monarca), na Escócia (*Kirk*), na Dinamarca (onde a Monarquia se identifica com a Igreja luterana: *Den evangelisk-lutherske Folkekirke i Danmark*), na Grécia (onde a Igreja ortodoxa é inseparável da conquista da independência nacional), ou em Malta (com o catolicismo); aquele que assenta numa "semi-laicidade" (Alemanha, Bélgica, Holanda, Luxemburgo, Irlanda) e que se caracteriza pela existência de um Estado aconfessional, mas que apoia e subsidia as religiões, num clima de independência das Igrejas e de respeito pela liberdade religiosa; aquele outro que, depois de períodos de laicidade à francesa, pode ser definido como de "quase laicidade" (Portugal, Espanha, Itália), porque, constitucionalmente, o Estado continua a ser religiosamente neutro, embora tenha celebrado tratados con-

---

563 Cf. Francesco Margiotta Broglio, *art. cit.*, p. 77.

cordatários que acabam por privilegiar a Igreja maioritária; e, ainda, aquele que assumiu, política e constitucionalmente, um cariz "laico" e cujo modelo mais consequente e duradouro se objectiva na chamada "especificidade francesa"[564].

Tudo isto reforça a tese segundo a qual a laicidade, ainda que em degraus diferentes, se desenvolveu nos países católicos, isto é, lá onde a Igreja se elevou a instância totalizadora, entrando em concorrência com o Estado. Por sua vez, a secularização progrediu, mais intensamente, nas áreas protestantes, onde ocorreu uma progressiva e simultânea transformação da religião e das diferentes esferas da realidade social, e onde a luta contra Roma impossibilitou que as Igrejas reformadas (em monopólio, ou em posição maioritária) alcançassem um poder comparável ao da Igreja católica nas sociedades em que esta era a religião dominante. Neste processo, porém, elas passaram a ser uma instituição no Estado, assumindo responsabilidades particulares, não em concorrência, mas em cooperação com o poder político.

---

564 Não por acaso, uma análoga pluralidade de vias se encontra no modo como os diversos países da União Europeia ensinam, na escola pública, o "facto religioso". Para o caso francês, veja-se Régis Debray, *L'Enseignement du fait religieux dans l'école laïque. Rapport au ministre de l'Éducation nationale*, Paris, Odile Jacob, 2002. Em termos de maior abrangência, Jean-Paul Willaime e Séverine Mathieu (coord.), *Des Maîtres et des dieux. Écoles et religions en Europe*, *passim*.

Independentemente do debate acerca da coerência jurídica que existe na suposição de princípios de índole teológica, misturados com os que presidem à constitucionalização formal das liberdades fundamentais modernas, convém dizer que, mesmo nos casos de menor laicidade, não se está na presença de qualquer justificação de ordem jusdivinista. As evocações da transcendência funcionam dentro de uma cultura secularizada, que declara e aceita os direitos do homem e a soberania popular. De qualquer modo, esta mescla não deixa de conduzir a que as confissões oficiais, em coabitação com mitologias nacionais sacralizadas, funcionem, objectivamente, como uma espécie de religião civil supletiva, o que acaba por secularizar o sagrado. E esta politização do religioso também pode dificultar, se não de direito, pelo menos na prática, o respeito pleno do princípio da igualdade no domínio confessional. Daí, algumas insuficiências de ordem constitucional e a lentidão com que, em países concordatários recentemente democratizados (Itália, Espanha e Portugal), se conseguiu fazer aprovar leis sobre a liberdade religiosa há muito exigidas pelos princípios constitucionais em vigor.

É por tudo isto que, nos países em que se consagrou a terminologia derivada de *laós*, se pode falar de laicidade para designar aquilo que outros nomeiam com termos oriundos de *saeculum*. Em qualquer dos casos, mesmo na primeira tendência, deve recorrer-se ao plural – "regimes de laicidade" (Micheline Milot) – e definir esta última por aquilo que é, em últimas instâncias, comum a todos os regimes em que o Estado reconhece os cidadãos como iguais, qualquer que seja a sua religião. Deste modo, ela também pode ser caracterizada – na linha de Edgar Morin – como "la constitution d'un espace de pluralisme [...] qui fait l'originalité de la culture européenne moderne, telle qu'elle s'est développée depuis la Renaissance"[565].

Pode mesmo defender-se que este pluralismo dá uma nova vida às propostas que, num outro contexto (o das guerras religiosas), lutaram para se conseguir a autonomização da esfera política da religiosa e para se fazer dissociar o ideal de cidadania das opções de índole confessional, em ordem a respeitar-se a liberdade de consciência, de religião e de não religião. Em suma: a complexidade e diversidade da geografia religiosa – que a entrada da Turquia na União Europeia acentuará – requerem a reactualização dos exemplos que, desde a Modernidade, se empenharam em construir formas de sociabilidade e de organização política capazes de garantir a paz civil. Por isso, é preciso reler, à luz dos desafios do presente, os princípios que fomentam a *comunicação*, e não a fragmentação ou a autarcia comunitarista. E, no que toca à "territorialização" deste debate, também terão de ser superados os exageros

565 In Pierre Kahn, *La Laicité*, Paris, Cavalier Bleu, 2005.

nacionalistas dos séculos XIX e XX, cuja sacralização ideológica herdou muito, e de um modo sucedâneo, da intolerância religiosa anterior.

Se se perspectivar o debate acerca do preâmbulo do Tratado da Constituição da União Europeia (com a aprovação dos Governos dos respectivos Estados--Nação em Junho de 2004), quer na longa duração (a memória das guerras religiosas), quer nos grandes conflitos que geraram os princípios estruturantes da ordem política moderna (os direitos universais do homem e do cidadão), não se estranhará a solução de compromisso a que se chegou, depois de alguns terem sustentado que o texto devia conter uma referência ao contributo que a religião judaico-cristã deu para a formação da Europa.

A discussão apareceu logo inquinada por várias razões, não sendo a menor esta: tratando-se de uma Constituição – ou melhor, de um Projecto de Tratado Constitucional –, fará sentido que uma declaração de princípios fundamentais, de ordem jurídico-política e atinente à instituição de poderes e à organização de competências, decisões e arbitragens de conflitos, insira retrospectivas de cariz histórico e religioso? As dificuldades teriam de ser grandes, tanto mais que, se alguns defendiam a extensão da referência a toda a herança religiosa (embora com destaque para o cristianismo), outros iam mais longe, pois pretendiam colocar o texto sob os auspícios de Deus, o que não só aumentou a controvérsia, como soou, a muitos, como um perigoso anacronismo[566].

Avisadamente, encontrou-se uma solução que, conciliando as posições mais moderadas dos dois lados, não deixa lugar a interpretações confessionalistas. Antes possibilita um diálogo aberto, transparente e regular com e entre as religiões e as organizações filosóficas e não confessionais existentes na sociedade civil europeia, ao reconhecer-se que a Europa se funda sobre os princípios individuais e universais da pessoa humana, e se inspira na sua "herança cultural, humanista e religiosa". Com isso, englobou-se o contributo não só do cristianismo e de outras religiões (como o islamismo e o judaísmo), mas também do pensamento mais secular, que ganhou força com a Modernidade.

De qualquer maneira, não se deve esquecer esta outra realidade: se a Europa foi "filha" da religião e, em particular, do cristianismo, ela também foi a pátria do cruzadismo, dos confrontos entre as ortodoxias e as alternativas que a Igreja diabolizou como heresias ou secularismos, bem como da Inquisição e dos combates fundamentalistas contra os princípios modernos, incluindo os da razão crítica e do demoliberalismo[567],

---

566 Cf. René Rémond, *Le Nouvel anti-christianisme. Entretiens avec Marc Leboucher*, Paris, Desclée de Brouwer, 2005, pp. 89-91.

567 Cf. Jean-Paul Willaime, *Peut-on parler de "laïcité européenne?"*, Jean Baubérot (dir.), *ob. cit.*, p. 62.

por mais que as suas potenciais fontes possam radicar no Livro. Em nome da mesma verdade histórica, este lado "negro" do legado também não pode ser escamoteado, sob pena de a Europa pôr entre parêntesis alguns dos valores de que quer continuar a orgulhar-se: a assunção, sem má consciência, de uma atitude crítica, mas também autocrítica perante si mesma, incluindo a dos usos e abusos da razão que, como a sua história do século XX mostrou, também pode gerar monstros.

Num outro registo, não deixa de ser sintomático que aquela reivindicação tenha aparecido articulada com as críticas ao crescimento do relativismo e da secularização no ocidente europeu, facetas não raro negativamente contrastadas com as virtudes religiosas de outros povos, como se existisse alguma nostalgia dos tempos da confessionalidade de Estado, ou como se se pretendesse fazer do cristianismo a religião civil da Europa, secundarizando a tradição do seu pensamento crítico, secular e humanista. De facto, quando se ouve o actual Papa sublinhar ser "importante que Deus esteja presente na vida pública, com o sinal da cruz, em casas e edifícios públicos"[568], várias perguntas terão de ser feitas: não se estará a confundir o direito de todas as religiões se manifestarem no *espaço público*, com o direito à invasão da *esfera política* a que boa parte dos "edifícios

---

[568] In *O Público*, 16 de Agosto de 2005, p. 5.

públicos" pertence? Por outro lado, este propósito não colidirá com a aceitação do princípio da "laicidade sã" – que a Igreja católica, hoje, diz reconhecer –, insinuando-se, em termos simbólicos, a supremacia do poder espiritual sobre o poder temporal? E, no fim de contas, não serão tais alvitres miméticos em relação ao islamismo? E será isso compatível com a desejada coabitação multi-religiosa e multicultural que a Europa pretende construir, invocando-se um Deus específico de uma religião específica, mesmo que a sua simbólica seja reduzida a signos meramente culturais?

Numa época em que a secularização fez crescer a concorrência no "mercado religioso", e em que os movimentos imigrantes tornaram ainda mais precário, complexo e potencialmente mais conflituoso o consenso, o que está em causa é algo demasiadamente importante para entregar a humanidade do homem à luta de todos contra todos. Tal convicção reforça a necessidade de não se poder dispensar um pano de fundo comum, desde que democraticamente legitimado, em ordem a garantir-se, numa coexistência activa e recíproca, uma cidadania de diferenças, porque inscrita num chão sulcado por várias pertenças, mas num quadro politicamente organizado. Caso contrário – e como ensina o melhor do que se pode colher das lutas pela secularização e pela laicidade –, abrir-se-ão portas ao egocentrismo fundamentalista, ou a fragmentações anómicas, intolerantes e "tribais", ou, ainda, ao predomínio de maiorias interessadas, tão somente, em fazer perdurar os seus velhos poderes. Significa isto que concordamos com aqueles que se têm oposto tanto à visão excessivamente assimiladora e inclusiva – como se o Estado moderno tivesse por única tarefa retirar aos indivíduos as suas heranças e assunções socioculturais específicas –, como ao ensimesmamento comunitarista (muitas vezes agressivo). É que este, nas suas manifestações mais primárias, deprecia o que, de comum, garante o reconhecimento dialógico das diferenças. E é este imperativo que o conceito clássico de laicidade também terá de levar em conta.

A Cidade de todos

Recorde-se que, em grego, *laós* designava a comunidade humana de povo, acepção que foi transformada numa referência ideal, cuja materialização histórica requeria que os homens tivessem direitos iguais. Como quem diz: o que vale para todos é de cada um, e a realização de cada um, de acordo com as suas convicções, não se pode impor nem obstar à realização dos outros. O termo convida, portanto, ao posicionamento, como premissa, de uma ideia substancial de povo e à sua postulação, antes de tudo, como raiz das diferenças, isto é, como fonte de onde promana o povo como *dêmos* e como *polis* (Pena-Ruiz). Assim sendo, enquanto elementos constituintes do *laós*, os indivíduos não podem ser pensados como entidades antitéticas em relação à sociedade, pois ambas as dimensões (substantiva e formal) se apelam reciprocamente. Como ensina o melhor da cultura republicana, a sociedade não pode subsumir a realização do indivíduo como pessoa.

A unidade fundante do *laós*, para ser bem cumprida, é incompatível com todas as discriminações, *positivas* ou *negativas*, quaisquer que sejam os seus pretextos (religiosos, filosóficos, sexuais, étnicos, sociais, etc.). Ela dita que a ordem política se organize conforme o seu conceito, isto é, tem de assentar na soberania popular. Postulando a igualdade, mas também a assunção livre das diferenças, a começar pelas de índole individual, é sua função criar uma realidade comum a todos, mas de acordo – e contra as suas interpretações homogenizadoras – com uma prática de alteridade, em que o *outro* não seja, tão--só, pretexto narcísico de auto-reconhecimento.

Neste horizonte, a abertura ao *outro* não pode ser encarada como um mero acto de tolerância outorgada, no qual se confirma a exclusiva identidade (e superioridade) de quem pratica o diálogo como uma mera concessão. É que o *outro* tem de ser *com-preendido* como um *eu-outro*, sendo o contrário igualmente verdadeiro. Logo, a identidade só se constrói frente à diferença e só não será uma relação insulada se souber levantar pontes que unam as duas margens, edificando algo de *comum* que possibilite a troca, ou melhor ainda, a *comunicação*.

Sem isso, haverá *monó-logo* e nunca *diá-logo*[569]. Pelo que, como modelo ideal de alteridade, a organização da *polis* deve garantir que, em *termos positivos*, os actos fundadores (ou reformadores) respeitem a liberdade e a igualdade na diversidade. Mas, em *termos negativos*, terá de impedir que uma parte (mesmo quando sociologicamente maioritária) possa gozar de privilégios e ferir a liberdade das outras, incluindo, como é óbvio, a dos indivíduos que, bem vistas as coisas, são o ponto de partida e devem ser o ponto de chegada de todos os tipos de mediação sociabilitária.

Sabe-se que a política integrativa e adunante do moderno Estado-Nação – em particular, o de matriz francesa – enfatizou o valor do indivíduo-cidadão, sendo pouco sensível a intermediações comunitaristas no seu interior. Pode dizer-se que, por isso, pretendeu conciliar a tradição do pensamento individualista com a ideia de vontade geral. Daí que a integração do indivíduo não implicasse a sua diluição no todo, mas, tão-só, a articulação daqueles dois pólos, pelo que será incorrecto sobrevalorizar-se o excesso de tal posição, esquecendo-se do seu contributo decisivo para a emergência jurídica do sujeito como indivíduo-cidadão. Raiz que não pode ser subalternizada, sob pena de se cair, em nome da auto-suficiência comunitarista, num erro aná-

---

569 Cf. Alain Renaut e Alain Touraine, *ob. cit.*, *passim* (em particular as intervenções de Touraine).

logo ao que se contesta. Importa lembrar, em suma, que o comunitarismo extremo enfatiza pequenas totalidades, ôntica e holisticamente entificadas, onde o indivíduo pode aparecer subsumido sob o império do colectivo da *ethnê*.

Estas chamadas de atenção não invalidam que, simultaneamente, se pergunte: o modelo de cidadania, que nasceu de transformações históricas aniquiladoras das particularidades dentro do Estado-Nação, estará apto para responder à maior complexidade do mundo contemporâneo? E, devido aos vínculos existentes, nas experiências latinas, entre aquele ideal emancipatório e o próprio princípio de laicidade, também se duvida que este tenha a plasticidade bastante para responder aos desafios do multiculturalismo[570] – coisa bem diferente de multicomunitarismo –, tanto mais que a unicidade da soberania, pressupondo uma concepção demasiadamente abstracta do indivíduo-cidadão, sempre teve dificuldades para consentir poderes intermédios.

Como se viu, prova-o, logo na Revolução Francesa, o teor da célebre Lei Le Chapellier (14 de Junho de 1791), bem como todas as grandes resistências posteriormente

---

570 Sobre as várias teses multicomunitaristas e multiculturalistas, bem como os respectivos dilemas, em particular nas sociedades com uma forte cultura nacional, veja-se Milena Doytcheva, *Le Multiculturalisme*, Paris, La Découverte, 2005.

levantadas ao reconhecimento da liberdade de associação (só conseguida, de direito, em 1884 e 1901). Por outro lado, no que respeita às comunidades minoritárias (judeus), a atitude "jacobina" foi inequívoca: como indivíduos, concedeu-se-lhes todos os direitos de cidadania; mas, como "nação" específica, nenhuns. E o mesmo se pode sustentar quanto às autonomias regionais, ou às línguas provinciais, onde se impôs uma política centralizadora e uniformizadora. Tudo isto é consequência de um mesmo processo: a construção de um modelo de Estado uno e indivisível, cuja cimentação necessitava de casar as afectividades individuais com sentimentos colectivos de índole patriótica. À luz desta recusa de mediações vindas da sociedade civil, ter-se-á de concluir – como o fez, não há muito, René Rémond – que a Revolução atestou mais as suas baterias "contre ses corps intermédiaires, ces 'puissances seconds' comme on les appelle sous l'Ancien Régime, que contre l'absolutisme monarchique". E o motivo foi este: "tous ces corps sont supprimés parce qu'ils sont présumés constituer des entraves à la liberté individuelle, des obstacles à l'autorité de l'État et une menace pour l'unité de la nation"[571].

Mais do que com a ideia de "Nação étnica" (ancorada numa visão de povo à Herder), a Revolução ope-

---

571 René Rémond, *ob. cit.*, pp. 62-63.

rou com a de "Nação cívica", nascida do contrato social, que se imporá mais como uma totalidade em constante construção – um pacto social permanente (Renan) – do que como a resultante de uma qualquer essencialidade. Pelo que caberia ao Estado a grande tarefa de "produzir" os "franceses", isto é, os cidadãos, numa prática que procurava fazer equivaler estas quatro entidades como se fossem filhas gémeas da vontade geral: Estado=Nação=Povo=República. Daqui decorreu uma cultura política que confundia o *espaço público* com a *esfera política* (secundarizando ou banindo o religioso do primeiro), e em que a integração dos indivíduos se tornou sinónimo de uma assimilação aculturadora. Nesta lógica, o diferente só podia concretizar-se no indivíduo-cidadão, que a educação moral e cívica devia *religar* ao consenso nacional. Ora, este projecto, se não for reactualizado, corre o risco de se transformar numa visão monolítica acerca da unidade nacional, ou melhor, numa versão secularizada do velho princípio católico-monárquico: *une foi, une loi, un roi.*

Presentemente, esta capacidade de adunação ter-se-á debilitado. Dir-se-ia que o processo de desencantamento do mundo está a corroer o próprio ideal de cidadania socializado pela educação cívica (e pela religião civil), como se a crise da fé transcendente se repercutisse, umbilicalmente, na "fé laica". E, devido às imigrações, novas culturas se inscreveram nessa vocação homogenizadora, alargando um pluralismo que pretende "reterritorializar-se" (tanto no sentido físico, como cultural) e fugir do espaço excludente das periferias, que lhe é imposto (*guetização*). Com isso, a tradicional estratégia assimiladora do Estado-Nação e a sua "territorialidade simbólica" sem fissuras têm sido contestadas, em nome de "territorializações simbólicas", algumas de cariz *imaginário*. Estas remetem para memórias e identidades de origem que, para funcionarem, não necessitam de um centro político-geográfico concreto. E, ao mesmo tempo, também não abdicam de lutar pela sua inserção no "território" político e social que contestam e a que também pertencem. Ora, como se sabe, o religioso tem desempenhado um papel importante nesta afirmação[572].

A aceitação da diferença, em sociedades com fortes tradições de consenso nacional, não significa, porém, a adesão ao comunitarismo extremo. Bem vistas as coisas, este acaba por reproduzir, à sua escala, análogos projectos de homogeneidade, porque tende a sobrelevar a prioridade do (seu) todo – que é sempre uma parte – sobre o indivíduo, isto é, o direito colectivo sobre os direitos individuais, empobrecendo a própria ideia cidadã. Pelo que, por mais mediada e plural que esta possa ser concretizada, a vocação primeira da cultura republicana – salvaguardar os direitos do indivíduo-

---

572 Cf. Rogério Haesbaert, *ob. cit.*, p. 354 ss.

-cidadão – deverá ser preservada[573]. Com efeito, algum comunitarismo – tal como outras representações holísticas do social – acaba por etnologicizar, em excesso, o colectivo, olvidando que este só terá sentido se, em última análise, estiver ao serviço da realização, em alteridade, da pessoa humana. Por conseguinte, a verdade própria de uma fracção da população não se pode impor a outras escalas mais extensas de pertença e nas quais a própria cidadania nacional, sempre em reconstrução, deve ser vivida como janela aberta para o universal[574].

Tudo o que se expôs está muito contextualizado pelo eco de um caso concreto – a laicidade em França –, país onde alguns sectores da opinião pública, sem pretenderem pôr em causa o princípio, têm defendido ser necessário revê-lo, com o argumento de que estão ultrapassadas as premissas que lhe deram origem. Mais concretamente, sustentam que ele foi fruto do combate contra um certo catolicismo institucionalizado e dogmatizado que já não existe, e recordam que o seu conceito também nasceu em explícita articulação com um ideal de cidadania que terá entrado em crise por ser demasiadamente abstracto e atomizador. Esta é a opinião dos que, como Alain Renaut, pensam que a laicidade à francesa, devido ao processo que teve de seguir,

---

573 Cf. Alain Renaut e Alain Touraine, *ob. cit.*, p. 110.

574 Cf. René Rémond, *ob. cit.*, p. 71.

não estará em condições para responder ao pluralismo cultural e étnico das sociedades contemporâneas, obrigadas, pela crescente mundialização, a albergar no seu seio o direito à diferença.

No fundo, tais suspeições radicam no convencimento – que outros contestam – segundo o qual aquele princípio é indissociável de uma concepção integrista de republicanismo, ou melhor, de um entendimento da Nação como "Nação cívica", perspectiva que – porque baseada nas ideias de contrato e de cidadania – desaguará, inevitavelmente, na uniformização. Daí, os excessos que, em seu nome, foram cometidos. Por outro lado, também se critica os limites da sua antropologia (que reduzem a humanidade do homem à racionalidade) e a sua visão teleológica da história, à luz da qual, em nome da ciência e do progresso indefinido e irreversível, se prognosticou o inevitável refluxo da transcendência.

De facto, a laicidade e, sobretudo, o laicismo, instalou uma cesura, excessivamente "burguesa", entre o espaço público e o privado, esquecendo-se que, se o homem é *lógos*, também é *homo ludens*, *homo loquens*, *homo symbolicus* e *homo religiosus*, dimensões que ficarão diminuídas se ao sagrado não for reconhecida expressão colectiva, pública e aberta. Por isso, em vez de ter compreendido esta multímoda riqueza, a "fé laica" acabou por funcionar como contra-religião, ou como uma religião outra, sucedânea do citado princípio *une foi, une loi, un roi*. Mas a liberdade de consciência diz-nos que as necessidades afectivas de *religação* das diferenças poderão ser negadas por religiões civis que actuem como "ópio do povo". Neste caso, têm razão os que defendem que existe "bel et bien un avenir pour une critique républicaine de la république et une critique laïque de la laïcité"[575], de molde a superar-se o acantonamento do fenómeno religioso (anteriormente julgado ameaçador para a ordem socio-política moderna) e a dar-lhe acesso ao *espaço público* (o que é diferente da *esfera política*) exigido pela sua dimensão ritual e simbólica, mas também a evitar-se que a sacralização dos valores políticos funcione como obstáculo à compreensão das transformações sociais e à plena assunção da autencidade da vivência religiosas e da cidadania. Só deste modo se garantirá o exercício pleno da liberdade de consciência, como liberdade religiosa e à não religião, e, correlativamente, como liberdade de pensamento e de expressão.

Além do mais, ter-se-á de perceber que o Estado perdeu o monopólio – se é que alguma vez o deteve – de ser, perante os indivíduos-cidadãos, o único intérprete do interesse geral, em consequência da autonomização da influência exercida pelos interesses organizados e devido ao facto de a governabilidade ter de contar com o peso da opinião pública, pluralidades e conflitualidades que o obrigam a rever a sua tendência

---

575 Olivier Ihl, *art. cit.*, p. 124; Jean-Paul Willaime, *Europe et religions. Les enjeux du XXIème siècle*, p. 12.

para negar, ou lidar mal, com as comunidades intermédias. Por outro lado, ao afirmar-se, não como um Estado indiferente (segundo o modelo liberal ortodoxo), mas como Estado-Providência, ele passou a intervir, ainda que muitas vezes de um modo indirecto, no apoio a acções da sociedade civil a quem reconhece utilidade pública. Neste domínio, como negar esse estatuto a organizações de raiz religiosa a actuar na sociedade, quando ele é concedido a outras de cariz não governamental?

A realidade também tem sido alterada pelos movimentos imigratórios e pelas incidências da mundialização (que não se circunscrevem à mera circulação de mercadorias). E os descendentes de 2ª ou 3ª geração dos imigrantes começaram a reclamar uma identidade simultaneamente nacional e supranacional, respondendo à sua "desterritorialização" – reforçada pela marginalização social e urbana a que estão sujeitos – com novas "reterritorializações", muitas vezes imaginadas, porque os contactos directos com as origens geoculturais de pais e avós se extinguiram. Porém, nestas convocações, visa-se enraizar (e negociar) o direito à diferença, num contexto em que aqueles também não abdicam do(s) estatuto(s) que gozam nos "territórios políticos" onde habitam e onde já nasceram. Quer isto dizer que eles põem em acção um ideal de "multiterritorialidade" que as culturas políticas homogenizadoras têm dificuldade em integrar. Por tudo isto, as causas deste mau estar entroncam em questões de princípio e de facto. As piores condições de vida, a *guetização*, os mais altos índices de desemprego, a reivindicação de identidades próprias, os sentimentos e acções discriminatórias por parte das maiorias[576], criam diferentes e marginalizados mundos-outros, que são contrastados com os "territórios" dos privilegiados e com o núcleo forte dos valores republicanos (Liberdade, Igualdade e Fraternidade), afinal, muito proclamados, mas pouco cumpridos.

O universal e o particular

Perante as novas paisagens culturais, o reconhecimento e a valorização das diversidades, em particular nos países com uma forte herança histórica e nacional, deve objectivar-se como multiculturalismo (e não como multicomunitarismo fragmentário), de molde a corrigir-se as concepções (e práticas) demasiadamente abstractas sobre o indivíduo, a natureza do contrato social e a cidadania. Todavia, ter-se-á de salientar que a entificação das diferenças também pode conduzir a uma monadologia social autárcica, embora seja igualmente verdade que as atitudes de assimilação contribuem para que se dilua, aculture ou se destrua aquilo que a lógica uniformizadora toma por particular.

---

576 Cf. *Rapport au Président de la République, Laïcité et République: Commission présidée par Bernard Stasi*, pp. 12-13.

Apesar do cariz aparentemente irredutível da antítese entre o universal e o particular – afinal, uma velha questão –, ambos, para serem pensáveis, têm de se implicar reciprocamente. Pelo que se alvitra uma atitude crítica em relação às insuficiências do universalismo abstracto e do relativismo absoluto, devendo distinguir-se dois conceitos frequentemente aplicados como sinónimos: o de mundialização e o de universalidade. É que, se a mundialização (ou globalização) remete para a difusão espacial de um produto, de uma técnica, ou de uma ideia, a universalidade assenta numa "partilha de sentido", algo que aquela, com a sua multiplicação de trocas e com a sua produção de "não-lugares" (aeroportos, supermercados, centros comerciais), nunca poderá fazer (Marc Augé). Por sua vez, a universalidade só enriquecerá a humanidade do homem desde que enraizada num lugar, numa localidade, numa história concreta, em suma, numa identidade activa e compósita (João Maria André), porque cerzida por identidades múltiplas e simultâneas, mas cuja partilha de sentido com outras – que são diferenças – supõe a adesão a valores transversais[577]. Por outras palavras: "la logique des territoires, tant symboliques que politiques, loin de représenter forcément une résistance culturelle absolète à la mondialisation (selon le scénario communautarisme

---

[577] Cf. Zaki Laïdi, *Malaise dans la civilisation*, Paris, Textuel, 1998, p. 29, em Jean-Paul Willaime, *ob. cit.*, pp. 220-221.

versus mondialisme), peut aussi garantir l'ouverture du mondial à l'universel"[578]. Nesta acepção, poder-se-á mesmo falar de "glocalização"[579].

Nem universalidade sem relatividade, nem relatividade sem abertura à *cosmopolis*. Com efeito, se se deve criticar o universal que transforma a concretude num mero mediador ilustrativo da sua Verdade absoluta, posição análoga terá de ser tomada quanto às concepções históricas e sociais que reivindiquem, para um particular concreto (nação, raça, povo, classe, civilização, etc.), a posse de uma vocação uniformizadora e consumadora do fim da história. Ao contrário, a *comvivência* e a *comunicação* têm de ser uma construção permanente e monádica. Nessa alteridade em rede, a unidade deve nascer, portanto, não de qualquer imposição holística, mas de pactos entre diferenças, projecto perseguido por todos os que procuram encontrar "passagens" e levantar "pontes" de duplo sentido dialógico, isto é, por todos os que se esforçam por erguer "casas comuns", ainda que de alicerces sempre ameaçados. Para isso, o cumprimento da recíproca tolerância activa não pode negligenciar nenhum dos pólos e a obrigação à alteridade não pode ser só um imperativo do "hospe-

---

578 *Idem, ibidem*, p. 221,

579 Segundo A. Dirlink (1999), o "global e o local são processos, não localizações. Globalização e localização produzem todos os espaços como híbridos, como sítios 'glocais', tanto de diferenciação como de integração" (in Rogério Haesbaert, *ob. cit.*, p. 347).

deiro". É que este também tem a(s) sua(s) cultura(s) e identidade(s), características que o "hóspede", para ser da "casa", deve compreender[580], sob pena de não haver nem mútua descoberta nem enriquecimento mútuo.

Só na permuta se poderão *pensar os pensamentos dos outros*; o que, porém, é bem diferente de se cair na ilusão de se dever *pensar como os outros*[581], pois isso seria o advento do reino da *in-diferença*. A dialéctica entre igualdades, que também são diferenças, obriga a um contínuo exercício da razão crítica (e autocrítica), tendo em vista conseguir-se construir espaços de sociabilidade que ultrapassem a insociabilidade igualmente inerente à natureza humana (Kant), num interminável combate da cultura contra a barbárie e todos os dogmatismos (religiosos ou filosóficos). E como são sempre débeis as conquistas da primeira, bem como a fronteira entre *hos-pitalidade* e *hos-tilidade* – palavras que remetem para o mesmo radical (Miguel Baptista Pereira) –, só uma prática que saiba dar vida à coexistente pertença de cada indivíduo, com a sua ipseidade, a diferentes esferas de participação cidadã (grupal, regional, nacional, cosmopolita), poderá legitimar e lutar pela realização de ideias e valores capazes de evitar que a consubstanciação política do *laós* não fique menorizada pela sua redução a *éthnos*.

---

580 Cf. *Idem, ibidem*, pp. 337-362.

581 Cf. Étienne Balibar, *Droit de cité*, Paris, PUF, 2002, p. 203.

UMA EXPLICAÇÃO E MUITOS AGRADECIMENTOS

Este livro retoma, corrige, amplia e sintetiza temáticas que tratámos em outros estudos, particularmente em: *A Militância laica e a descristianização da morte em Portugal 1868-1991*, Vol. I, Coimbra, Faculdade de Letras, 1988, pp. 1-57 (edição mimeografada); "Festa cívica, história e política", *Vértice*, 2.ª série, n.º 28, Julho, 1990, pp. 25-32; "Secularização e história", *XII Encontro de Professores de História da Zona Centro*, s. ed., 1994, pp. 53-64; "Secularização e laicidade. Uma perspectiva histórica e conceptual", *Revista de História das Ideias*, Vol. 25, 2004, pp. 51-128; *Nação. Mito e rito*, Fortaleza, Museu do Ceará, 2005, pp. 9-116; "A religião civil do Estado-Nação (os casos dos EUA e da França)", *Revista de História das Ideias*, Vol. 26, 2005, pp. 503-584.

As possíveis virtudes do que agora se dá à estampa seriam menores se não fossem as sugestões que vieram do Cristóvão de Aguiar, do João Paulo Moreira, da Maria Lúcia de Brito Moura, da Maria Rita Garnel, da Joana Duarte, da Maria Rosário Azenha e do Paulo

Archer de Carvalho, bem como do Anselmo Borges, colega e amigo que juntou à leitura do texto a benevolência de o prefaciar. Também a colaboração, constante e competente, da Ana Geraldes Garcia foi preciosa para a fixação do texto, tarefa que seria sempre aditada por quem continua a ter uma relação muito artesanal com o acto da escrita. Por último, sem o desafio do Rui Cunha Martins, que me incitou a pôr em livro um dos artigos acima mencionados, não teria concretizado este diálogo com alguns dos problemas que mais inquietam o *tempo* e a *norma* dos nossos dias. A todos o meu muito obrigado.

ÍNDICE

SEGUNDA PARTE
Secularização Política e Religião Civil

TERCEIRA PARTE
Laicidade e Laicismo (o caso francês)

QUARTA PARTE
Diversidades e Metamorfoses